Umschlag:
Vordemberge-Gildewart
Projekt für ein Landhaus bei
Hannover, 1923/24
Gebäudeansicht
Lichtpause und Tusche
40 x 60,5 cm

Vordemberge-Gildewart
Baugestaltung
Möbel-Bauplastik-Architektur

Herausgeber	Dietrich Helms, in Zusammenarbeit mit dem Museum Wiesbaden und der Stiftung Vordemberge-Gildewart, Rapperswil
© 1993	Museum Wiesbaden, Stiftung Vordemberge-Gildewart, Rapperswil, und die Autoren
ISBN	3-89258-024-3
Textredaktion	Dietrich Helms und Hanne Dannenberger
Gestaltung	Konrad Matschke und Volker Rattemeyer
Fotos	Collection Haags Gemeentemuseum - The Hague: S. 27 (=B 54/1) Hartmut Fender: S. 15 (= B 5/18), S. 17 (= B 5/17), B 2/2, B 4/4, B 4/5, B 5/14, B 5/15, B 5/16, B 5/17, B 5/18, B 6/1, B 6/3, B 7/4, B 7/5, B 19/7 Dieter Geissler, Stuttgart: K 11, K 48 Uwe Helms: B 25/1 Annely Juda Fine Art, London: S. 10 (= S 16), S. 14, S. 48 (= B 45/12), S 17, S 22, B 50/2, B 53/2, W 9 Ed Restle, Museum Wiesbaden: S. 34 (= B 30/1-2), S. 35 (= B 32/1-2), S. 38 oben und Mitte (= B 26/1-2), S. 39 (= B 37/1-2), B 3/1 (A-B), B 3/4, B 22/1, B 26/1-3, B 29/1-2, B 30/1-2, B 31/1, B 32/1-3, B 35/1 (A-B), B 36/3-4, B 37/1-2, B 38/1 Walter Scholz-Ruhs, Museum Wiesbaden: sämtliche Repro-Aufnahmen Dirk Schumann: B 27/3, B 34/1 Galerie Stolz, Stuttgart: D 24a Die Urheber der als Dokumente behandelten Fotos sind im Werkverzeichnis namentlich aufgeführt.
Lithos	Repro-Service Lauterbach, Werbedruck GmbH Horst Schreckhase, Spangenberg
Gesamtherstellung	Werbedruck GmbH Horst Schreckhase, Spangenberg

Inhalt

7 Vorwort
Volker Rattemeyer

9 Einführung
Dietrich Helms

11 Die Möbel- und Innenraumgestaltungen Vordemberge-Gildewarts
Arta Valstar-Verhoff

29 Vordemberge-Gildewarts Bauplastik
Dietrich Helms

47 Vordemberge-Gildewart und die Geburt der neoplastizistischen Architektur
Jean Leering

53 Vordemberge-Gildewarts Bühnen-Vorstellungen
Dietrich Helms

57 Hommage à Ilse-Leda-Tänzerin
Gerhard Weber

61 Selbstzeugnisse
Friedrich Vordemberge-Gildewart

67 Werkverzeichnis
Dietrich Helms

199 Biografie

199 Literaturhinweise

Autosalon Bischoff & Hamel, Schillerstraße, Hannover, 1924 (B 23/3)

Volker Rattemeyer

Vorwort

Dem Landesmuseum Wiesbaden ist es im Laufe der letzten Jahre gelungen, die Sammlung um exemplarische Belege konstruktivistischer und konkreter Kunst zu ergänzen. So konnten Werke von Robert Michel und Ella Bergmann-Michel erworben werden; dem Künstlerpaar, das Wiesbaden benachbart, in Vockenhausen sein ‚Heimatmuseum of Modern Art' betrieb, Anziehungspunkt für Künstlerfreunde aus aller Welt. Es gelangten auch Arbeiten von Adolf Fleischmann, Anton Stankowski, Leon Polk Smith und Laszlo Moholy-Nagy ins Wiesbadener Museum. Und es konnte von Friedrich Vordemberge-Gildewart eine Werk-Kollektion zusammengetragen werden, die alle Schaffensperioden des Künstlers belegt.

Es läßt sich damit im Falle Vordemberge-Gildewarts bereits realisieren, was prinzipiell für die Sammlung des Wiesbadener Museums angestrebt ist: nicht einzelne isolierte Werke zusammenzutragen, von allen Künstlerinnen und Künstlern, die in der Kunstentwicklung wichtig geworden sind, je eins. Anstatt solchen quasi lexikalischen Zitierens - das am Ende dazu führt, daß die Museen einander immer ähnlicher erscheinen - möchten wir in Wiesbaden Schwerpunkte setzen, uns für einzelne Künstlerinnen und Künstler entscheiden, von denen dann aber markante Werkgruppen bzw. eine genügend große Anzahl von Arbeiten zusammentragen, daß deren Entwicklung gezeigt, ihre Position begreifbar wird.

Im Falle Vordemberge-Gildewarts ist es zudem durch den glücklichen Umstand, daß Verbindung zur Stiftung Vordemberge-Gildewart, Rapperswil, aufgenommen werden konnte, gelungen, zur wissenschaftlichen Aufbereitung des Gesamtwerkes dieses Künstlers beizutragen. Die wissenschaftliche Aufbereitung beschränkt sich - wie bei manchen Künstlern ähnlicher Ausrichtung auch - nicht nur auf die freie künstlerische Produktion, also auf Bilder, die für sich stehen. Es konnte vielmehr das bedeutende typographische Werk Vordemberge-Gildewarts aufgearbeitet und zusammen mit dem von Schwitters und einer repräsentativen Auswahl von Arbeiten der mit ihnen im ‚ring neue werbegestalter' zusammengeschlossenen Künstler ausgestellt und publiziert werden.

Diese 1991 in Wiesbaden und hernach in Hannover und Zürich gezeigte Ausstellung hat den Doppelbezug dieser Auftragsarbeiten verdeutlicht: den formalen Bezug zum freien künstlerischen Werk, die fruchtbaren Querverbindungen zwischen beiden Bereichen, zum anderen den zeitgeschichtlichen Aspekt, die Abhängigkeit der Kunst von den politischen, sozialen und ökonomischen Umständen, die in Auftragsarbeiten für Gebrauchszwecke noch unmittelbarer durchschlägt als in der freien Kunstäußerung. Die Ausstellung, die Belege des typographischen Schaffens vieler Künstler zusammenfaßte, hat jedoch auch die Unterschiedlichkeit demonstriert, den individuellen Ansatz jedes einzelnen verdeutlicht.

So wie es für das typographische Werk Vordemberge-Gildewarts vor allem durch die Aufarbeitung des von der Stiftung verwahrten Nachlasses des Künstlers möglich war, Übersicht in diesem bis dahin unerschlossenen Teilfeld seines Schaffens zu gewinnen, so ist im Anschluß daran alles zusammengestellt worden, was sich - wiederum hauptsächlich im Nachlaß des Künstlers - an Unterlagen über Arbeiten oder Projekte Vordemberge-Gildewarts im Bereich der Baugestaltung hat auffinden lassen. Dieses Material wird in diesem Katalogband vorgelegt.

Dieser Katalogband, der so Unterschiedliches wie Möbel, Architekturentwürfe, Bauplastik, Raumgestaltung und Bühnenentwürfe zusammenfaßt, erscheint ohne aktuellen Ausstellungsbezug, jedoch im Vorgriff auf eine geplante umfassende Retrospektive des Künstlers. Während die Beschäftigung mit Typographie lebenslang parallel zum künstlerischen Schaffen Vordemberge-Gildewarts verlief, konzentrieren sich seine vielfältigen Ansätze zur Baugestaltung auf seinen frühen Lebensabschnitt in Hannover (1919-1936).

Sie setzen nach dem Gesellenstück als Tischler (Osnabrück, 1918) mit dem Studium an der Kunstgewerbeschule der Technischen Hochschule Hannover an und reichen über die Zeit der Mitarbeit im Atelier seines Lehrers Vierthaler über fruchtbare Jahre selbständiger Tätigkeit auf diesem Feld bis in den Anfang der unseligen Diktatur, die Vordemberge-Gildewart - wie Schwitters und viele andere Künstler - außer Landes trieb.

In Hinsicht auf das freie künstlerische Werk Vordemberge-Gildewarts dürfte die Aufarbeitung seiner Beiträge zur Baugestaltung erhellend für die Frage sein, wie es möglich war, daß Vordemberge-Gildewart ohne einschlägige akademische Ausbildung 1924 unvermittelt mit einem bereits ausformulierten Werk in Erscheinung treten konnte.

Die Forschung war da bisher eher auf Vermutungen anhand einiger weniger Auskünfte angewiesen. Die akribische Darlegung der Fakten - das Erfassen aller auffindbaren Materialien in einem Werkverzeichnis - soll künftiger Forschung dienen. Eine erste Bewertung der Fakten ist in den Textbeiträgen des Katalogs versucht worden.

Die Aufarbeitung des Nachlasses des Künstlers in Verbindung mit der Stiftung Vordemberge-Gildewart wird fortgesetzt werden. Es steht als nächste Aufgabe die Herausgabe einer Sammlung von Briefen von und an Vordemberge-Gildewart an. Sie wird ein Licht werfen auf die Verflechtungen, in denen der Künstler stand, seine wechselnden Beziehungen zu einem weiten Kreis der Avantgarde. (Aus diesem Anlaß seien alle Besitzer solcher Korrespondenz, mit denen noch keine Verbindung besteht, um Kontaktaufnahme gebeten.)

Und schließlich schlägt sich die enge Verbindung des Museums Wiesbaden zur Stiftung Vordemberge-Gildewart auch darin nieder, daß hier 1994 ein Rückblick auf die Fördertätigkeit der Stiftung, die seit 1983 währt, organisiert werden wird - die Ausstellung der Stipendiaten wird dann auch im Stiftungssitz in der Schweiz gezeigt.

Von seiten des Museums danke ich der Stiftung Vordemberge-Gildewart, vertreten durch ihren Vorsitzenden Dr. Egon Bruhin, Annely Juda, Werner J. Hauser und Dietrich Helms, für die ideelle und materielle Unterstützung unserer Vorhaben. Ohne diese wären die Katalog-Projekte nicht zu realisieren gewesen. Ich danke aber auch Dietrich Helms für die Erarbeitung des Bandes und Arta Valstar-Verhoff, Jean Leering und Gerhard Weber für ihre Textbeiträge, Konrad Matschke und Hanne Dannenberger für die Text- und Bildbearbeitung.

Atelier Vordemberge-Gildewart, Listerstraße 24, Hannover, 1930 (B 15/14)

Dietrich Helms

Einführung

Wie auch andere Künstler seiner Geisteshaltung, die Pioniere konstruktiver Kunst, hat sich Vordemberge-Gildewart mit einer Vielzahl baubezogener Gestaltungsaufgaben neben seinem künstlerischen Werk befaßt. Er hat als Tischler seine Berufslaufbahn angefangen, Innenarchitektur, Bildhauerei und Architektur studiert und seit diesen Tagen Entwürfe für Möbel und Einrichtungen geliefert, die von der väterlichen Werkstatt auszuführen waren, hat anfangs im Atelier seines Lehrers Vierthaler und dann selbständig Bauplastik geschaffen, Wettbewerbe für Grab- und Denkmalskulpturen gewonnen, fand Anerkennung für Architekturentwürfe und die Lösung stadtplanerischer Aufgaben, befaßte sich mit Wandgestaltungen, die seiner freien Kunst nahekamen, entwarf aber auch Tapeten. Von all diesen Tätigkeiten, die sich bis auf wenige spätere Fälle in der Zeit abspielten, als der Künstler in Hannover lebte, in den zwanziger Jahren, hat man bisher wenig gewußt. Der Künstler hat es nach dem Abbruch dieser Tätigkeiten zu Beginn der dreißiger Jahre und der erzwungenen Emigration nicht für opportun gehalten, von ihnen weiterhin Aufhebens zu machen - zumal er das Vorurteil gegen seine Kunst, sie sei zu anwendungsnah, zu spüren bekam.

Es hat der Aufarbeitung seines Nachlasses bedurft - zunächst von seiner Witwe befördert, dann im Auftrag der Stiftung Vordemberge-Gildewart fortgeführt - um zu einer Übersicht über die Leistungen Vordemberge-Gildewarts in den baubezogenen Entwurfsbereichen wie in der Typografie und Werbegestaltung zu gelangen. Über letzteres hat bereits eine vom Museum Wiesbaden 1990 eingerichtete und weitergereichte Ausstellung Aufschluß gegeben, zugleich ist in einem der Typografie und Werbegestaltung gewidmeten Katalogband ein Werkverzeichnis dieser Arbeiten vorgelegt worden. Daran schließt der jetzt erarbeitete Katalogband über die Baugestaltung Vordemberge-Gildewarts ergänzend an.

Wie auch im Falle der Typografie und Werbegestaltung ist in seiner Baugestaltung die Querbeziehung zum künstlerischen Werk Vordemberge-Gildewarts zu beobachten. Es gibt mannigfache Wechselwirkungen, nicht nur die Umsetzung künstlerischer Ideen in praktische Aufgaben. Der wohl wichtigste Aspekt dürfte der sein, daß sich die künstlerische Frühentwicklung Vordemberge-Gildewarts unterderhand in anwendungsorientierten Arbeiten vollzogen hat. Das hat vordem in Monografien über den Künstler nicht recht aufgedeckt werden können, weil es deren Verfassern noch an Unterlagen gefehlt hat (was von einem Freund des Künstlers und Kenner seines Oeuvres, Hans Curjel, schon in einer lange zurückliegenden Besprechung bemängelt worden ist).

Auffällig ist im ganzen gesehen, daß Vordemberge-Gildewart in seinen Gestaltungen - im Möbelentwurf, in der Bauplastik - nie den Rückbezug zum Erlernten, zum Handwerk verleugnet hat. Er verhält sich, gegenüber seinen zeitgleichen Kunstäußerungen, eher ein wenig konservativ, gibt nicht vorschnell erkannte Werte auf, eingeübte Werkhaltung. Die Kühnheiten, zu denen Vordemberge-Gildewart in der Baugestaltung gelangte, sind solide unterfangen.

Wenn er seine Stimme erhob - und seit seinem künstlerischen öffentlichen Auftreten 1924 fand er dazu öfters Gelegenheit - vertrat er radikalere Positionen. Das ist wohl eine Eigenart von Künstler-Manifesten, daß sie Sachlagen zugespitzt formulieren, auf Wunsch- und Denkbilder hinzielen, die zu der Zeit noch jenseits wirklicher Ausführung liegen. Sie bieten Vorgaben. Für Vordemberge-Gildewart ist es wichtig gewesen, Unterscheidungen zu treffen, der Gefahr der unbedachten Vermischung der Gestaltung in verschiedenen Bereichen zu entgehen. Er hat so Wert gelegt auf die Feststellung der funktionellen Bedingtheit von Architektur und Typografie im Unterschied zu Plastik und Malerei. Später, im Rückblick auf die Pionierzeiten vor dem Zweiten Weltkrieg, hat er einen anderen Ton angeschlagen, sich um Mitteilung und Belehrung bemüht.

Es hat das Bild, das sich nach Einsicht in die vielseitigen Ansätze und Leistungen Vordemberge-Gildewarts ergibt, noch nicht ganz ausgemalt werden können. Die Textbeiträge in diesem Katalogband versuchen, Übersicht in einigen Bereichen zu gewinnen oder die Bedeutung eines Vorstoßes von Vordemberge-Gildewart aufzudecken. Es wird möglich sein, jetzt, da das Material vorgelegt worden ist, weitere Schlüsse zu ziehen, Querverbindungen nachzugehen, das Bekannte neu zu ordnen. Auch das künstlerische Werk Vordemberge-Gildewarts dürfte, abgehoben von der Folie dieses Werkbereichs, an Profil gewinnen.

Studienarbeit. Darstellende Geometrie: Schattenkonstruktion im Innenraum, 1920 (S 16), Annely Juda Fine Art, London

Arta Valstar-Verhoff

Die Möbel- und Innenraumgestaltungen Vordemberge-Gildewarts

Das gesamte Werk Friedrich Vordemberge-Gildewarts ist geprägt von einem starken Gefühl für Material - für Maserungen, feinste Texturen oder hauchdünn lasierte Leinwand. Die wohl wichtigste Rolle hierfür dürften frühe Eindrücke im Elternhaus gespielt haben, wo der Vater August Vordemberge eine angesehene Möbel- und Bauschreinerei betrieb. Von klein auf waren Friedrich, ältestem von vier Kindern, die Arbeit der Handwerker und der Umgang mit kostbaren einheimischen wie tropischen Hölzern vertraut gemacht worden. Folgerichtig erscheint daher der Schritt, nach Besuch des Gymnasiums die Ausbildung zum Tischler anzustreben.

Sein Lehrherr wurde Julius Schütze, Osnabrücker Freund und Meister-Kollege des Vaters, in dessen Betrieb dem jungen Vordemberge bestes handwerkliches Können vermittelt wurde - das Entwerfen eines einfachen, praktischen Möbelstücks ebenso wie der Umgang mit feinen Hölzern und komplizierten Einlegearbeiten.

Zeugnis hiervon legt das Gesellenstück (B 1)[1] ab, das er 1918 arbeitete. Es handelt sich um einen stattlichen viertürigen Kleiderschrank aus Kirschholz, dessen zweigeschossiger Aufbau eine klare, architektonisch anmutende Gliederung aufweist - einen geschwungenen Sockel mit breiten Schubladen, ein leicht vorkragendes, gerades Gesims, das seitlich verkröpft ist, durch Pilastervorlagen deutlich betonte Seitenteile.

Vor allem für die Tür- und Seitenfüllungen entwickelte Vordemberge reichhaltiges Ornament. Eingegrenzt durch geschwungene Profilleisten finden sich hier große, ovale Medaillons mit Allegorien der ‚Vier Jahreszeiten', an die sich nach oben und unten ausgedehnte mehrfarbige Furnierintarsien und Perlmutteinlagen anschließen. Sei es in Form feiner, geometrisierender Elemente, sei es in Palmettenmotiv, Akanthusblatt und Volute als Bandornament oder im Rapport. Verziert und dadurch zusätzlich hervorgehoben sind auch Pilastervorlagen und Gesims, die zarte, intarsierte Bandornamente tragen.

Friedrich Vordemberge stellte sich zu seiner Gesellenprüfung mit einem stattlichen Repräsentationsstück vor, anknüpfend an die Tradition bürgerlicher Kleider- und Dielenschränke des späten 18. Jahrhunderts in Norddeutschland. Er trat damit den Beweis für seine solide Ausbildung an, zeigte seine Fähigkeit zu guter Konstruktion und zu handwerklich sauberer, feiner Ausarbeitung. Auffallend ist, in welch hohem Maß er die spezifische Maserung der jeweiligen Hölzer für Ornament und Gesamteindruck einsetzte, offensichtlich das Schwergewicht auf eine ausgefeilte Oberflächengestaltung legend.

In Anbetracht eines so prachtvollen, komplizierten Gesellenstücks war der Abschied Vordemberges aus der Werkstatt Schütze glanzvoll. Er war dort überaus beliebt gewesen, galt als fleißig, freundlich und sehr begabt. Nach seiner Ausbildung stand er nun vor der Entscheidung, in den elterlichen Betrieb einzutreten, mit der Perspektive auf eine gesicherte, bürgerliche Existenz. Seine Pläne scheinen jedoch bereits anders gewesen zu sein, denn wenig später ging er - zunächst noch mit voller Billigung des Vaters - nach Hannover, um dort ein Studium der Innenarchitektur zu beginnen, seine erworbenen handwerklichen Fähigkeiten für die Entwicklung umfassenderer Konzepte einzusetzen.

Hannover war in seiner seit dem hohen Mittelalter währenden Stadtgeschichte stets geprägt von bürgerlichen Tugenden, von Solidität und Beständigkeit, Ordnungssinn, Bescheidenheit. Vergleichsweise kurz war die Zeit als fürstliche Residenz gewesen, übermächtig schließlich im Anschluß daran der Einfluß von Kaufleuten und Beamtentum. Auch als preußische Provinzstadt im ausgehenden 19. Jahrhundert blieb Hannover still und friedlich, wirtschaftlich blühend, kulturell jedoch ohne Anschluß an soziale und geistige Bewegungen der Jahrhundertwende und des frühen 20. Jahrhunderts. Dies vermochte erst der Erste Weltkrieg mit seinen Schrecken zu verändern.

Ein aktiver Kreis von Künstlern, Intellektuellen, Literaten, Förderern etablierte sich, um gegen Durchschnittlichkeit, Kleinbürgerlichkeit und den Krieg aufzustehen.

Noch 1919, als Friedrich Vordemberge nach Hannover kam, waren es die Aktivitäten einzelner Mäzene wie Senator Fritz Beindorff, der seit 1916 für die Avantgarde agierenden Kestner-Gesellschaft, der Galerie von Garvens, einzelner schillernder Persönlichkeiten wie Christoph Spengemann und Kurt Schwitters, die das geistig-kulturelle Klima in der Stadt prägten. All dies dürfte der junge Vordemberge im Vergleich zu seiner Vaterstadt Osnabrück als scharfen, frischen Wind, als die Atmosphäre neuer Möglichkeiten empfunden haben.

Deutlich war sein Interesse auf Neues verkörpernde Persönlichkeiten gerichtet. An der Kunstgewerbeschule wandte er sich von der Innenarchitektur mehr dem Bereich der Bauplastik zu, die von Ludwig Vierthaler[2] gelehrt wurde. Dieser verkörperte einerseits durch seine Ausbildung an der Münchner Akademie Traditionsverbundenheit, andererseits eine starke Hinwendung zu den Strömungen des Expressionismus und Kubismus, die er während seiner Zeit in Berlin vollzogen hatte.

Ein 1920 von Vordemberge, der sich nun Vordemberge-Gildewart[3] nannte, entworfener halbhoher Eichenschrank (B 2)[4] mit ausgedehnten Schnitzereien belegt eng an den Lehrer angelehnte Arbeit mit stilisierten Mensch- und Naturformen.

Beide Türen tragen durch sanfte Bogenlinien aufgebrochene Dreieckfelder, die etwas zurückversetzt gegenüber der eigentlichen Türfläche liegen. In den so fest abgegrenzten Bereichen entwickelte er sparsam gesetzte Formen.

Im linken Relief steht ein Flötenspieler an einer kargen, etwa figurhohen, durch seine wenigen, übergroßen Blätter als Eiche gekennzeichneten Stamm gelehnt. Sein linkes Bein ist abgewinkelt, der Kopf, der im Profil gegeben ist, ist leicht gesenkt, bildet zusammen mit dem rechten, angewinkelten Arm und der Flöte eine abwärts gerichtete formale Einheit. Das rechte Relief zeigt eine vor einem Weinstock knieende Figur, die mit gesenktem Haupt eine große, ausgereifte Traube über einen Trog hält. Einzelne Bereiche nehmen hier die Dreiecksform der tragenden Grundfläche wieder auf, sei es parallel zu ihr wie in dem kurzen Rock mit nach unten weit aufspringenden Falten oder umgekehrt in Trauben und Trog.

Inhaltlich scheint es Vordemberge-Gildewart hier auf Bezüge zu Vergangenem angekommen zu sein, wie an den mittelalterlich anmutenden Kostümen beider Figuren abzulesen ist, auf die Darstellung einer idyllischen, engen Bindung des Menschen an die Natur. Formal dürfte die Tendenz zum sparsamen Umgang mit geschwungenen Formen, zur angedeuteten Geometrisierung bei Mensch- und Naturform im Vordergrund gestanden haben.

Wo der Lehrer Vierthaler volle, runde Formen in ein überfülltes Bildfeld zu setzen pflegte, eine reiche Ornamentik entwickelte[5], scheint Vordemberge-Gildewart bemüht gewesen zu sein, zu vereinfachen, zu abstrahie-

1 Der Schrank befindet sich im Besitz der Familie Schütze, Osnabrück. Die Autorin dankt Ros Sachsse, Bonn, und Familie Schütze für die freundliche Unterstützung.
Der Umfang der Arbeit an dem Schrank überstieg deutlich den Standard eines üblichen Gesellenstückes. Deshalb erwirkte der Lehrherr Schütze eine Sondergenehmigung bei der Handwerkskammer, die Vordemberge letztlich auch die Einberufung zum Militärdienst ersparte.

2 Über Ludwig Vierthaler informierten Annette Vierthaler, Hannover, Prof. Dr. Lange, TH Hannover, und Nicolai Stula, Bonn.

3 Der Namenszusatz dürfte gewählt worden sein, um sich mit einem auffallenden Namen gegenüber dem ebenfalls als Künstler tätigen Cousin Friedrich Vordemberge abzusetzen. In der Großen Gildewart in Osnabrück steht das Eltern- und Geburtshaus Vordemberge-Gildewarts.

4 Der Schrank befindet sich im Besitz von August Vordemberge jun., Düsseldorf.

5 Die Autorin dankt Walter Buhré, Hannover, für die Möglichkeit der Vergleichsstudien an den Innenausstattungen Vierthalers im neuen Flügel der Pelikan Werke Günter Wagner, Hannover.

Ornamententwurf für Schrank. Gesellenstück Vordemberge-Gildewarts, 1918 (B 1/5)

ren. Wie die Zeichnungen (B 20/5, B 20/6) belegen, die den Gipsen für die ausgearbeiteten Felder vorausgingen, baute er die Motive aus nur wenigen Linien, fügte sie zu Dreiecken und spitzen Winkeln, unterwarf das formal tragende Gerüst einer deutlichen Tendenz zur Geometrisierung, ohne aber das Figürliche aufzugeben. Alles wirkt expressionistisch stilisiert, noch ungelenk in Proportion und Darstellung. Reliefbänder rechts und links der Türen des beschriebenen Schrankes belegen jedoch, wie konsequent er eigene Ansätze weiterentwickelte zu rein abstrakter Formensprache.

Mit ihren Reihungen geometrischer Grundformen, die sich noch in einigen Fällen zu Andeutungen von Naturformen gruppieren, bilden sie den festen, vertikalen Abschluß des gesamten Reliefprogramms auf der Schrankfront. Sie sind gleichzeitig Einrahmung und optischer Akzent in der Verbindung mit der Geradlinigkeit der oberen Schrankplatte sowie den wenigen linearen Kerbungen des Horizontalabschlusses unterhalb der Türen und der nach unten hin verjüngten Beine.

Der Schrank, der in der elterlichen Schreinerei in Osnabrück gefertigt wurde, dürfte für Vordemberge-Gildewart in mehrfacher Hinsicht von Bedeutung gewesen sein. Zum einen hatte er durch ihn die Möglichkeit, der Familie zu beweisen, daß seine Ausbildung in Hannover den praktischen Wert nicht vermissen ließ, zum anderen konnte er so wenigstens an einem Möbel Reliefentwürfe konkret umsetzen, während dies im Hinblick auf die Bauplastik noch schwierig gewesen zu sein scheint.

Erst drei Jahre später entwarf Vordemberge-Gildewart die nächsten Möbelstücke, auch Zeichnungen zum Gebiet der Innenraumgestaltungen blieben spärlich. Seine Zeit war - so scheint es - angefüllt mit Arbeiten für die Bauplastik an der Kunstgewerbeschule und im privaten Atelier Vierthaler.

Zudem war er seit dem Wintersemester 1919 an der Architekturabteilung der Technischen Hochschule Hannover eingeschrieben. Dort entstandene Darstellungsübungen stereometrischer Formen (S 8-10, S 13a/b, S 14a/b, 16, 17) dürften maßgeblich dazu beigetragen haben, daß er in Baureliefs der Jahre 1919-22 zu sparsam angelegten, spannungsvollen Kompositionen elementarer, sanft aus der Fläche herausgearbeiteter Formen fand.

Die Suche nach Eigenständigkeit setzte sich etwa 1923 endgültig durch. Vordemberge-Gildewart hatte Studien an der Kunstgewerbeschule und Technischen Hochschule in den Fächern Innenarchitektur, Malerei, Bildhauerei und Architektur vorzuweisen, hatte als Mitarbeiter bei Ludwig Vierthaler wichtige praktische Erfahrung und beste Kontakte gesammelt. Zunehmend hatte er Zugang zu den Künstlerkreisen um Kurt Schwitters gefunden, nutzte er die Veranstaltungen der Kestner-Gesellschaft und der Galerie von Garvens, um Einblicke in das Geschehen rund um die damalige Avantgarde zu bekommen. Er fuhr zum Bauhaus-Fest nach Weimar 1923 und kam beeindruckt von der Fülle gestalterischer Möglichkeiten im Dienste von klarer Form und reinem Ausdruck zurück.

Er wagte den Schritt in die Selbständigkeit, mit eigenem Atelier und selbständiger Ausführung von Aufträgen. Auch finanziell war er nun auf sich selbst gestellt, denn die zweite mutige Entscheidung des Sohnes trugen die Eltern in Osnabrück nicht mehr mit.

So waren es zunächst die Aufträge in direktem Zusammenhang mit seiner handwerklich-technischen Ausbildung, die ihm Arbeit und bescheidenes Einkommen brachten.

Für die Wohnung seines jung verheirateten Schulfreundes Wilhelm Menssen in Hagen[6] entwarf Vordemberge-Gildewart 1923 eine Schlafzimmereinrichtung (B 3), bestehend aus Doppelbetten, Nachtschränken und einer Frisierkommode sowie einen Herrenzimmerschrank mit Sideboard. Gearbeitet wurden alle Teile erneut in der Schreinerei des Vaters in Osnabrück aus solidem, hellem Eichenholz.

Für die Stirnseiten von Betten und Nachtschränken nahm Vordemberge-Gildewart an den glatten Holzflächen durch aufgesetzte Dreiecksstäbe eine jeweils rechtwinklige Unterteilung in Quer-Rechteck-Felder vor, legte Relief lediglich auf die seitlichen Vertikalbereiche, die ihre Fortsetzung in den gerillten Füßen finden. Innerhalb der Reliefbänder fügte er erneut elementare Formen zu naturnahen Motiven oder rein abstrakten Konstellationen zusammen. So ergeben kurze Zacken- oder Bogenlinien in der Verbindung mit Geraden oder Dreiecken Blätter oder Ähren, bilden gleichzeitig unzählige,

6 Angaben zu diesem Auftrag: Hartmut Menssen, Brauweiler; Erika Curschmann, Hagen.

aufgesetzte Dreiecksstäbe rein abstrakte Kreise, Dreiekke, Treppungen, sanfte Bögen und Winkelfügungen.

Für die Spiegelkommode entwickelte er als oberen Abschluß einen freistehenden Aufsatz aus unterschiedlich rechtwinklig gefügten oder gebogenen Dreiecksstäben, aus Kreis-, Blatt- oder Dreieckformen, die allesamt zu einem festen, sich nach oben hin verjüngenden Geflecht verbunden sind.

Blieb Vordemberge-Gildewart hier in der formalen Grundanlage der Möbel noch ausgesprochen traditionsverbunden, in abgeschrägten Füßen oder sanft geschwungenem Aufsatz der Nachtschränke frühen, noch ungelenken Arbeiten verhaftet, in den ornamentalen Reliefs dicht an eigenen Entwürfen früherer Möbel- und Baureliefs, so tat er in den letzten Stücken für das Haus Menssen einen entscheidenden, Veränderung signalisierenden Schritt in Richtung auf neue Konzepte.

Sowohl der Herrenzimmerschrank als auch das Sideboard wurden gänzlich aus geraden Platten und Quadern montiert. Erstmals ergaben sich konsequente Geradlinigkeit und eine deutliche Dominanz großer, glatter Holzflächen, wurde Ornament in Form schmaler Reliefbänder an den Rand gedrängt. So tragen lediglich die hohen, schlichten Beine sowie schmale, langgestreckte Felder zum jeweiligen oberen Schrankabschluß sich wiederholende Reihungen und Fügungen stereometrischer, plastisch herausgearbeiteter Grundformen.

Deutlich wird hier die enge Bindung der plastischen Ornamente an frühe, geometrisch abstrakte Baureliefs Vordemberge-Gildewarts, aber auch die Vehemenz, mit der nun dem schlichten Möbelteil, der Betonung der uneingeschränkten Fläche edlen Holzes, dem Materialcharakter der Vorzug gegenüber dem Ornament gegeben wurde.

Im Hinblick auf den praktischen Gebrauchswert müssen beide Schränke sehr verschieden beurteilt werden. Bei dem Herrenzimmerschrank ruht der vergleichsweise kleine, zweitürige eigentliche Schrankteil auf einem breiteren Sockel sowie den an dessen Ecken montierten, überlängten Beinen. Den oberen Abschluß des Möbels bildet eine weit auskragende, schwere Platte, die in Größe und Ornament formale Bindung zum ausladenden Unterbau des Mittelteiles aufnimmt. So erscheint der funktionale Teil vergleichsweise klein, bedenkt man die eingeschränkte verbleibende Stellfläche hinter den beiden Türen. Dies vermag auch die schwarz-weiße Kachelung der oberen Abschlußplatte, die zusätzliche Stellfläche bietet, nicht auszugleichen.

Bei dem Sideboard ruht der obere, viertürige Schrankteil auf einem wiederum breiteren Sockel, der nun jedoch durch Schubfächer und ausziehbare Böden gegliedert ist, schließlich auf acht schmalen Beinen.

Dadurch, daß hier eine breite obere Abschlußplatte fehlt, daß der Bereich mit Türen und dahinterliegenden Einlegeböden insgesamt gestreckt und die Gesamtgestaltung rhythmisierter ist, erscheint das Sideboard nicht so massig wie der kleinere Schrank. Hinzu kommt, daß es über eine ausreichend große Stellfläche im Innern verfügt und mit seinen zahlreichen Schubfächern zusätzlich erheblichen Stauraum bietet.

Formal, so scheint es, fiel es Vordemberge-Gildewart noch schwer, mit größeren, schlichten Teilen zu einem harmonischen Gesamtkonzept zu kommen. Er hatte an diesem Punkt jedoch Ansätze eines Weges markiert, der ihn in den späten zwanziger Jahren - unter völligem Verzicht auf Reliefornament - zu ausgereiften, harmonischen und äußerst praktischen Gebrauchsmöbeln führen sollte.

Zunächst entstanden jedoch bis etwa 1925 vor allem für die Schreinerei der Eltern Möbelentwürfe, die zurückgreifen auf gefällige Schrägen der frühen Ausbildungszeit, auf Reliefornament mit Anlehnungen an Pflanzenmotive neben verdoppelten Rundungen oder rechten Winkeln. Der elterliche Betrieb gewann mit Möbeln nach einem solchen Entwurf Vordemberge-Gildewarts 1925 den ersten Preis auf der Osnabrücker Gewerbeschau.

Erhaltene Fotos (B 4/1-3) von der Ausstellung geben Aufschluß über einen interessanten, im Werk Vordemberge-Gildewarts neuen Aspekt - er präsentierte die Möbel vor Wänden mit großen Farbfeldern. Da die alten Aufnahmen keinerlei Aufschluß über die verwendeten Farben geben, läßt sich lediglich sagen, daß starke Kontraste angelegt waren, möglicherweise weiße auf schwarze Flächen trafen, zu denen die aufragenden Teile der Möbel in direkte Beziehung gerückt waren.

Auf das Osnabrücker Publikum muß ein derartiges Konzept außergewöhnlich und eigenständig gewirkt haben. Vordemberge-Gildewart waren jedoch die Ideen aus den Reihen der Avantgarde bereits bekannt, sei es in der Stijl-Gruppe um Theo van Doesburg, sei es am Bauhaus in Weimar, die die Farbe als gestalterisches Element für Arbeiten im Innen- und Außenraum vorsahen. Bei ihm selbst muß der hier beschriebene Einsatz von Farbe für Wohnräume noch als vorsichtiger Schritt gewertet werden, der weiterer Ausarbeitung bedurfte.

Lediglich in ersten, noch ungelenken Versuchen auf dem Gebiet der Innenraumgestaltung hatte er 1920 (S 19) ganze Räume in einheitliche, abgetönte Farbe getaucht, große oder kleinere Felder kräftiger Farbe an Möbelstücken, Teppich oder Eckkamin festgemacht. Ein regelrechtes Konzept für den Einsatz von Farbe gab es zu diesem Zeitpunkt noch nicht, die Töne gingen von kräftigem Orange über Gelb und Ocker zu leuchtendem Blau und Türkis.

Erst anläßlich seines Entwurfes für ein ‚Landhaus bei Hannover' von 1923/24 (B 45) erwähnte er die Farbe programmatisch in seiner Erläuterung: „Landhaus gestaltet aus: Farbe Glas Eisen Beton" (B 45/7-9). Mondrians Gedanken, Farb- und Flächenform in der Architektur zur Deckung zu bringen, um zu einer perfekten Synthese der Künste zu gelangen[7], dürften Vordemberge-Gildewart vertraut gewesen sein. 1925 kam es schließlich über Kurt Schwitters zu intensivem Kontakt mit Van Doesburg und zur Mitgliedschaft Vordemberge-Gildewarts im Stijl.

Was fehlte, waren die aufgeschlossenen Auftraggeber, mit denen man starkfarbig-elementare Gestaltungen hätte verwirklichen können - eine Tatsache, die auch Theo van Doesburg noch 1926 heftig beklagte[8]. So wirkt der nächste größere Auftrag Vordemberge-Gildewarts, eine Neugestaltung des Bibliothekszimmers im Haus Seelig in der Krahnstraße in Osnabrück (B 5)[9], an dem er 1926-28 immer wieder arbeitete, in diesem Sinne eher konventionell. Und doch bot er die Möglichkeit, Eigenständigkeit zu beweisen.

Eine Reihe von Zeichnungen und ein Grundriß aus dem Nachlaß des Künstlers belegen eine Anlage der Planungen als Gesamtraumkonzept, mit detaillierten Vorgaben für jeden Wandabschnitt, die Decke, die Möblierung bis hin zur Plazierung der Gegenstände im Raum.

Ein Blatt von 1926 (B 5/11) zeigt Sessel, Tische und Hocker, in die noch Ornamente früherer Entwürfe eingingen. So finden sich an der Rückenlehne der Sessel erneut Pflanzenmotive aus linearen Elementen, greifen die unteren Kanten der gepolsterten Sitzflächen das geometrisierende Relief der Schränke aus dem Auftrag für Wilhelm Menssen von 1923 wieder auf. Im Verhältnis der

7 Piet Mondrian, Die Verwirklichung des Neo-Plastizismus. In: de stijl, Nr. 3, S. 41-47 und Nr. 5, S. 65-71.

8 Vgl. hierzu Evert J. van Straaten, Theo van Doesburg. 1883-1931 - Een documentaire op basis van de schenking van Moorsel, s'Gravenhage 1983, S. 138ff.

9 Der Auftrag war 1926 durch die Bekanntschaft zur Familie Seelig zustande gekommen. Die Arbeiten sind teilweise als Leihgaben im Kulturhistorischen Museum der Stadt Osnabrück (Dreikronenhaus) zu sehen.

Komposition mit „Wall Street", Collage und Öl auf Karton, 1924 (K 2a), 41 x 34 cm, Annely Juda Fine Art, London

Wandtäfelung mit Intarsienkomposition, Haus Seelig, Osnabrück, 1926/27 (B 5/18)

einzelnen Teile zueinander erscheinen die Sessel wenig gelungen, wirkt der untere Teil gegenüber der schmaleren, oben abgetreppten Lehne zu massig. Ein Mißverhältnis, das auch durch die zum Boden hin verjüngten, glatten Füße nicht ausgeglichen wird.

Ein Element aus frühen Bau- und Möbelreliefs - der aufgesetzte Dreiecksstab - bildet das Grundelement für die Deckengestaltung des Raumes. Vordemberge-Gildewart entwickelte ein Liniengerüst[10], das den gesamten Raum überspannte, unter strenger Einhaltung des rechten Winkels die einzelnen Stäbe zu Vierecken gruppierte oder diese schneiden ließ. In der Zeichnung zum Entwurf legte Vordemberge-Gildewart Linien für die letztlich dreidimensional auszuführenden Bereiche an, so daß dort die Intention von Geradlinigkeit und streng geometrischem Charakter des Reliefs noch stärker zum Ausdruck kommt.

Den Stuckreliefs vergleichbare Linienkompositionen brachte Vordemberge-Gildewart an weiteren Punkten der Raumgestaltung an. So im Rahmen einer Holzverkleidung mit schlichten Einbauschränken, die er für die Fensterwand des Zimmers entwarf. Das Relief aus feinen Holzleisten trägt hier lediglich der holzummantelte Mittelpfeiler zwischen den Fenstern, die Schranktüren unterhalb von ihnen bekamen wenige schmale, lineare Profilierungen. Beim Entwurf des Pfeilerreliefs ging Vordemberge-Gildewart noch sparsamer mit den verwandten Linienführungen in Horizontale und Vertikale um, gelangte er zu einem ausgewogenen Verhältnis von Betonung des formalen Gerüstes und Entfaltung des Materiales Holz.

Er beschränkte sich in seinem Raumgestaltungskonzept nicht auf Stuck- und Möbelentwürfe, auf Einbauarbeiten und Wandschmuck, sondern er legte für jedes Stück den genauen Standort innerhalb des Raumes fest, definierte eine sparsame, wie mit dem Lineal ausgeklügelte Anordnung auf der zur Verfügung stehenden, knappen Fläche. Darüber hinaus gerieten zum Beispiel die beiden schlichten, deckenhohen Bücherregale rechts und links des Sofas über ihre wohl überlegte, praktische Funktion hinaus zu bewußt eingesetzten Akzenten, zu aufstrebender Bindung der horizontalen Bodenlinie an die Decke. Ebenso kalkuliert ließ Vordemberge-Gildewart bestimmte Relief-Formationen an unterschiedlichen Möbelstücken wiederkehren, um eine Einheitlichkeit der Gesamtgestaltung[11] zu erzielen, um unterschiedliche Teile optisch aneinander zu binden.

Auch an flächig gestalteten Bereichen ist dies zu beobachten. So korrespondieren die Holzverkleidung des Mauervorsprungs rechts von den Bücherregalen und die Beine des halbhohen Schrankes formal direkt miteinander. In beiden Fällen grenzte er das jeweilige Feld für die Gestaltung rundherum durch aufgesetzte Halbrundstäbe ab, arbeitete er innerhalb der Intarsien-Kompositionen nur mit Rechtecken, Quadraten oder Linien aus den unterschiedlichsten Hölzern. Immer wieder stellte er Fügungen aus größeren Flächen Ansammlungen kleinerer Quadrate oder langgestreckter Linien gegenüber, nutzte er die dunkle oder helle Tönung des Holzes, um innerhalb der Komposition Gewichtungen herzustellen, harmonisch auszugleichen. Die unterschiedlichen Maserungen setzte er ebenfalls als direkte Gestaltungselemente ein, indem er beispielsweise diejenigen mit linearem Charakter als Teile zur Betonung von Horizontale oder Vertikale, des rechtwinkligen Kompositionsprinzips, verwendete, diejenigen mit wilden, changierenden Musterungen jedoch besonders interessanten formalen Konstellationen gegenüberstellte.

Schneiden sich in den Kompositionen der Schrankbeine noch einzelne Elemente - vergleichbar frühen Bildern Vordemberge-Gildewarts aus dem Jahr 1924 - wodurch Andeutungen von Raumillusion entstehen, so ist in den Arbeiten für die Mauerverkleidung schließlich ein planes Nebeneinander der Flächen erreicht. Einzelne Teile sind im Verhältnis größer geworden, können ihren Materialcharakter noch stärker entfalten. Den drei schmalen, langgestreckten Bahnen gab Vordemberge-Gildewart vor allem kompositorische Bedeutung. Leicht aus der Mitte verschoben betonen sie Asymmetrie und spannungsvolles Miteinander unterschiedlicher Teile der Gestaltung innerhalb des Bildfeldes. Darüber hinaus setzen sie einen deutlichen Vertikal-Akzent, verweisen über das Intarsien-Gefüge hinaus auf die Vertikalität des verkleideten Mauerpfeilers. Es gelang Vordemberge-Gildewart so, die enge Bindung verwandter Gebiete wie Wandgestaltung und sie tragender Architektur formal sichtbar zu machen.

Direkte Verbindung zu den betrachteten Gestaltungen stellt der große, runde Tisch her, der seinen Platz vor Sofa und Regalen, also in optischer Verbindung mit den Verkleidungen des Pfeilers, finden sollte. In ein durch eine dunkle und eine helle Linie eingegrenztes Rund in der Platte wurden ausgedehnte Intarsien eingelassen. Dreh- und Angelpunkt der Komposition bilden einerseits die große, aus der Mitte verschobene Fläche aus Wurzelholz, andererseits die um sie herum gruppierten linearen Akzente wie dunkle Linien oder langgestreckte, schmale Rechteckformen. Verschiedene Elemente wie ein helles Dreieck oder kleinere Rechtecke und Linien schneiden die große Fläche von mehreren Seiten, so daß sie keine Dominanz innerhalb der Komposition erreicht, vielmehr in wechselseitige Beziehung tritt. In den Bereichen rundherum liegen ebenso rechtwinklig gefügte Rechtecke und Quadrate unterschiedlicher Tönung wie Überschneidungen einzelner Elemente, wodurch die formale Anbindung an die übrigen Gestaltungen von Mauerpfeiler und Schrankbeinen hergestellt wurde. Vordemberge-Gildewart ging jedoch noch einen Schritt darüber hinaus, brachte in Horizontal-Vertikal-Konstellationen nun auch zahlreiche schräg gelagerte Linien, Flächen oder Gefüge ein, die die Gesamtkomposition optisch aufbrechen und dynamisieren. Wieder sorgte er für eine einheitlich hölzerne Rahmung der Komposition, doch ist sie jetzt plan mit der übrigen Tischplatte gehalten.

Mit den Intarsienkompositionen aus dem Auftrag Seelig gelang es Vordemberge-Gildewart erstmals, in seinen Möbel- und Raumgestaltungen nicht nur Elemente eigener plastischer Lösungen zu zitieren, sondern darüber hinaus direkt auch auf seine Malerei Bezug zu nehmen. Einzelne Verweise auf frühere Bilder in Form von Elementüberlagerungen fallen hier auf, aber auch aktuelle Parallelen zu Arbeiten in Öl auf Leinwand, in denen er vor allem seit 1926 und 1927 mehr und mehr Formen oder ganze - in sich zumeist rechtwinklige - Konstellationen schräg lagerte.

Eine Ausnahmestellung nimmt die Gestaltung der Tischplatte auch aus dem Grund ein, als sie eine Synthese von schrägen, horizontalen und vertikalen Elementen zeigt. In seinen Bildern aus den Jahren der Arbeit am Auftrag Seelig brachte Vordemberge-Gildewart entweder das Schräge oder das Horizontal-Vertikale zur Dominanz. Parallelen zu einer wie in der Tischplatte vollendeten, harmonischen Verbindung lassen sich einzig in der ‚Konstruktion No 5' von 1924, der ‚Composition No 38 (Collage ‚Arp')' von 1927 oder erst später beispielsweise in den Kompositionen ‚No 51' und ‚No 55' finden. Doch nicht nur durch Vorgriffe auf zukünftige Bildschemata ist dieser Tisch von Bedeutung im Oeuvre

10 Vgl. hierzu Robert van't Hoff, Haus Henny, Ter Heide, 1916, Wohnraum Erdgeschoß. In: Mildred Friedman (Hg.), De Stijl. 1917-31 - Visions of Utopia, zur Ausstellung USA 1982, Oxford 1982, S. 104.

11 Ob in die Reihe der Entwürfe auch die Leuchten oberhalb des Schrankes zu stellen sind, ist nicht mit Sicherheit zu sagen. Dies trifft auch für die Deckenleuchte in demselben Raum zu. Es existieren hierzu keinerlei Zeichnungen.

Runde Tischplatte mit Intarsienkomposition, 1926/27 (B 5/17)

Erich Dieckmann, Polstersessel, 1924

Vordemberge-Gildewarts, sondern auch dadurch, daß er beim Entwurf das Reliefornament noch weiter zurückdrängte, einen deutlichen Einschnitt in der Reihe seiner Möbelgestaltungen markierte.

Es muß sich hierbei um einen bewußten Entwicklungsprozeß gehandelt haben, den Vordemberge-Gildewart schließlich in den letzten Arbeiten für das Haus Seelig im Jahre 1928 noch einen weiteren, entscheidenden Schritt voranbrachte. Er hatte von der mittlerweile schwerkranken Frau Seelig den Auftrag bekommen, einige Möbelstücke für ihren kombinierten Aufenthalts- und Schlafraum (B 6)[12] zu entwerfen - wie schon alle vorigen Stücke sollten sie in der Tischlerei seines Vaters gearbeitet werden. Es entstanden ein Stuhl, ein Sessel und ein ausklappbarer Tisch, die sich in ihrer Gestaltung deutlich von früheren Möbeln Vordemberge-Gildewarts abheben.

So muß bereits der Stuhl in seiner elementaren Konstruktionsweise als programmatisch angesehen werden. Die Beine sowie der offene Rahmen der Rückenlehne wurden aus schlichten Vierkanthölzern mit quadratischem Querschnitt gefertigt und auch die Verbindungselemente für die Sitzfläche sind völlig gerade und ornamentlos gehalten. Alle Teile sind konsequent rechtwinklig untereinander verbunden, gehen direkt ineinander über, ohne einzeln einen autonomen Charakter zu bewahren. So ragt zwangsläufig die Rückenlehne steil in die Höhe, wird sie mit dem Raum innerhalb ihres Rahmens zum Träger eines wiederum rechtwinkligen Gefüges aus sechs feinen Holzstäben in Horizontale und Vertikale. Hier ist das Grundkonzept nochmals deutlich gemacht, erfährt gar eine feine Pointierung durch die beiden Quadrate, die die sich schneidenden Stäbe bilden. Aufzufassen sind Elemente wie diese sicherlich als Linien im Raum, als Symbole für Vordemberge-Gildewarts nun gereiften Möbelgestaltungs-Stil. Er ist an diesem Punkt des Jahres 1928 in direkter Verbindung und Harmonie mit seinen Arbeiten der Malerei, der Raumgestaltung, der Bauplastik, der Typographie zu sehen und markiert den Beginn eines neuen Abschnittes innerhalb der Beschäftigung Vordemberge-Gildewarts mit Holz und Möbeln.

Nur in wenigen Details, nicht aber in der prinzipiellen Konstruktion, weicht der Sessel von dem beschriebenen Stuhl ab. So ragt die waagerechte Fläche der hinzugefügten Armlehnen jeweils rechts und links über die umgebenden Teile hinaus, ebenso die beiden vorderen Beine, ohne aber den gemeinsamen oberen Abschluß mit den angrenzenden Elementen aufzugeben. Generell ist dieses partielle Überstehen einerseits als Raumdefinition innerhalb einer sonst so geschlossenen Gestaltung zu verstehen, andererseits trägt es bei zur formalen Charakterisierung des speziellen Möbels - durch das Hervortreten, die optische Verbreiterung in der Ansicht von vorn strebt die Gestaltung nicht in die Höhe wie beim zugehörigen Stuhl, auf dem man zwangsläufig aufrecht, gerade sitzt, sondern signalisiert das bequeme, geruhsame Verweilen.

Parallelen zu Vordemberge-Gildewarts Konstruktionsprinzip von untereinander verbundenen, nur selten auskragenden Holzelementen finden sich vor allem in der Holzwerkstatt des Bauhauses bei Marcel Breuer und Erich Dieckmann. Sein vergleichbar elementar gestalteter Polstersessel von 1924[13] weist ebenfalls im vorderen und rückwärtigen Bereich wenige schlichte, hervorstehende Teile auf. Marcel Breuers Arbeiten dürften Vordemberge-Gildewart ohnehin bekannt gewesen sein, da er 1923 und 1926 das Bauhaus besuchte[14], sich dort bedingt durch eigene Entwurfstätigkeit mit Holz für die Tischlerei interessiert haben dürfte.

Groß bleiben jedoch die Unterschiede zwischen Vordemberge-Gildewart und Gerrit Thomas Rietveld auf dem Gebiet der Möbelgestaltung. Selbst bei Objekten wie dem ‚Armlehnstuhl‘ [15] von 1919, in denen Rietveld auf den Einsatz der neoplastizistischen Farben verzichtete, wird augenfällig, daß er stets darauf bedacht war, jedem einzelnen Element der Gestaltung seinen völlig autonomen Charakter zu erhalten, nur aneinanderzusetzen.

Bei Vordemberge-Gildewart war dies grundlegend anders. Er ließ Einzelteile verschmelzen, schied sie lediglich hin und wieder optisch durch gezielten Einsatz von Maserungen des Holzes und setzte Überstehendes nur selten, dann als kompositorisches Mittel ein.[16]

Eine Verbindung zu den frühen Entwürfen für das Haus Seelig von 1926 stellte Vordemberge-Gildewart durch sein letztes Stück im Rahmen des Gesamtauftrages dar. Für den Tisch, der in seiner Grundstruktur geradlinig und völlig schlicht konzipiert war, sah er wieder ausgedehnte, abstrakte Einlegearbeiten vor. Die Tischplatte bildet insgesamt eine große Rechteckfläche. Nimmt man die beiden klappbaren Teile rechts und links weg, die einheitlich aus hellem Wurzelholz gearbeitet wurden, so verbleibt eine wiederum rechteckige Platte, Träger der Intarsienkomposition. In den vorderen Bereich legte Vordemberge-Gildewart nebeneinander zwei unterschiedlich große Rechteckfelder aus stark gemaserten, abweichenden Wurzelhölzern, links von ihnen bildet eine schmale, dunkle Bahn den optischen Abschluß. Horizontale Betonung des rechtwinkligen Grundprinzips dieser Gestaltung, zugleich formaler Hinweis auf konsequente Asymmetrie sind die drei angrenzenden, langgestreckten Querfelder. In Breite und Tönung unterschiedlich, korrespondieren sie direkt mit den beiden, die sich vertikal, wieder leicht aus der Mittellinie verschoben, anschließen. Sie trennen ein helleres Rechteck rechts sowie ein helleres und ein dunkleres links voneinander, leiten gleichzeitig über zu dem oberen Abschlußbereich der Platte, der stärker und kleinteiliger durchgestaltet ist. Zahlreiche unterschiedlich große, teils lineare Rechteck- und Quadratfelder in Horizontal- oder Vertikallage treten hier in ein wechselseitiges Gefüge, das Vordemberge-Gildewart durch Holztönungen von ganz hell bis tief dunkel zusätzlich rhythmisierte. Es gelang ihm, durch

12 Dieser Raum befand sich auf der dem Bibliothekszimmer gegenüberliegenden Seite der ersten Etage, rechte Seite von der Eingangsfront des Hauses her gesehen.

13 Erich Dieckmann, Polstersessel, 1924. In: Walther Scheidig, Das Bauhaus in Weimar von 1919-24, Leipzig 1966, S. 26.

14 Angaben Archiv Stiftung Vordemberge-Gildewart

15 Gerrit Thomas Rietveld, Armlehnstuhl, 1919, Holz, Collection Stedelijk Museum Amsterdam

16 Aus den dargelegten Gründen ist eine Argumentation, die Vordemberge-Gildewarts und Rietvelds Möbeln dieselben Prinzipien unterlegt (Inge Frankmöller, Neues Bauen in Osnabrück während der Weimarer Republik, Bramsche 1984, S. 105), zurückzuweisen.

Gerrit Thomas Rietveld, Konstruktionsmethode, 1919

die wohl überlegte Aufteilung der Gesamtfläche in stark abweichende Felder eine deutliche Steigerung in der Gestaltung hervorzubringen, auch hier wieder in direkter Verbindung zu seiner Malerei zu arbeiten und so gattungsübergreifende Arbeitsprinzipien deutlich zu machen. Korrespondierend zu den trennenden Holzbändern in der Tischplatte sind es in zahlreichen Bildern der Jahre 1926 und 1927 immer wieder die schwarzen Rechtecke oder Linien, die dynamisieren und Akzente für die Grundlagen der Komposition setzen. Mit dem Teil der Tischplatte oben links, für den er lineare Intarsienelemente verwandte, griff er gar weit vor, über den damaligen Stand seiner Bilder hinaus - hin zu regelrechten Streifenbildern, zu denen er erst zu Beginn der fünfziger Jahre gelangen sollte.

In der Gesamtsicht auf die Entwürfe für das Haus Seelig bleibt bemerkenswert, wie deutlich hier auf dem Sektor des Möbelentwurfs und der Innenraumgestaltung die Entwicklungsstufen zu Tage treten, die sich auch in der Malerei Vordemberge-Gildewarts in den Jahren 1926-28 finden und daß er bei der Beschäftigung mit den Intarsienkompositionen beider großen Tische zu formalen Lösungen gelangte, die erst später in der Malerei wieder aufgegriffen und vervollkommnet werden sollten.

Zeitgleich nahm er weitere Auftragsarbeiten für Innenraumgestaltungen in Osnabrück wahr. Im elterlichen Haus verwandelte er die bislang sehr traditionelle Flucht aus Flur und Eßraum in eine schlichte, elegante Raumabfolge (B 7)[17], die ihr einheitliches Gepräge durch umlaufende Wandverkleidungen aus kaukasischem Nußbaum und dazu entworfene geradlinig schlichte Möbel erhielt. Über allem leuchtete eine rote Decke.

Noch während der Arbeiten in Osnabrück fand sich 1927 ein Auftraggeber für eine Innenraumgestaltung, der erheblich avantgardistischere Vorstellungen zuließ - Senator Friedrich Lehmann, selbst Architekt, Stadtbaurat in Osnabrück und äußerst aufgeschlossen. Folgt man erhaltenen Zeichnungen und Fotos zur ‚Neugestaltung der Arbeitszimmer des Stadtbaurates' (B 11)[18], so erscheint es möglich, daß Vordemberge-Gildewart größere Umbauarbeiten zu betreuen hatte, belegt ist jedoch einzig der Umfang der Gestaltungen für den zentralen Arbeitsraum innerhalb der Amtsetage.

In der ausgeführten Fassung waren über einfarbig dunklem Linoleum-Bodenbelag sämtliche Wände und die Decke mit einer streng rechtwinkligen Komposition aus großen Farbfeldern überzogen. Dazu traten die Möbelstücke, die aus elementaren, geradlinigen Nußbaumteilen, ohne jedes Ornament und unter Einhaltung des rechtwinkligen Prinzips gefertigt waren, in direkte Korrespondenz. Der Platz eines jeden Teiles war innerhalb des Gesamtkonzeptes genau vorbestimmt, so daß sich in der Verbindung von Farbfeld und Möbel oder Fensterpartie deutliche, streng asymmetrisch gelegte Gewichtungen im Raum ergaben.

Da das Zimmer Friedrich Lehmanns im Zweiten Weltkrieg zerstört wurde, lediglich alte Schwarz-Weiß-Fotos existieren, können keinerlei definitive Aussagen über die Farbwahl Vordemberge-Gildewarts gemacht werden. Unter Hinzuziehung der Zeichnungen, in denen er die Abgrenzungen der geometrischen Felder gegeneinander sowie unterschiedlich dunkle Schraffuren anlegte, läßt sich zusammenfassend sagen, daß weiße, schwarze und starkfarbige Farbpartien vorhanden gewesen sein müssen.

Trotz der Wandkompositionen setzte Vordemberge-Gildewart sich bei diesem Auftrag gegen die meisten vergleichbaren Konzepte des Stijl ab, indem er seiner eigenen Linie treu blieb, die Möbel nicht farbig zu fassen. Er konfrontierte - wie es scheint bewußt - Farbfelder, die seiner mittlerweile weiterentwickelten Malerei nahestanden, mit der starken Maserung edler Hölzer, hielt Kontakt zu seiner frühen Ausbildung.

Interessant ist die direkte Verwandtschaft dieses Konzepts von 1927 zu einem Intérieur Gerrit Thomas Rietvelds, des Stijl-Architekten, für die ‚N.V. Goud en Zilversmidscompanie' in Amsterdam[19]. Rietveld - wie Vordemberge-Gildewart gelernter Tischler - vereinigte hier ebenfalls eine farbige Wand- und Deckenkomposition mit geradlinigem Mobiliar aus Edelhölzern, während er schon 1924 in seinem ‚Haus Schröder' in Utrecht alles in einer farbigen Fassung vereinigen sollte.

In seiner Malerei, in Architekturentwürfen, Typographien und Werbegestaltungen hatte Vordemberge-Gildewart mittlerweile ernsthaft unter Beweis gestellt, wie sehr er sich das Gedankengut des Stijl zu eigen gemacht hatte, wie die anderen danach strebte, reine elementare Gestaltungsprinzipien umzusetzen für den Lebensraum der Menschen. Auch für ihn galt die große Utopie einer besseren Welt aus klaren, strengen, schönen Relationen, für die De Stijl seit 1917 stand. Und doch nahm er sich immer wieder die Freiheit, das Holz, seine spezifischen Materialeigenschaften, seine heftigen Maserungen einzusetzen als gestalterisches Element.

Ende der zwanziger und Anfang der dreißiger Jahre wurden die Aufträge für Innenraumgestaltungen immer spärlicher[20]. Anhand des letzten Ateliers, das Vordemberge-Gildewart 1930 in der Lister Straße in Hannover bezog (B 15)[21] und weniger anderer Konzepte läßt sich jedoch sagen, daß parallel zu wachsender Eigenständigkeit in seiner Malerei, der Loslösung von rechtwinklig gefügten, die gesamte Bildfläche überspannenden Kompositionen zahlreicher Farbfelder, die Entwicklung für den Innenraum hin zur Reduktion farbiger Flächen ging, zur Deckung von Farbfeld und Wand. Vielfach setzte er lediglich eine klare rote oder schwarze Wand im Raum ein, kalkulierte gezielt mit ihrer Farbenergie und zunehmender Klarheit.

In der Möblierung setzte er nun auch die serienmäßig produzierten Stahlrohrmöbel Marcel Breuers oder seines Freundes Hans Nitzschke ein, gab geradlinigen Kirschholzmöbeln des eigenen Entwurfs ausgedehnte Flächen

17 Die Arbeiten wurden im Zweiten Weltkrieg fast ohne Ausnahme zerstört.

18 Herangezogen wurde neben dem Material aus dem Archiv der Stiftung Vordemberge-Gildewart auch ein Plan zum Umbau des Alten Rathauses am Markt vom 6.7.1877 - Archiv Stadtbauamt Osnabrück.

19 Veröffentlicht in: de stijl, Jg. 5, H. 2, 1922.

20 Er gestaltete in Osnabrück mehrere Geschäftsräume von großer Einfachheit und Eleganz, mit edlen Hölzern, wenigen starken Farbkontrasten, einfach in der Aufteilung und immer funktionell mit ausgefeilter Detailplanung (B 10, B 14).

21 Das Haus Lister Straße 24 wurde 1930 von dem Architekten Lemcke erbaut, Vordemberge-Gildewart führte an der Fassade eine Reihe von Baureliefs aus (B 36).

Wohnung und Atelier des Fotografen Ernst-Ernst, Hannover, 1931 (B 16/1)

Arbeitszimmer des Stadtbaurats, Osnabrück, 1927 (B 11/11)

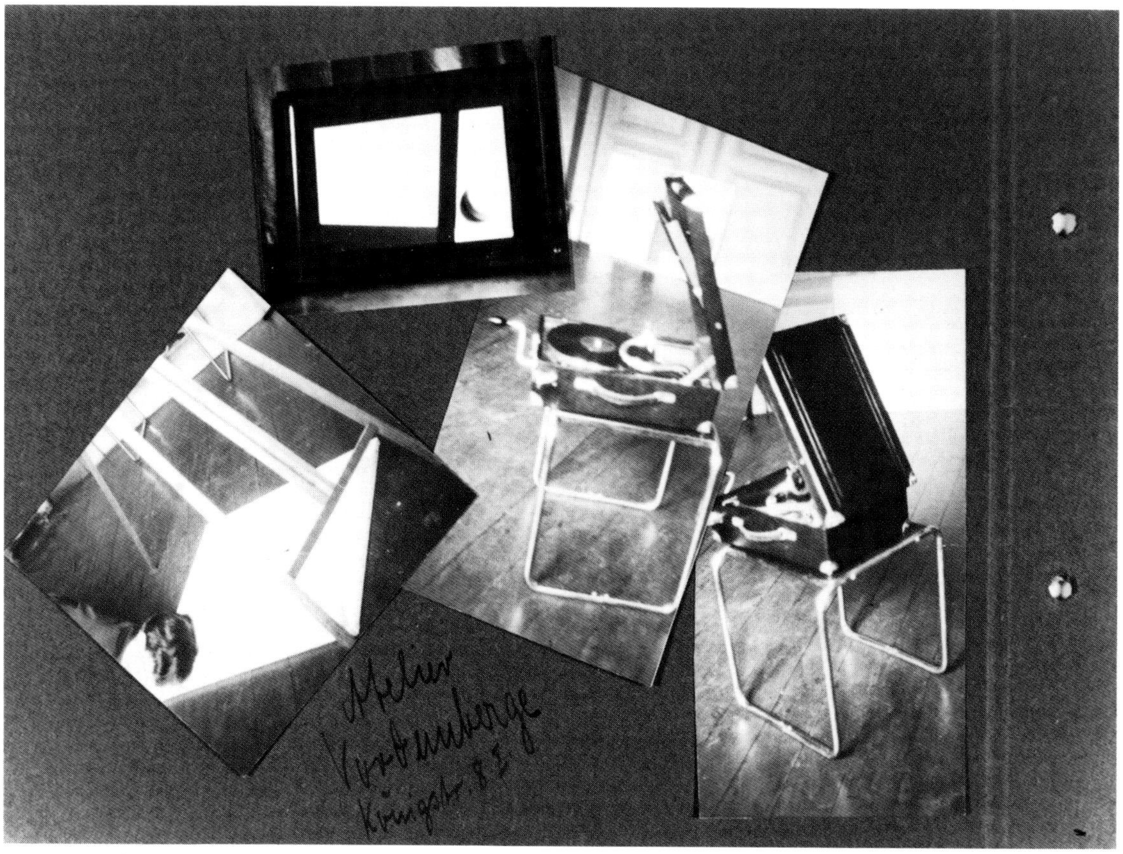

Foto-Collage aus dem Album Vordemberge-Gildewarts, um 1927 (B 15/6)

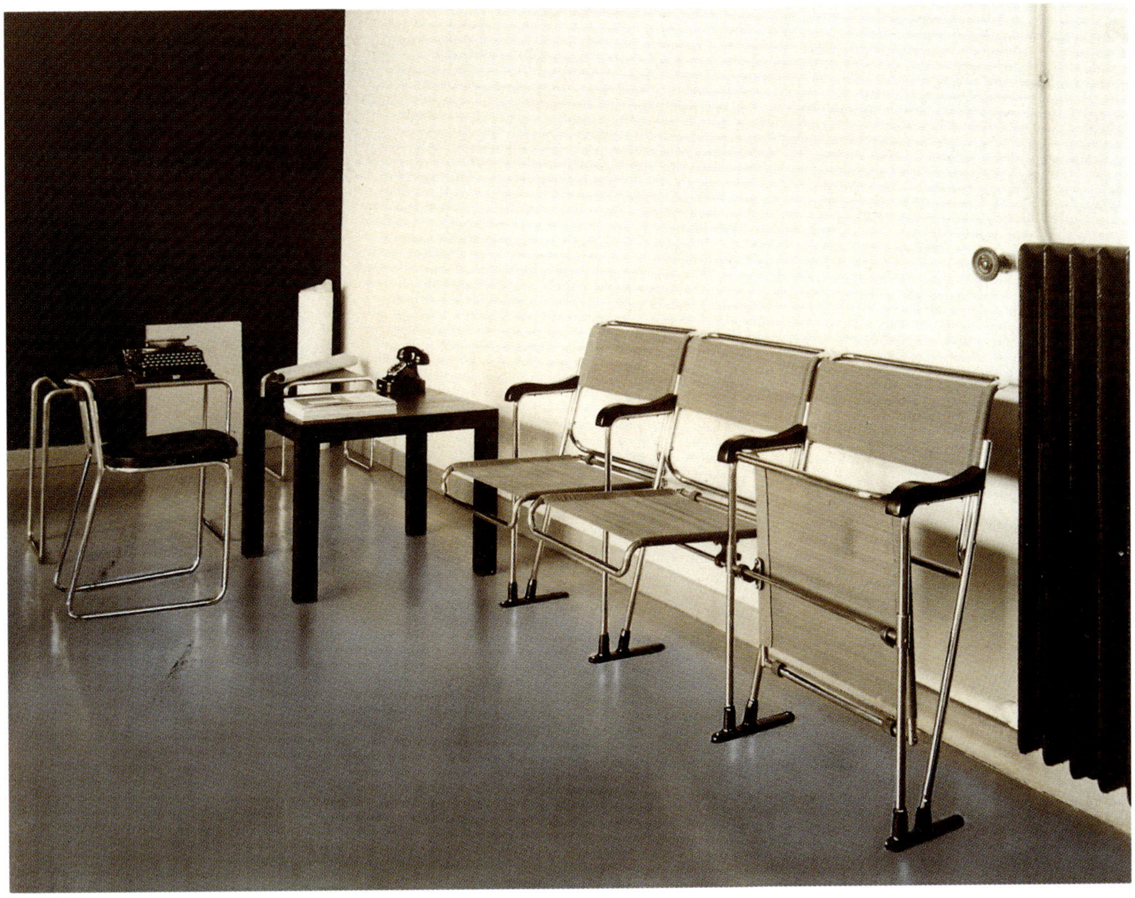

Atelier-Wohnung Vordemberge-Gildewarts, Listerstraße 24, Hannover, 1930 (B 15/9)

schwarzen Ebenholzes bei. Er blieb dabei, sparsam zu möblieren, spannungsvolle Kontraste zwischen Farbe und Materialien aufzubauen und auf klare Raumwirkung hinzuarbeiten. Lineare Holz- und Deckenreliefs, geometrische Einlegearbeiten sowie stark gemaserte Holzflächen, die in Aufträgen der späten zwanziger Jahre dominiert hatten, wurden wohl bewußt nicht wieder aufgegriffen, um neu gewonnene Klarheit in einer Gestaltung nicht durch Kleinteiligkeit wieder aufzulösen.

In seinem Text ‚Die Liebe zum Grundriß' (B 17/4)[22] schrieb er 1933: „Der gute Grundriß ist - in diesem Zusammenhang - wichtiger als das gute Möbel. Damit soll dem Möbel nichts von seinem Wert genommen werden. Aber dieser Wert ist durchaus relativ: er steigt automatisch mit der einwandfreien Grundrißlösung des Raumes ...". Im Folgenden sprach er von dem „schlichten Behagen", das sich erst dann so positiv einstelle, wenn ein guter Grundriß und klare, sparsame Möblierung miteinander einhergingen. Er legte Wert auf freie, großzügige Raumwirkung, vermied nun bewußt ‚Massigkeit' von Möbeln durch den Einsatz zarter Metallstützen und aufgelockerte, kleinteiligere Fronten.

Bildnerisches Denken schien innerhalb der Innenraumgestaltungen einem architektonischen gewichen zu sein, einhergehend mit einer bei Vordemberge-Gildewart nun erstmals formulierten menschlichen Komponente. Der Mensch sei ausschlaggebend für den einzelnen Raum, schrieb er, benutzte den Begriff der Neutralität, die der Raum ausstrahlen müsse, damit der Mensch und die ihn umgebenden Dinge sich entfalten könnten.

Mit seiner starken Betonung der Bedeutung einer optimalen Grundrißlösung rückte Vordemberge-Gildewart zum Beispiel Walter Dexel näher, einem Gestalterkollegen, zu dem es bereits auf dem Gebiet der Typographie Annäherungspunkte gab. Auch Dexel hatte sich 1928 in seinem Buch ‚Das Wohnhaus von heute' wie folgt geäußert: „Den Grundriß gestalten, heißt das Programm des häuslichen Lebens aufstellen".[23] Von solchen Gedanken aus nahm Vordemberge-Gildewart, wie schon so oft bei ihm beobachtet, einen sehr persönlichen, durch die eigene Entwicklung geprägten Weg. Er wandte sich gegen die in den Schaufenstern der Möbelgeschäfte dargebotenen Stücke der Serienproduktion, hin zum Einzelstück, das vom Handwerker nach den persönlichen Bedürfnissen des Käufers gefertigt wurde und hielt somit die Verbindung zu eigenen Innenraumgestaltungs-Konzepten der zwanziger und frühen dreißiger Jahre, in denen eigens entworfene Tischlerarbeiten stets einen wichtigen Platz hatten. Er blieb seiner soliden handwerklichen, materialbezogenen Ausbildung verbunden, fand immer mehr zu klaren, reduzierten Formen, ohne aber letztlich dogmatisch zu werden. Sein wiederholtes Einbringen von serienmäßig produzierten Stahlrohrmöbeln des Bauhauses in eigene Konzepte beweist dies nachhaltig.[24]

Im Jahr 1933 reißt die Kette der umfangreichen Aufträge für Möbel- und Innenraumgestaltungen Vordemberge-Gildewarts ab. Auf allen Gebieten seines künstlerischen Schaffens bekam er die Auswirkungen des zunehmenden politischen Druckes gegen die Avantgarde zu spüren. Wie so viele Kollegen entschloß sich auch Vordemberge-Gildewart, mit seiner Frau Leda zu emigrieren. Über Berlin und die Schweiz kamen sie nach Amsterdam, wo es eine Reihe von Freunden und aufgeschlossenen Personen gab.

Betrachtet man Vordemberge-Gildewarts Gemälde aus der frühen Zeit in Amsterdam, so fällt auf, daß die abstrakten Formen zarter, reduzierter, fast spielerisch auf dem farbigen Grund angeordnet sind. Die Arbeiten strahlen Heiterkeit und Leichtigkeit aus, Synonym möglicherweise für einen neuen Optimismus, für wiedergefundene Schaffenskraft.

Den gleichen Eindruck vermittelt das Konzept einer Wandgestaltung für den Sitzungssaal der Verwaltungszentrale der niederländischen Post ‚P.T.T.' in Den Haag, das Vordemberge-Gildewart 1939/40 erarbeitete (B 53)[25]. Rechts und links eröffnen eine große rote und schwarze Wandfläche die Gestaltung, zwischen ihnen liegt ein System vertikaler Linienführungen, das die leicht geschwungene Wand überspannt, vorhandene, mächtige Pfeiler mit einbezieht, letztlich fast umspielt. Deutliches Zentrum bildet eine Ansammlung einfacher Rechtecke in Schwarz, Weiß, Ocker, hellem Blau und Braun. Zueinander gruppiert oder mit größerer Distanz ziehen sie imaginäre Achsen, bilden Gewichtungen, subtile Nuancen der Anbindung. Für den Betrachter entsteht der Eindruck des Spielerisch-Tänzerischen vor der eigentlichen Wand - in direkter Parallele zur Malerei dieser Jahre. Zunehmend wurden starke Farben zurückgedrängt zugunsten subtiler Stufungen, höchste Zartheit und Prägnanz stellten sich ein.

Doch der Entwurf für die ‚P.T.T.' blieb der einzige dieser Art nach der Emigration aus Deutschland. Notgedrungen war das Leben in Amsterdam ein sehr zurückgezogenes, Auftraggeber für Innenraumkonzepte fehlten zunächst völlig.

Erst zu Beginn der fünfziger Jahre bot sich die Chance, Gedanken und gesammelte Erfahrungen zur Gestaltung des Raumes zu reflektieren und zusammenzufassen, als Vordemberge-Gildewart 1952 Lehrbeauftragter an der Rotterdamer Academie van Beeldende Kunsten wurde. Unter dem Titel ‚farbe als raumbildendes element in der architektur' faßte er 1953 seine Gedanken zum Thema Material und Farbe in ihrer Bedeutung für den menschlichen Umraum zusammen. Er sprach hier von „perspektive dank der farbenergien", denn „nichts ist wirkkräftiger als die farbe. ein und derselbe gegenstand verändert sich fortgesetzt im ausdruck, wenn er in verschiedenen farbbehandlungen auftritt."[26]

Deutlich ist Vordemberge-Gildewart über Stadien seiner Entwicklung hinausgegangen, während derer er als junger Künstler das Bedürfnis hatte, zu beweisen, daß er in Verbindung vor allem zum Stijl mit Farbe, Glas, Eisen und Beton gestaltete - abzulesen an seinem Kommentar zum Entwurf für das ‚Projekt für ein Landhaus bei Hannover' von 1923/24. Hinter sich hatte er ebenfalls Konzepte der späten zwanziger Jahre gelassen, für die er in Anlehnung an Entwürfe Mondrians, Huszars, Rietvelds oder Van Doesburgs die Wände innerhalb einer Raumgestaltung mit Kompositionen aus farbigen Feldern überzog.

Derartiges hatte überzeugend seine persönliche Entwicklung, seine enge künstlerische Bindung an die Avantgarde dokumentiert. Mit seinen theoretischen Ausführungen aus den frühen fünfziger Jahren und auch schon mit weiten Teilen des Konzeptes für die Gestaltung des Saales der P.T.T. bewies Vordemberge-Gildewart jedoch, daß er sich endgültig aus der Beeinflussung durch die Künstlerkollegen, die ihm als jungem Künstler wichtige Anreger und Förderer gewesen waren, gelöst hatte, daß er seine persönliche, eigenständige Art der Gestaltung gefunden hatte.

Verglichen mit seiner Malerei war dies bei seinen Innenraumgestaltungen verhältnismäßig spät eingetreten. Eine Tatsache, die vor allem dadurch bedingt gewesen sein dürfte, daß für Vordemberge-Gildewart der Innenraum mit seinen Gestaltungsbereichen über lange Zeit durch die intensiven Erfahrungen mit Holz, einem der traditionellen Werkstoffe, geprägt war. Für den Wandel,

22 Die Liebe zum Grundriß, 1933. In: Der Deutsche Tischlermeister, Nr. 12, Berlin 1934, S. 2ff. (B 17/4).

23 Walter Dexel, Das Wohnhaus von heute, Leipzig 1928, S. 95

24 Die Liebe zum Grundriß, a.a.O., S. 2

25 Der endgültige Entwurf dieser Wandgestaltung ist signiert und datiert 27. März 1940. Er kam nicht zur Ausführung. Es scheint, daß die Aufgabenstellung in direktem Zusammenhang mit der Ausstellung des Stedelijk Museum Amsterdam ‚In Holland staat een huis' von 1940 stand, daß eine Ausführung nur in Aussicht gestellt war. Vgl. hierzu: 8 en opbouw, 12. Jg., Nr. 3, März 1941, Titel und S. 42/43. Vordemberge-Gildewart arbeitete hier mit Mart Stam zusammen, der für den architektonischen Teil und die Möblierung zuständig war.

26 farbe als raumbildendes element in der architektur, zit. nach: Dietrich Helms (Hg.), Friedrich Vordemberge-Gildewart. Schriften und Vorträge, St. Gallen 1975, S. 71.

Lederwarengeschäft Vordemberge, Dielinger Straße, Osnabrück, 1929 (B 14/1)

der sich nach der Emigration vollzog, spricht deutlich die Beobachtung, daß zunächst überhaupt keine und erst zu Beginn der fünfziger Jahre nur einige wenige Möbelstücke und Gestaltungen mit ausgedehnten Holzflächen erarbeitet wurden.

Um die erwähnten Entwürfe war Vordemberge-Gildewart aus dem Kreis der Familie, die noch stets die Schreinerei in Osnabrück fortführte, gebeten worden, und so schickte er aus Amsterdam kleine, in Brieftexte und Erläuterungen integrierte Skizzen, Maße, Materialangaben (B 19). Für das Haus in der Gildewart bezogen sie sich auf Einbauschränke in der Eingangsdiele, auf eine Umgestaltung des kleinen, privaten Flures in der ersten Etage mit Holzverkleidungen und weißer, abgehängter Decke, auf schlichte, praktische Satz-Tische aus Kirschholz, auf einen kleinen, in die Mauer eingelassenen Glas-Schrank für besonders schöne Porzellan-Gegenstände. Alle übrigen Skizzen waren für den jüngeren Bruder August und seine frisch gegründete Familie bestimmt. Zumeist machte Vordemberge-Gildewart jedoch Ideen-Vorgaben, schlug rötliches Holz für das Schlafzimmer, Kirschholz für den Wohnraum vor, mahnte zu schlichten Tapeten, zu einfachen Möbeln von hohem Material- und Gebrauchswert.

Vordemberge-Gildewart, so scheint es, war an dem Punkt reifer Arbeit angelangt, an dem er die einzelnen Faktoren elementarer Gestaltung durchdachte, ihre Funktion im Hinblick auf das Gesamte überprüfte.

Hierbei kam er zu einer ausgeprägt menschlichen Komponente in all seinen Überlegungen. So schrieb er beispielsweise bezüglich einer guten Innenraumgestaltung mit Farbe: „ ... in kleinen behausungen muss die farbe, ganz gleich welcher form, sehr neutral, bescheiden und unaufdringlich sein. doch darf die farbe aktiv als raumbildendes element gehandhabt werden. leise farben als raumvergrösserndes element. ... der gestalter einer raumsituation, architekt wie maler, muss die funktion eines raumes studieren und ebenfalls die funktion des menschen zum raum. das ‚form follows function' von sullivan gilt auch für die farbe: ‚colour follows function'. es ergibt sich die unterscheidung von konstanten, stabilen elementen (wand und decke, boden, fenster, teppich, eingebaute möbel) und mobilen elementen (schiebewände, der mensch und seine kleidung, tische und sitzmöbel, vorhangstoffe, bilder, plastiken, teppiche). dazu gibt es verfliessende elemente, die auftreten und verschwinden (wie licht, musik). ... die farbgestaltung darf den menschen nicht erdrücken, so dass er sich untergeordnet fühlt. Vielmehr muss durch die farbe das lebensgefühl und die aktivität des menschen erhöht werden. ... bei der raumgestaltung durch farbe muss der maler-architekt der spur des menschen mit all seinem tun und lassen strikt folgen, sich in die gegebene situation und die gestellte aufgabe vertiefen, um dann sozusagen den klang der farbe herauszuhören, die den menschen in seinen räumen bereichert, verjüngt und sein lebensgefühl erhöht. die farbe ist ein sehr wichtiges raumbildendes element und nicht etwas, was später zufällig als verzierung angebracht werden oder eventuell als rettendes element für die verpfuschte situation herangezogen werden darf. ... „.[27]

Vordemberge-Gildewart führte mit diesen Gedanken auf seine Weise das weiter, was seine Freunde der Stijl-Gruppe in Holland bereits 1917 als ihr Ziel formuliert hatten - das Zusammenwirken aller bildenden Künste unter dem Dach der Architektur. „Das neue Gestaltungsbewußtsein", so schrieb Theo van Doesburg, „bedeutet: Zusammenwirken aller bildenden Künste, um auf der Grundlage der Gleichgewichtsbeziehung einen reinen monumentalen Stil zu schaffen. ... Ein monumentaler Stil bedeutet: gleichmäßige Arbeitsverteilung der verschiedenen Künste. Gleichmäßige Arbeitsverteilung bedeutet, daß jeder Künstler sich auf sein eigenes Gebiet beschränkt. Die Beschränkung bedeutet: Gestaltung mit facheigenen Mitteln. ... Dann verliert der Begriff ‚angewandte Kunst' von selber seine Gültigkeit, dann gibt es keine Unterordnung einer Kunst unter die andere mehr. ... Die Baukunst fügt aneinander, bindet. Die Malerei löst auf, entbindet. Gerade dadurch, daß die beiden Künste verschiedene Funktionen zu erfüllen haben, ist ein harmonisches Zusammengehen möglich. ... In dieser Gegensätzlichkeit, in diesem komplementären Verhältnis der Baukunst zur Malerei, der plastischen Form zur flächigen Farbe, findet die reine monumentale Kunst ihre Basis. ...".[28]

Wie die Mitglieder des Stijl propagierte auch Vordemberge-Gildewart das Ideal des Künstlers als Gestalter, der in allen Bereichen künstlerischer Arbeit allein oder im Team überzeugende, elementare Konzepte erstellt.

Wie in seiner Malerei, so schloß Vordemberge-Gildewart sich auch in seinen Gedanken zur Raumgestaltung nicht völlig der dogmatischen Linie der Stijl-Theorie an.

Er bewahrte eigene Vorstellungen in der Farbwahl, benutzte stets auch gemischte Töne, nicht nur die Grund- und Nicht-Farben, ließ sich nicht auf den Gebrauch von Horizontale, Vertikale oder Schräge festlegen. Abweichend auch seine menschliche Komponente, die keine Gestaltung um ihrer selbst willen zuließ, sondern mithalf, Gestaltungen für Menschen, als ihr Lebensraum mit klaren, reduzierten Mitteln zu entwickeln.

27 op. cit., S. 71/72

28 Theo van Doesburg, Aufzeichnungen über monumentale Kunst. In: de stijl, Nr. 1, 1917, S. 10-12.

Wandteppich nach Entwurf Vordemberge-Gildewarts (K 156/1946), 1949 ausgeführt, 200 x 130 cm, Collection Haags Gemeentemuseum - The Hague (B 54/1)

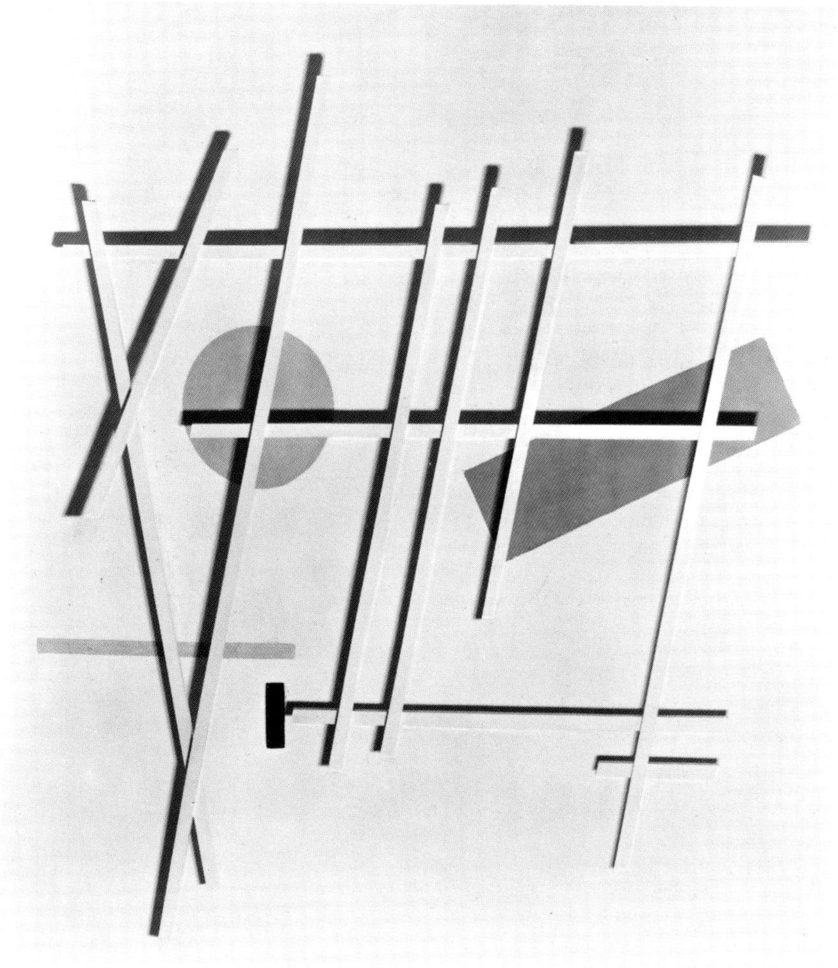

Wandrelief im Haus Vordemberge, Große Gildewart 27, Osnabrück, 1950 (B 55/1)

Dietrich Helms

Vordemberge-Gildewarts Bauplastik

Vordemberge-Gildewart hat im Rückblick - im Album seiner niederländischen Epoche[1] wie in seiner Bildbiografie[2] - keramische Reliefs an den Anfang seiner Werkentwicklung gestellt. Er ist gleicherweise in seiner Fragment gebliebenen Autobiografie[3] darauf eingegangen. Als er die Kunstgewerbeschule Hannover besucht habe, um dort Innenarchitektur zu studieren, seien seine „inneren Leidenschaften" erwacht und er habe begonnen, zu bildhauern. Er habe von 1919 an bei Professor Vierthaler, der der abstrakten Kunst sehr zugetan gewesen sei, Bildhauerei studiert und sei im Anschluß daran, 1922, von seinem Lehrer als selbständiger Mitarbeiter in dessen Atelier engagiert worden, um bei der Ausführung großer bauplastischer Aufträge zu helfen. In den Jahren 1919 bis 1923 habe er mehr als 100 Reliefs ausgeführt.

Dieses Resümee wird fortgesetzt in dem Bericht, den Vordemberge-Gildewart dem Futuristen R. M. Baldessari 1936 gab (siehe B 40/6), als er hoffte, an diese bauplastische Erfahrung - deren letztes ausgeführtes Zeugnis größeren Umfanges nun schon Jahre zurücklag - künftig wieder anknüpfen zu können. Diese Mitteilung ist aber, herausgefordert durch die Zeitumstände, die den Künstler zwangen, Ausschau nach Überlebensmöglichkeiten zu halten, eine Ausnahme gewesen. In der Regel hat Vordemberge-Gildewart nicht von seiner auf die Phase Vierthaler folgenden Tätigkeit als Bauplastiker gesprochen.[4] Er hat sie totgeschwiegen, vermutlich deswegen, weil er in der Bauplastik nicht auf der stringenten Linie seiner freien Kunst geblieben ist.

Wenn er nämlich als Beispiele für seinen Werkanfang Reliefs herangezogen hat, die Kompositionen elementarer plastischer Formen darstellten, so fügen sich diese schlüssig seiner folgenden Werkentwicklung ein. Und auch die spätere Arbeit, auf die sich Vordemberge-Gildewart Baldessari gegenüber berufen hat, die Keramik-Verkleidung am Stadtkrankenhaus Osnabrück (B 33), ist besonders architekturnah gewesen, wies im wesentlichen nur abgestufte Bandformen auf, stellte eine elementare Lösung dar. Was der Künstler verborgen gehalten hat, ist, daß es auch unter seinen in eigener Verantwortung - nach der Tätigkeit im Atelier Vierthaler - entstandenen Bauplastiken solche gibt, die sich von seinen strengen absoluten Bildkonstruktionen entfernen, figürlich gehalten sind. Während des Jahrzehnts, in dem Vordemberge-Gildewart sich mit Bauplastik hat befassen können, gibt es offenbar immer wieder parallel geometrisch-absolute und figürlich-darstellende Lösungen.

Zu den Zeiten und bei den Gelegenheiten, in denen Vordemberge-Gildewart für seine avantgardistische Kunsthaltung kämpfend meinte eintreten zu müssen, wäre der Verweis auf diese Komplexität des bauplastischen Werkes unmöglich gewesen. Es tut sich hier ein Widerspruch auf zwischen der Deklaration künstlerischen Fortschritts und dem Festhalten an traditionellen Gegebenheiten. Vordemberge-Gildewart war Avantgardist, hielt aber in seinen handwerklich begründeten Berufsausübungen, im Möbelbau wie in der Bauplastik, an überkommenen, in der Lehre erfahrenen Werten fest. Das läßt sich nicht ausschließlich auf das Konto jeweiliger Auftraggeber schreiben, als Anpassung an deren Vorgaben verstehen. Wir werden davon ausgehen müssen, daß der Einschluß figürlicher Plastik in Vordemberge-Gildewarts bauplastisches Werk dem Künstler nicht zuwider war, daß auch ihm die Tradition, die figürliche Plastik über dekorative stellte, etwas bedeutete, er in diesen Arbeiten Träume verwirklichen konnte.

Die Nachzeichnung des bauplastischen Werkes von Vordemberge-Gildewart läßt sich auf Unterlagen aus sei-

1 vordemberge-gildewart, époque néerlandaise, preface de jean arp, Amsterdam 1949 (éditions duwaer)

2 Richard Paul Lohse (Hg.), vordemberge-gildewart, eine bild-biografie, Teufen 1959

3 Vordemberge-Gildewart, Fragment einer Autobiografie. In: Dietrich Helms (Hg.), Friedrich Vordemberge-Gildewart, Schriften und Vorträge, St. Gallen 1976, S. 25-27.

4 Dazu kann ich aus eigener Erfahrung beisteuern, daß Vordemberge-Gildewart, der mich damals bereits - halb im Scherz wie halb im Ernst - zu seinem ‚Biographen' ernannt hatte und mich mit Drucksachen und Auskünften versorgte, mir gegenüber nicht von seiner Bauplastik sprach. Er sah dazu selbst bei einem Besuch in unserer Wohnung in Hannover um 1960, als wir im Quartier lebten, in dem er selbst in den dreißiger Jahren zuhaus gewesen war, keine Veranlassung. Er fragte mich zwar, ob ich das Haus in der Listerstraße 24 mit dem großen Atelierfenster im oberen Stock kenne, erwähnte aber nicht das Relief an der Fassade dieses Hauses, das ein ebenso auffälliges Kennzeichen gewesen wäre. Ebenso hätte es nahegelegen, auf andere in der Umgebung erhaltene Zeugnisse seiner Bauplastik hinzuweisen.

nem Nachlaß stützen: Fotos, Entwürfe und diesen verwandte Zeichnungen, sowie einige wenige schriftliche Aussagen. Es haben zudem die Recherchen von Arta Valstar-Verhoff, die sich wiederholt auch mit dem angewandten Werk der Künstler der Gruppe ‚die abstrakten hannover' befaßt hat, im Nachlaß nicht belegte bauplastische Arbeiten Vordemberge-Gildewarts erschlossen.[5] Und es haben die akribischen Stadterkundungen in Hinsicht auf zwischen 1919 und 1939 entstandene Bauplastik in Hannover, die Dirk Schumann für eine anstehende wissenschaftliche Arbeit betrieben hat, zu neuen Einsichten geführt. Es hat sich im Stadtbild Hannovers überraschend vieles, das mit Sicherheit oder hoher Wahrscheinlichkeit Vordemberge-Gildewart zuzuschreiben ist, über die Zerstörungen des Zweiten Weltkrieges hinweg erhalten, es ist nicht alles - wie Schwitters' Merzbau - den Bomben zum Opfer gefallen. Einiges jedoch, so die keramischen Verkleidungen am Stadtkrankenhaus Osnabrück, ist erst in der Nachkriegszeit weggeräumt worden. Und man geht noch immer nicht in gebotenem Maße pfleglich mit diesem künstlerischen Fundus in der Öffentlichkeit um.

Über die Lehre bei Vierthaler, die Vordemberge-Gildewarts erwachende Neigung zu bilden entwickelte, bekommt man einigen Aufschluß durch alte kleine Fotografien, die Vierthaler mit Schülern, auch Vordemberge-Gildewart allein, vor Arbeiten im Atelier zeigen. Auf einem dieser Fotos sind Studentinnen der Kunstgewerbeschule beim Pflanzenzeichnen zu erkennen. Es war derartiges Naturstudium die Grundlage für Abstraktions- und Stilisierungsübungen, die zu Dekorformen führten, anwendbar für handwerklichen Bedarf. Auch von Vordemberge-Gildewart gibt es in einem Skizzenbuch (S 18) eine Reihe von Zeichnungen, die stilisierte knospen- oder blütenähnliche Formen zeigen, umrandete Flächenzusammensetzungen, die eher einem geregelten Formspiel entsprungen sind als die Vereinfachung abgezeichneter Naturformen darstellen. Das dürfte schon als etwas für Vordemberge-Gildewarts Vorgehensweise Typisches gelten. Seine Stärke hat nicht im Abzeichnen gelegen: die wenigen Belege für Versuche, Gegenständliches zeichnerisch zu erfassen, weisen eher unakademische Unbeholfenheit aus. Seine Sache war es, durch Formverwandlung und -kombination nach selbstbestimmten Regeln feinfühlig und erfindungsreich neue Bilder zu entwickeln, Bildzusammenhänge, auch - zur Anwendung bestimmt - Dekore und Wandfüllungen.

Die langsame Formfindung im Modellieren entsprach seiner Neigung. Gegenüber den virtuosen Ausformungen seines Lehrers Vierthaler fallen seine Ausarbeitungen zurückgenommener, ruhiger aus. Es bekommt jedes Formstück Gewicht, es ordnet sich anderem zu, bedächtig, wohl abgewogen. Die umgebende Fläche, der Zwischenraum kommt ins Spiel. Es liegt Reduktion auf einfache geometrische Formen nicht fern. Die Hand sucht nach Elementarem im Formvokabular, bevor der Künstler eine derartige Programmatik bewußt besaß. Es ist deshalb schwer zu widerlegen, daß Vordemberge-Gildewart tatsächlich schon ganz am Anfang seiner Karriere einfache stereometrische Kompositionen versucht habe. So erstaunlich es auch zu sein scheint, daß er - wie er selbst angibt - bereits 1919 die ersten Exempel dieser Art gearbeitet habe (B 20/9, B 20/10).

Durchgängig war die Reduktion auf Geometrie anfangs jedenfalls nicht. Das ließ die Aufgabenstellung in der Klasse und im Atelier Vierthaler nicht zu. Gefordert war mancherlei Figürliches, auch Gefälliges, Gefallendes. So entstanden auch für den Eigenbedarf, die Anwendung im Schnitzwerk von Möbeln, die in der väterlichen Werkstatt ausgeführt wurden, märchenhafte Bilder, idyllisch-bukolische Szenen (B 20/5-7). Sie waren Muster aus einer Kollektion vieler ähnlicher flächenbezogener, figürlich-gegenständlicher Reliefs. Ein Atelierfoto (B 20/4) zeigt uns in und vor Wandregalen gut zwei Dutzend unterschiedlicher davon. Sie harren der Verwendung. Vor diesem Relief-Arsenal erkennt man auf dem Foto auch eine Rundplastik (auf einem anderen Foto - B 20/3 - mit Friedrich Vordemberge-Gildewart wird sie noch einmal gezeigt): die Doppelfigur zweier Affen mit ineinander verschlungenen Gliedmaßen, Figürliches im Block gehalten. Zwei Modelle von Grab- oder Erinnerungsmalen, als Freiplastik ausgeführt (B 20/1 und 2), weisen in eine andere Richtung: das Komponieren stereometrischer Formen, wie es später in einigen Denkmalsentwürfen Vordemberge-Gildewarts zur Geltung kam (B 42, B 43), dort dann außerhalb der jetzt noch beachteten Konvention eines symmetrischen Aufbaus, bekrönt mit Kugel und Kreuz oder Eisernem Kreuz. Der Hinweis auf diesen wichtigen Erwerbszweig für Bildhauer ist jedenfalls früh gegeben.

Unter den gegenständlichen Motiven, die Vordemberge-Gildewart verarbeitet hat, tritt eines mit Beharrlichkeit mehrfach auf: das einer stilisierten Frauengestalt. Es gibt sie als Zeichnung (B 20/11, B 21/1 und 2, S 18, Blatt 21), in keramischem Material modelliert (B 20/12), als Gipsschnitt (B 20/4) oder im Schnitzwerk von Möbeln (B 3/2). Es könnte diese stereometrisierte, in die Fläche entfaltete Figur an Arbeiten von Archipenko orientiert sein. Frühe Gelegenheit, Plastiken dieses russischen Künstlers kennenzulernen, hatte eine Ausstellung in der Galerie von Garvens in Hannover im September 1921 geboten. Es könnte freilich auch sein, daß Vordemberge-Gildewart Anregungen seines Meisters aufgenommen und fortentwickelt hat. Sehr weit kann dessen Auffassung jedenfalls nicht von diesen Bildlösungen entfernt gewesen sein, wenn es möglich ist, daß es strittig ist, ob eine solche im Atelier Vierthaler entstandene Arbeit Vierthaler oder Vordemberge-Gildewart zuzuschreiben ist (vgl. Anmerkung zu B 20/12).

Dieses Problem, zu unterscheiden, was vom Meister und was vom Gehilfen stammt, gibt es auch in anderen Fällen. Beispielsweise hat Vordemberge-Gildewart Fotos aufgehoben und mit seinem Atelier-Stempel, den er zur Kennzeichnung eigener Entwürfe nutzte, versehen, die den üppigen Keramikschmuck einer Villa an der Spohrstraße in Hannover zeigen (B 20/13). Dieser ist aber ebenfalls in früher Literatur für Vierthaler in Anspruch genommen worden. Dem Augenschein nach möchte man manche Motive in diesem vielfältigen Sammelwerk eher Vierthaler zutrauen - ein Reh mit geknickten Läufen beispielsweise - andere Formteile, wie rechtwinklige Rahmenformen, eher als Verweis auf die Mitwirkung Vordemberge-Gildewarts lesen. Vor ähnlicher Problematik steht man bei den Wandreliefs für nahezu alle Häuser der Brehmstraße in Hannover, die kurz nach der Zeit der Mitarbeit Vordemberge-Gildewarts bei Vierthaler noch in Zusammenarbeit beider ausgeformt worden sind (B 22).

Das, was man von später her gesehen als typisch für die Formwelt Vordemberge-Gildewarts halten möchte, tritt anfangs - sieht man von den beiden Beispielen ab, die Vordemberge-Gildewart selbst zur Markierung seines künstlerischen Anfangs benutzt hat, deren Verwendung man aber nicht kennt (B 20/9, B 20/10) - eher nebenbei, in Randpartien auf. Es bahnt sich an in den Details einer noch figurativ angelegten Arbeit (B 20/8), tritt als Zutat zu einem Figurbild auf (B 20/12), wird in ornamenthafter Abfolge entwickelt (auf schmalen hochformatigen

5 Arta Valstar, die abstrakten hannover, Dissertation, Bonn 1987.
Arta Valstar, Bauplastik - Architektur - Möbel - Innenraumgestaltung. In: Vordemberge-Gildewart, Katalog, Wilhelm-Hack-Museum, Ludwigshafen am Rhein 1985, S. 18-29.
Arta Valstar-Verhoff, Architecture and Interiors. In: Dietrich Helms (Ed.) and Arta Valstar-Verhoff (Ass.), Vordemberge-Gildewart. The complete works, München 1990, S. 41-116.

Stadtkrankenhaus Osnabrück, Tordurchfahrt mit keramischen Verkleidungen, 1928/29 (B 33/1)

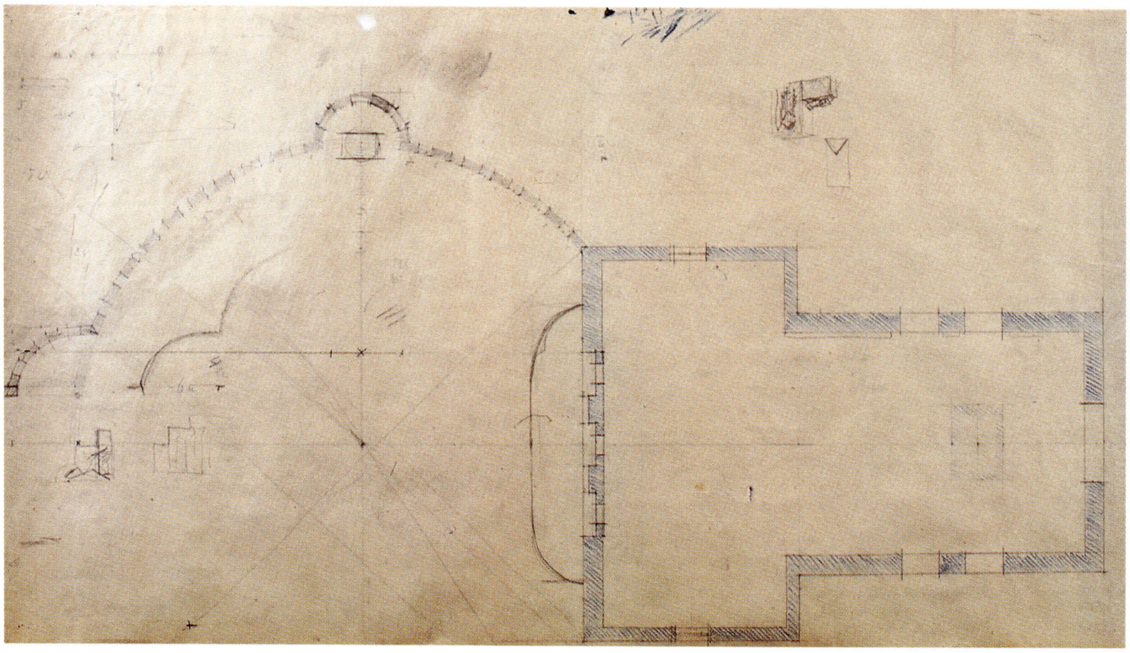

Kriegergedächtnisanlage, Grundrißkonstruktion, 1921 (B 44/12)

Kriegergedächtnisanlage, Wettbewerbsentwurf, 1921 (B 44/21)

Entwurfszeichnung zum Erinnerungsmal des Turn-Klubbs Hannover, 1922 (B 41/1)

Wandreliefs Philippsbornstraße, Hannover, um 1928 (B 30/1-2)

Fenstereinfassungen Haasemannstraße, Hannover, 1928 (B 32/1-2)

Entwurfsskizzen zur Wandgestaltung für das PTT-Gebäude Den Haag 1941 (B 53/5-7)

Gipsschnitten, schwach erkennbar auf dem Atelierfoto B 20/4, Vorlage für das Schnitzwerk der Randpfosten des frühen kleinen Schrankes - B 2/2).

Grundlage dieser Formentwicklung ist die Neigung zur Formzerlegung in der Fläche, zur relativen Isolation einzelner klar definierter Elemente, für sich sprechender Formen. Da mag noch eine Assoziation an Figur vorliegen, und doch dominiert der Eindruck des Formensembles, der einer Schautafel für Elementarzeichen (vgl. B 20/8). Die hervorgekehrten Formen treten nicht abrupt aus der Grundfläche, sie sind aus ihr herausmodelliert, im Übergang mit ihr verbunden, im Formansatz nur gerade von der Deutlichkeit, daß die entstehende Teilform sich definiert: als Halbkugel, Stab, Kreisscheibe. Vertieft gibt es dünnere Linien als gegensätzliche Ergänzung zu den Graten der hervorgekehrten Formzüge. Für Licht- und Schattenwirkungen bieten diese aus der Kontinuität der Fläche entwickelten und zu deutlichen Grenzen hingetriebenen Reliefs einen optimalen Ansatz. Fotografische Aufnahmen - wie die vom Künstler verwandten B 20/9 und 20/10 - verzeichnen die modellierte ebene Grundfläche als belebt, als wirkende Basis der Formentwicklung, übersetzt: als Reservat von Kraft.[6] Das abgegrenzte Relief ist als Kraftfeld aufzufassen, aus dessen Grundstock Einzelpositionen hervorgetrieben werden. In Zeichnungen jener Zeit, zum Teil Vorlagen für Reliefs, aber auch freie Formspiele, versuchte Vordemberge-Gildewart durch Anhäufung von Schraffur, abgestufte Grauwerte, der Erscheinung des modellierten Reliefs nahezukommen (z.B. B 20/11 oder D 3). Es war das Modellieren - nach dem Konstruieren, wie er es schon in seiner handwerklichen Vorbildung erfahren hatte - eine zweite Zeichenschulung für den Künstler.

1923/24, als Vordemberge-Gildewart sich von seinem Meister Vierthaler gelöst hatte und ein eigenes Atelier betrieb, setzte er geometrische Formkonstruktionen als Hauptmotiv von Reliefs ein. Fotos eines Verkaufsraumes in einem vom Architekten Franz Oskar Lemcke errichteten Bau, von Vordemberge-Gildewart gestaltet (B 23/3), weisen neben symmetrischen Zierformen auf Kapitellen und einem Kragstein auch zwei identische asymmetrische Reliefs auf den Einfassungsblöcken einer in Kaminform ausgebildeten Heizung auf. Dazu gibt es ein Foto, das den Künstler im Atelier zeigt, vor einer kleinen Zeichnung, die die Anlage des Reliefs vorgibt, und einer noch unvollendeten Ausführung dieses Reliefs, offenbar Modellierton in Händen (B 23/4). Man wird sich vorstellen müssen, daß nach dem modellierten Relief eine Gipsform gegossen wurde, von der dann in mehrfacher Ausfertigung Abformungen genommen werden konnten. Die endgültige Ausführung nach diesen handwerklichen Umsetzungsprozeduren ist nach dem Foto sehr bereinigt ausgefallen, glattkantig, in exakter Geometrie. Die Binnenformen der Reliefs fügen sich perfekt den Raumformen der Architektur ein, fassen Formen ihrer Art im freien Spiel zusammen.

Zwischen diesen architekturbezogenen Reliefs und freien Bildkonstruktionen jener Zeit gibt es weitgehende Übereinstimmung. Die formalen Bestandteile wiederholen sich, ihre asymmetrische Komposition im Bildfeld ist Programm. Es äußert sich sogar in den freien Bildkonstruktionen auch das Bedürfnis nach Reliefhaftigkeit. In viele gemalte Flächenaufteilungen setzte Vordemberge-Gildewart plastische Elemente ein: aus Holz gedrehte Halbkugeln, Rahmen und Rahmenteile. Der Mehrfarbigkeit der freien Bildkonstruktionen stand allerdings in den architekturbezogenen Reliefs Einfarbigkeit gegenüber, eine - wie man an unserem Beispiel sieht - lichte, dem Anstrich des übrigen Raumes entsprechende Farbigkeit, anfällig für die Wirkungen des im Raum verteilten weichen Lichtes, diese im Formspiel verdichtend.

Die dezente Verwendung der Reliefs in der Gestaltung des Raumes hatte im besprochenen Falle allerdings auch Gründe in der Zweckbestimmung des Gebäudes. Daß sich Vordemberge-Gildewart sehr wohl auch eine andere, farbig aktivierte Wandgestaltung vorstellen konnte, belegt ein Entwurf aus demselben Jahr. In der ‚Skizze zum Mauerbild - Früllerch - Celle' von 1924 (B 24/1) werden drei leuchtend blaue Standfiguren vor eine asymmetrisch aufgeteilte, unterschiedlich gefärbte und strukturierte Wand gesetzt. Die Nähe namentlich zu der freien ‚Komposition mit Wallstreet' von 1924 ist eng. Bezeichnenderweise spricht Vordemberge-Gildewart in diesem Falle von einem ‚Mauerbild': etwas, das nicht als beiläufig mitwahrgenommenes Agens in einem Raum zu denken wäre, sondern Aufmerksamkeit verlangte, für sich stünde. Anknüpfung an diese Idee gibt es, wahrscheinlich mangels Ausführungsmöglichkeit, erst wieder mit dem Entwurf einer Wandgestaltung für das PTT-Gebäude in Den Haag, 1940 (B 53). Dazwischen liegen Versuche in farbiger Raumgliederung, bezogen auf Möblierung und Nutzung der Räume, die - weniger bildhaft - dennoch Bildideen umsetzen.

Ein anderer Kompositionstyp als um 1924 hatte sich zirka drei Jahre später in Vordemberge-Gildewarts Werk durchgesetzt: Diagonal-Konstruktionen aus Leisten mit Dreiecksprofil in den Reliefs, gleich angelegten Farbfeldeinteilungen in den Malwerken entsprechend. Die freien Arbeiten dieser Periode sind von Van Doesburg dem von ihm propagierten Elementarismus zugeordnet worden, dem Stil, der aufbegehrte gegen das Vertikal-Horizontal-Geflecht der mondrianschen Weltsicht.[7]

An Bauten in der Liebigstraße (B 29), Philipsborn- und Halkettstraße (B 30, B 31) in Hannover gibt es Reliefs dieser Art, Diagonalkompositionen aus durchgehenden oder abgebrochenen Leisten, auf die Spitze gestellte Quadrate einschließend, und umrandeten Rundformen. Diese Reliefs sind jeweils in Serien in Fassaden eingesetzt, in Bezug zu Fensterbändern und Balkonausbauten, an vorspringenden betonten Baugliedern. Sie stellen Zusammenhänge heraus, akzentuieren Bauteile. In ihrer Diagonal-Anlage stehen sie im Gegensatz zu der vertikal-horizontalen Bauordnung. Im Material - getöntem Werkstein oder Keramik - kontrastieren sie zu Putzflächen oder Klinkerwänden.

Diese Baureliefs heben die Möglichkeit der Wiederholung des Gleichen, der paarweisen Umkehr hervor. Eine technische Möglichkeit, die der mehrfachen Abformung einer Grundform, wurde effektiv ausgewertet. Davon war - im Sinne der Ökonomie - auch schon früher Gebrauch gemacht worden, bei dem Großauftrag für die vielen Häuser in der Brehmstraße beispielsweise (B 22). Es war auch schon angewandt worden bei den Formwiederholungen in der Innenraum-Gestaltung (B 23/3). Jetzt aber gehörte dies Verfahren zum Programm, war erklärte bildnerische Absicht.

Wenn man bedenkt, daß Carl Buchheister, Künstlerkollege Vordemberge-Gildewarts in Hannover, wie dieser Mitglied der Gruppe ‚die abstrakten hannover', um 1926/27 die Möglichkeit der Multiplikation geometrischer Kompositionen[8] ausspielte als Neuerung, als Ermöglichung der Verbilligung von Kunstproduktion, ‚Demokratisierung' von Kunstbesitz, so ist doch die Vervielfältigung von Ölbildern, die Carl Buchheister betrieb, weniger schlüssig als die mehrfache Abformung eines Gipsmodels. Die technische Gelegenheit wurde von Vordemberge-Gildewart programmatisch ausgenutzt. Mit der Verdoppelung oder mehrfachen Wiederholung

6 In einer Erklärung Vordemberge-Gildewarts zu seinen Bildreliefs von 1924 (K 7, K 8) heißt es: „material ist energie, wie die farbe energie ist oder die linie." Es ließe sich hinzufügen, daß er im Modellieren wie im Zeichnen die Möglichkeit genutzt hat, diese Auffassung auszudrücken. Siehe Dietrich Helms (Hg.), Friedrich Vordemberge-Gildewart, Schriften und Vorträge, St. Gallen 1976, S. 24.

7 Theo van Doesburg, Schilderkunst en plastiek, Elementarisme (Manifestfragment). In: De Stijl, 7. Jg., Nr. 78, Leiden 1926-27, mit Abbildungen von K 25/1927 und K 28/1927 (fälschlich als K 26 und K 27 bezeichnet).

8 Beispiele: Werknummer 2 und 2a, 6 und 6a, 12 und 12a. Siehe Carl Buchheister, Werkverzeichnis der abstrakten Arbeiten, bearbeitet von Elisabeth Buchheister und Willi Kemp, hg. von Gerhard Bott, Darmstadt 1984. Darin auch Susanne Thesing, Wege zu Carl Buchheister, siehe besonders S. 12.

Siehe auch Bernhard Holeczek, Carl Buchheisters ‚Vervielfältigungsbilder'. In: Carl Buchheister, Gemälde und Zeichnungen. Verzeichnis der Bestände. Kunstmuseum Hannover mit Sammlung Sprengel, Hannover 1980, S. 20-26.

Bernhard Kerber, Anmerkungen zu Carl Buchheister. In: Carl Buchheister, Katalog Städtische Kunstsammlung Ludwigshafen 1975, S. 13ff., besonders S. 16/17.

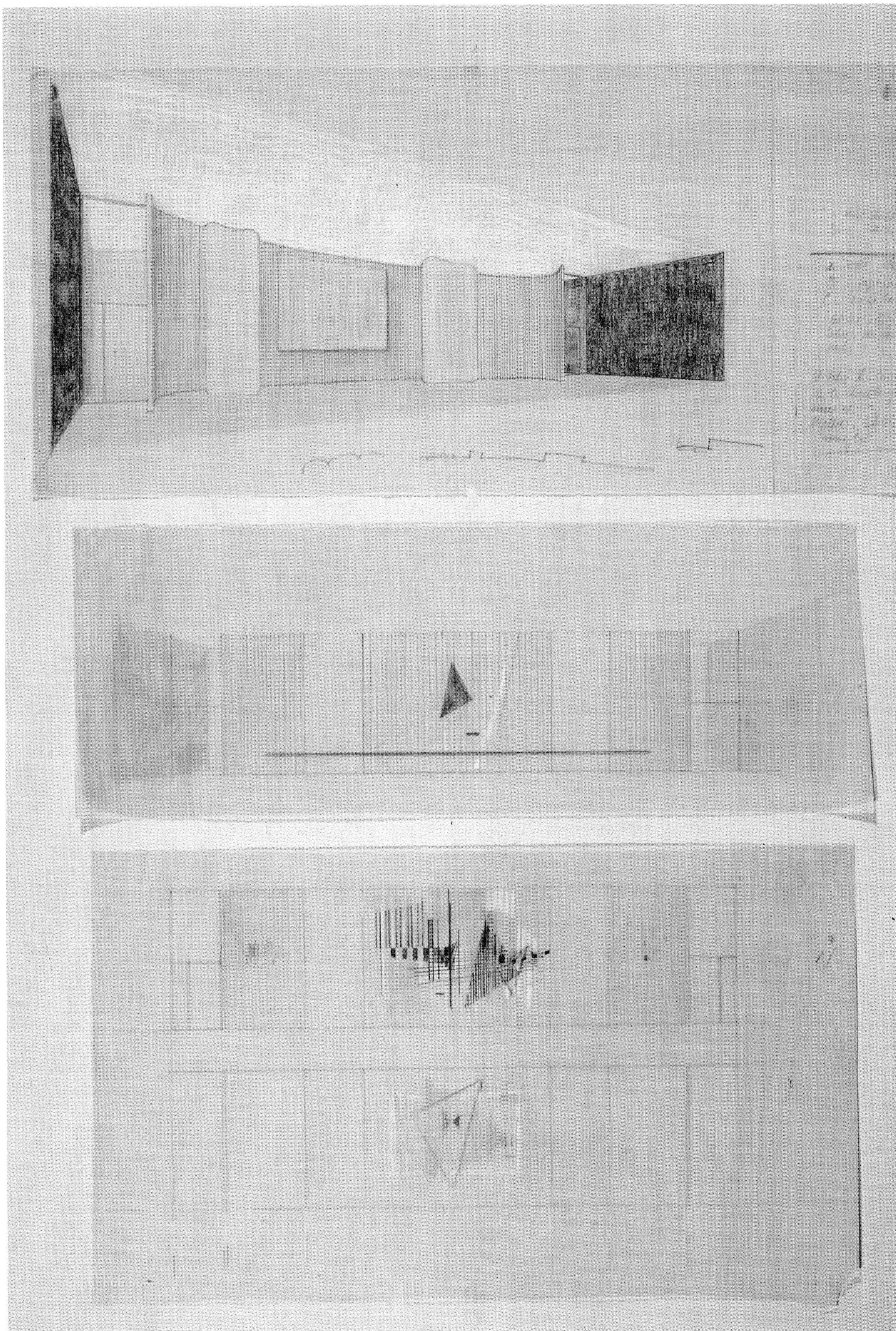

Reliefs, Minister-Stüve-Straße 8-10, Hannover 1927/28 (B 26/1-2)

wurde ein Prinzip der Baugestaltung auf Kunst übertragen, ein Verstoß gegen die Einmaligkeit des Kunstwerkes gewagt, dieses als Bauteil deklariert, ohne daß es seine Besonderheit im Bauganzen verloren hätte.

Nun tauchen in der Bauplastik jener Zeit, 1926-28, auch zunächst befremdliche Elemente auf, plastische Teile, die die Vorstellung der Reliefs als Parallelhervorbringungen zu den zeitgleichen Bildkonstruktionen Vordemberge-Gildewarts stören. An der Fassade zweier Häuser in einem Baublock an der Liebigstraße in Hannover (B 29) gibt es eingelassen in die Felder diagonaler Leistenkompositionen nicht nur einfache Kreisformen, sondern auch - aus solcher Basis hervorwachsend - fast vollplastisch ausgearbeitete Köpfe, in extremer Schrägdrehung der Diagonalkomposition angepaßt. Und es tritt als zweites gegenständliches Bildelement eine Kegelform auf, die mit Kreis-Ornamenten bestückt ist und einen Stiel hat, an dem ein vereinfachtes Blatt sitzt. Diese letztere Form läßt sich als eine frühere Erfindung identifizieren. Sie tritt, leicht abgewandelt, bereits im Schnitzwerk der Möbel für das Haus Menssen 1923 auf (B 3/3), stellt eine Weiterführung des schon in einem kleinen geschnitzten Schrank (B 2) um 1920 verwandten Motivs, Traube an Ranke mit Blatt, dar. Es spricht nichts dagegen, auch im Falle der hier verwandten Kopfform einen Rückgriff auf etwas früher Entwickeltes anzunehmen. Jedenfalls ist der Unterschied zu später auftretenden, an der Bildhaltung der Neuen Sachlichkeit orientierten Kopf-Plastiken deutlich.

Der Schock, derartige Bilderfindungen unerwartet im Oeuvre Vordemberge-Gildewarts zu dieser Zeit anzutreffen, mildert sich allerdings, wenn man berücksichtigt, daß es auch unter den freien künstlerischen Hervorbringungen der Jahre 1926-28 eine Reihe kleinerer Arbeiten gibt, die der Künstler selbst ‚Foto-Zeichnungen' genannt hat. Es sind zeichnerisch gefaßte Konstruktionen, in die Collage-Elemente eingebracht sind, Fototeile, die Köpfe, einen Teil einer Plastik und anderes Scheinräumlich-Gegenständliches zeigen (K 38, K 47-49).

Diese Beispiele belegen, daß Vordemberge-Gildewart gerade zu dieser Zeit, in der die Bauplastik für die Liebigstraße entstand, sich nicht scheute, in seine strengen geometrischen Konstruktionen gegenständliche, körperhafte oder scheinräumliche Formen - und gern eben auch Köpfe oder Skulpturen - einzufügen, eine andere plastische Welt in diesem Zusammenhang zu zitieren.

In unmittelbarer Nachbarschaft zur Liebigstraße in Hannover findet sich ein weiteres Exempel dieser überraschenden Zusammenführung an der Fassade des Hauses Listerstraße 24, des Gebäudes, in dessen Obergeschoß Vordemberge-Gildewart ab 1930 sein Atelier gehabt hat (B 36). Da tritt neben einigen anderen stilisierten Pflanzenformen wiederum die auch in der Liebigstraße verwandte ornamentierte, bestielte und mit Blatt versehene Kegelform auf und es wird ein wiederum sehr plastisch ausgeführter - jetzt aber frontal blickender - weiblicher Kopf eingefügt. Diesmal nicht in einer starrem Formzwang unterworfenen Diagonalstruktur, sondern in einer Art Streubild, in dem in freier Verteilung auf durchgehender ebener Grundfläche die einzelnen plastischen Elemente in losem Verbund miteinander stehen. Zu den zwei - einmal doppelt und einmal dreifach wiederholten - Relieffeldern liegen Entwurfszeichnungen von der Hand Vordemberge-Gildewarts vor (B 36/1, 36/2), an seiner Urheberschaft ist nicht zu zweifeln. Er hatte Ende der zwanziger Jahre, als ihm dieser Auftrag zukam, zu einer undogmatischen Freiheit gefunden, bisher Erarbeitetes - möglicherweise als Modell oder Zeichnung Vorhandenes - miteinander zu arrangieren.

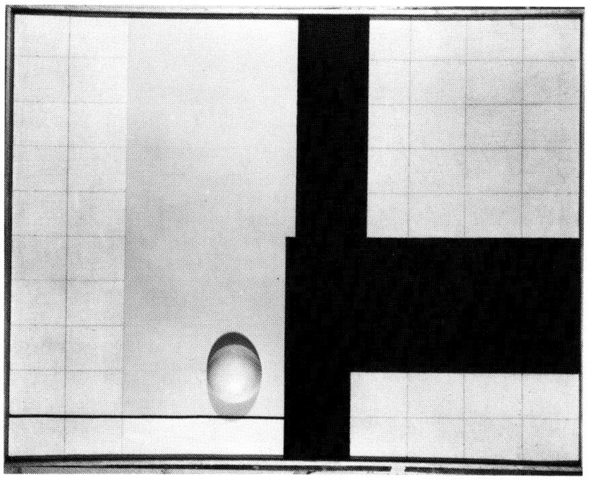

Vordemberge-Gildewart Komposition 37, 1927 (K 37) mit erhabener hölzerner Halbkugel, 60 x 80 cm, The Museum of Modern Art, New York

Reliefs, Altenbekener Damm 54 und 60, Hannover, um 1930 (B 37/1-2)

Das Nebeneinander gegenständlich-figürlicher Plastik und abstrakt-geometrischer Reliefformen mag einem als Stilbruch (Liebigstraße) oder beliebiges Arrangement (Listerstraße) erscheinen. Angewandt auf ganze Baukörper oder Fassaden, in voneinander getrennten Teilen, bekommt diese Gegenüberstellung aber einen funktionalen Sinn. Da wirken die stark plastisch ausgearbeiteten Kopf-Reliefs als punktuelle Markierung, die Flachrelief-Felder, eingelassen in die Wand in Bezug zu deren Gliederung durch Fensterreihen, Wandvorsprünge, hervorzuhebende Bauteile als Agens in diesem Verbund. Es hatte eine Zusammenstellung in diesem Sinne bereits an dem Gebäude in der Halkettstraße in Hannover gegeben (B 31), wobei dort den Reliefs mit Diagonal-Kompositionen Vordemberge-Gildewarts eine Kopf-Plastik von der Hand seines Freundes und Kollegen Hans Nitzschke zugeordnet ist.[9]

Wie eine derartige Zusammenstellung mit Arbeiten beider Art von Vordemberge-Gildewart ausfällt, ist mustergültig am 1927/28 errichteten Gebäude Minister-Stüve-Straße 8/10 in Hannover zu sehen (B 26). Es sind dort in die Klinkerwand in der Zone zwischen dem Fensterband des ersten und zweiten Stockwerkes - quer über die ganze Fassade gezogen - zehn Relieffelder eingesetzt, zwei einander abwechselnd wiederholende Kompositionen aus senkrecht-waagerechten Stabfügungen mit jeweils einer zugesetzten Rundform. Die Grundflächen sind unterschiedlich strukturiert und tragen Reste einer grünlich-bläulichen Engoben-Bemalung. Das Relief verbleibt in seiner Höhe innerhalb der Spanne der in Querreihen vor- und zurückgesetzten Mauersteine. Diese Einlassung des Bild-Reliefs in das Wand-Relief ergibt eine ähnliche Wechselspannung, wie sie artifizieller Lissitzky im ‚Kabinett der Abstrakten' im hannoverschen Provinzialmuseum 1927 zu erzielen gesucht hat, indem er konstruktivistische Bilder auf Lamellenwänden unterbrachte.[10]

Forscht man im freien künstlerischen Werk Vordemberge-Gildewarts nach einer ähnlichen Bildlösung wie in diesen Reliefs, so stößt man auf eine Komposition von 1927 (K 37, heute im Museum of Modern Art, New York). Merkwürdig ist an dieser Komposition, daß sie ein bei Vordemberge-Gildewart durchaus unübliches Raster, eine Feldteilung aus querliegenden Rechtecken, aufweist. Das mag wie eine Anspielung auf das Muster der Klinkerwand anmuten, in die die formverwandten Reliefs eingelassen sind.

Es könnte in der Rasterung der Flächen von K 37 auch ein Hinweis darauf stecken, daß der Künstler bei seinen bauplastischen Entwürfen die Beschaffenheit der Wandflächen, in die seine Arbeiten eingelassen wurden, mitbedacht hat. Zumindest muß die Zusammenarbeit mit dem Architekten - meist Franz Oskar Lemcke - soweit gegangen sein, daß der Künstler bei der Anordnung mitbestimmte, ob das für Bauschmuck vorgesehene Wandstück glatt geputzt, eben gemauert oder in versetzten Lagen aufgeführt werden sollte.

An der Minister-Stüve-Straße sind als Ergänzung zu den eben besprochenen Reliefs über beiden auseinanderliegenden Hauseingängen zwei einander gleiche Kopf-Plastiken gesetzt: ein scharfkantig gefaßter, betont vertikaler, typisierter ‚moderner' Frauenkopf[11], frontal gesehen, dem jedoch die zur Seite gescheitelte Frisur eine leichte Asymmetrie zulegt, auf die im Reliefuntergrund einige Streifenformen ausgleichend reagieren. Der Reliefgrund ist auch hier unterschiedlich strukturiert und bemalt, zusammengesetzt aus mehreren ineinandergefügten verschieden großen rechtwinkligen Teilplatten. Man wird dadurch an den Entwurf des Mauerbildes für das

9 Nach Arta Valstar, Diss., a.a.O., S. 321, Abbildung 61

10 Vgl. El Lissitzky, Demonstrationsräume. In: Die zwanziger Jahre in Hannover. Katalogbuch, hg. von Henning Rischbieter, Kunstverein Hannover 1962, S. 198-203.
Dietrich Helms, El Lissitzkys Demonstrationsräume. In: El Lissitzky, Katalog hg. von Jean Leering und Wieland Schmied, Kestner-Gesellschaft Hannover, Stedelijk van Abbemuseum Eindhoven, Kunsthalle Basel, 1966, S. 26-28. Hier auch Abdruck des in der oben angeführten Publikation erstmals veröffentlichten Typoskripts Lissitzkys.
Das Abstrakte Kabinett, Landesgalerie Hannover, o.J. (Prospekt zur Rekonstruktion des von Lissitzky gestalteten Raumes). Mit Textbeiträgen von Harald Seiler, Walter Gropius, Ernst Lüddeckens und Dietrich Helms.

11 Der Vergleich mit Bildnissen der hannoverschen Malerin Grethe Jürgens - beginnend mit deren Selbstbildnis von 1928 - liegt nahe. Siehe dazu: Harald Seiler, Grethe Jürgens, Niedersächsische Künstler der Gegenwart, Bd. 14, Göttingen - Berlin - Frankfurt - Zürich 1976.

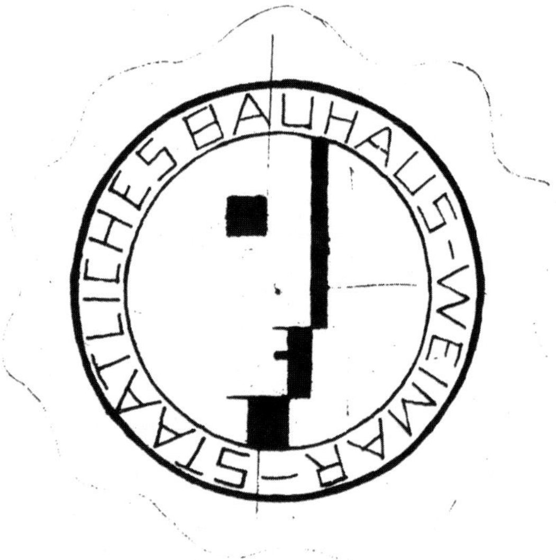

Oskar Schlemmer, Bauhaus-Siegel, 1922

Haus Früllerch in Celle von 1924 (B 24) erinnert, wenn dort auch eine weniger auf den Grundton des gebrannten Keramikmaterials abgestimmte Farbigkeit vorgesehen war.

Zwischen den abstrakt-geometrisierten Flachreliefs und den Kopf-Plastiken gibt es Übereinstimmung im Material und in der Behandlung des Materials, auch in der Formstrenge. Dennoch will es scheinen, als gebe es noch eine weitere untergründige Verbindung. Sie liegt in einer Gestaltwahrnehmung. Beim Betrachten der Reliefkomposition mag man assoziieren, daß ihnen das abgekürzte Bild einer Kopfform unterliege, das Schema eines Gesichtes. Die Rundform wäre dann ein Auge, die senkrecht-waagerechten Linien gäben ein Profil oder im anderen Falle die Binnenformen eines en face gesehenen Gesichtes wieder. Dann wäre in den Relieffeldern auseinandergenommen dasselbe dargestellt wie in den Kopf-Reliefs. Solche Assoziation läßt sich auf Vergleichbares stützen, beispielsweise die schematisierte Kopfform im von Oskar Schlemmer 1922 entworfenen Bauhaus-Siegel. Auch da hat die Anwendung in einem Plakat (für die Bauhausbühne 1929) zu einer noch weiteren Reduktion geführt, einer Komposition aus wenigen geometrischen Elementen, deren jedes für sich genommen keine gegenständliche Erkennbarkeit bietet, deren Zusammenfügung aber die Grundform eines Gesichtes ergibt.[12]

Der Verdacht liegt nahe, daß das, was man hier ausgemacht zu haben glaubt - dazu verleitet durch die Nebeneinanderstellung der gegenständlichen, neusachlichen Kopf-Reliefs mit den auf den ersten Blick geometrischen Flächenkompositionen - auch in anderen Arbeiten Vordemberge-Gildewarts zu finden sei. Tatsächlich scheinen wir hier auf einen Grundzug gestoßen zu sein, durch den sich viele ab 1927 entstandene Werkstücke von den früheren unterscheiden. Es betrifft durchgängig die Wand- und Standplastiken, die - so wie andernfalls realistische Kopf-Stücke - zur punktuellen Markierung von Bauteilen dienen, Giebelfelder besetzen, mit Vorliebe über Hauseingängen angebracht sind. Wir haben dafür Beispiele in der Helenenstraße (B 35), am Altenbekener Damm (B 37), am Ricklinger Stadtweg (B 27) und am Eckgebäude Haasemannstraße/Rampenstraße (B 32). Davon sind die beiden letztgenannten am Gebäudekomplex kombiniert mit andersartigen, architekturnäheren Reliefs in Türleibungen und Fenstereinfassungen.

In der Helenenstraße (B 35) stehen drei relativ große Figuren auffällig weit vorgeschoben auf einem von unten durch keilförmig aufgeführte Mauerteile unterfangenen Sims über den drei mittleren Eingängen eines langgestreckten, einen ganzen Straßenzug einnehmenden Gebäudes, dessen Seitentrakte doppelt abgestuft etwas vorgezogen sind. Man kann die Plastiken von weitem ausmachen. Sie sind, schmal und hoch, mit einigem Abstand abgesetzt von schmalen hohen Wandteilen aus Glasbausteinen hinter ihnen, den Lichtwänden für Treppenhäuser. Die drei identischen Figuren sind ihrerseits zusammengefügt aus jeweils mehreren hochkant gestellten Blöcken, zwei oder drei übereinander, zwei nebeneinander, mit der Schmalseite zur Straße hin ausgerichtet. In Mittelhöhe hält ein Querriegel, der vorn als Wulst austritt - das Motiv des Simses, auf dem die Plastik steht, wieder aufnehmend - die Figur zusammen. Er gliedert zugleich in Unter- und Oberteil, Kopf und Leib. Die Blöcke, die zur Figur zusammengestellt sind, tragen zum Teil auf ihren nach außen gekehrten Oberflächen plastische Elemente, darunter - an unterschiedlicher Stelle - auf beiden Figurseiten je einmal eine Diagonalkomposition, wie wir sie von Vordemberge-Gildewart kennen. Ein wenig mutet das an, als habe der Bildhauer mit in seinem Atelier verfügbarem Material - bearbeiteten Stükken - gespielt, daraus etwas Neues zusammengestellt. Es genügen dann geringe Zutaten, um dem Ganzen Kennzeichen zu geben, die den Eindruck einer Figur besiegeln: eine Abrundung an der ‚Stirn'-Seite, ein leichter Rand, ein ‚Augen'-Rund. Alles dies Elemente, die nicht näher abbildend zubereitet werden müssen, aus dem üblichen Formvorrat des Künstlers stammen und dennoch in der Zusammenstellung und Einfügung Figur angeben.

Zweites Beispiel: Am Eckhaus Haasemann-/Rampenstraße (B 32) gibt es zu einer keramischen Fenstereinfassung an einem vorgezogenen, auf Pfeiler gestelltem Bauteil über dem Eingang an der Längsseite des Hauses, an sonst schmuckloser Mauer, von dieser zum Teil auch durch grau-grüne Farbigkeit abgesetzt, ein keramisches Werkstück. Es ist zusammengesetzt aus unterschiedlich großen rechtwinkligen Teilen, die um eine imaginäre Mitte herum in der oberen und unteren Partie gegeneinander verschoben sind, zum Teil hervorgehoben werden, zum Teil abgesenkt bleiben, nach außen hin - unten, rechts - zur Wand hin gerundet. Eine einzelne Rundform, oben rechts gesetzt, löst gegenständliche Deutungsmöglichkeit des Reliefs aus, läßt es als Kopfprofil erscheinen, mit steiler Nasenform, Mundpartie aus doppelten querliegenden Quader-Lippen, abgerundetem Kinn, vorgeschobener Wange. Das alles ist deutlich und wird doch - so aufgezählt - auch falsch, weil die Wirkung der Bauelemente dieses Werkstückes nicht in der gegenständlichen Erfaßbarkeit erledigt ist. Es bleibt - deutlicher als in einer abbildenden Kopf-Plastik - eine elementare Komposition, in der es auf die Wechselwirkung der zusammengefügten Formteile ankommt. Die relative Trennung der Figur-Bestandteile aktiviert die Wahrnehmung wie die Vorstellung.

Es scheint ein solches figurativ zu deutendes Wandstück Reliefs, die wir von Oskar Schlemmer kennen, nicht allzu fern zu stehen[13], wenn auch die Verfahrensweise, wie Schlemmer zu seinen Figur-Abbreviaturen kam, anders gewesen ist, er tatsächlich über Vorstudien nach dem Menschen zu diesen Vereinfachungen gelangte. Bei Vordemberge-Gildewart haben wir solche Vor-

12 Bauhaus Siegel, Abbildung in: Herbert Bayer, Walter Gropius, Ilse Gropius (Hg.), Bauhaus 1919-1928, Stuttgart 1955, S. 29.
Verwendung des Siegels im Plakat für eine Tournee der Bauhausbühne 1929. In: Bauhaus-Archiv, Magdalena Droste (Hg.), Bauhaus 1919-1933, Köln 1990, S. 186.
Vgl. auch das Plakat von Joost Schmidt zur Bauhaus-Ausstellung in Weimar 1923, in der das Bauhaus-Siegel als Gesicht einer aus geometrischen Formen und Schrift gebildeten Figur auftritt. Magdalena Droste bringt diese mit der Plastik Schlemmers in Verbindung. In der letztaufgeführten Publikation, S. 106.

13 Ermutigung, sich in diesem Zwischenbereich zu bewegen, könnte Vordemberge-Gildewart auch durch das Beispiel von Willi Baumeister empfangen haben. Dieser war bereits 1923, als er eine erste Ausstellung in Hannover in der Galerie von Garvens hatte, zur Schematisierung von Figuren gelangt (der Katalog dieser Ausstellung befand sich im Nachlaß Vordemberge-Gildewarts). Einige frühe Bildkompositionen Vordemberge-Gildewarts und Baumeisters stehen einander nahe. Es hat zeitweilig Kontakt zwischen beiden Künstlern gegeben, Briefwechsel und Bildertausch.

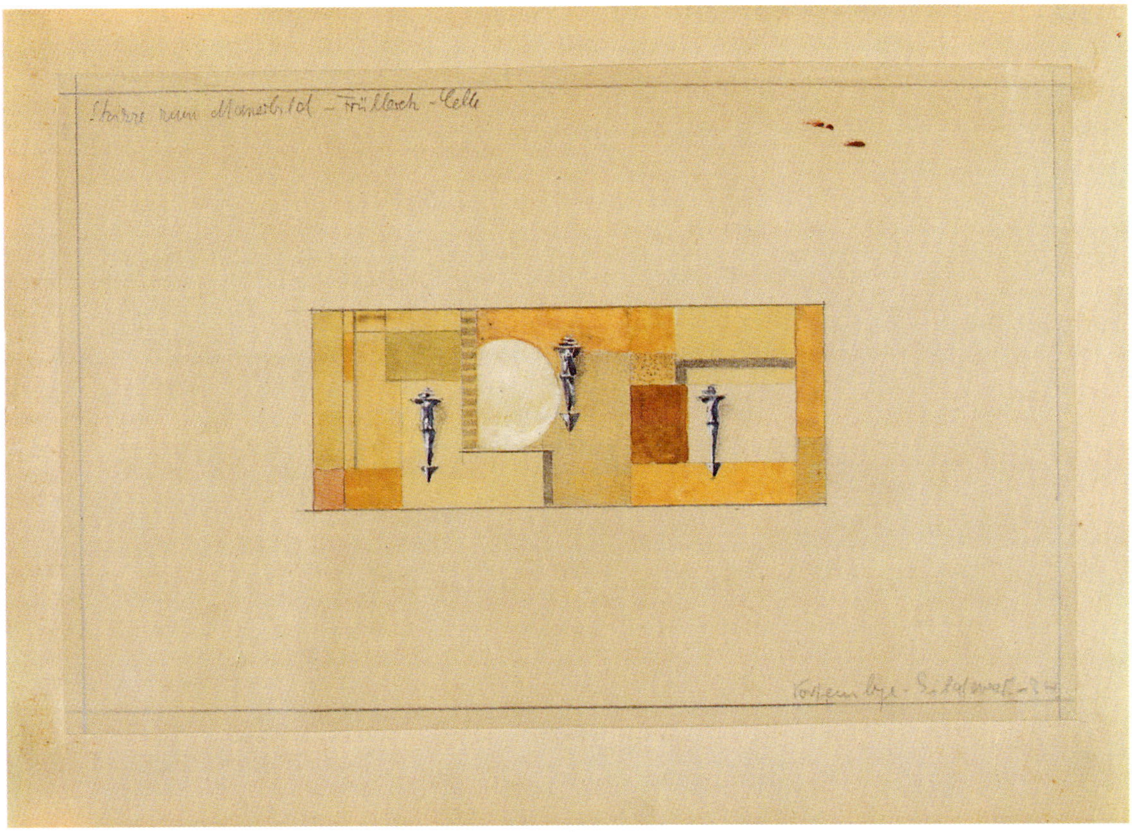

Skizze zu Mauerbild für Haus Früllerch, Celle, 1924 (B 24/1)

und Zwischenstufen nicht, es geht bei ihm das entstehende Bildwerk aus Formkombinationen hervor, wird nach figurativem Grundplan - einer Vorstellung - aus Elementarteilen gebaut. Diese Vorgehensweise ermöglichte es denn auch, gegenstandsnäher oder -ferner zu verbleiben. Ein Hauch figurativer Verlebendigung genügt, ein solches Architekturstück aus dem Architekturverband heraustreten zu lassen, ihm eine besondere Funktion am Bau zukommen zu lassen. Zu große Deutlichkeit würde die mobilisierende Wirkung, den Vorstellungsanstoß, mindern, zu neuer Fixierung führen.

Für das Verhalten auf der Grenze zu figürlicher Deutbarkeit zeugen die Wandstücke Vordemberge-Gildewarts am Altenbekener Damm in Hannover. Es sind dort über den Eingängen zu Nr. 54 und Nr. 60 zwei unterschiedliche Relief-Blöcke ins Mauerwerk eingelassen (B 37). Diese Blöcke springen - im Unterschied zu Reliefeldern, die in Wandflächen eingebettet sind und oft durch eine Einfassung gegen diese abgetrennt werden - merklich vor. Sie heben sich auch durch ihre Materialbeschaffenheit vom Mauerwerk ab, obwohl der Kunststein, aus dem sie gefertigt sind, farbig der Wand angepaßt ist. Der Künstler hat diesen Materialkontrast ausgespielt, indem er den Flächen leichte Krümmungen gegeben hat, an denen sich das Licht fängt und verändert. Er hat auch, im Block über dem Eingang zu Haus Nr. 54, ein vorgeschobenes planes Segment grob strukturiert, dadurch eine Wirkung erzielt, wie wir sie schon aus frühen Zeichnungen und Collagen Vordemberge-Gildewarts kennen (z.B. D 5, 10, 15, 22, K 1a). Beide Wandstücke sind rechtwinklig gegliedert, durch Grate, auf die die Flächenwölbung zuläuft, Stege, gegeneinander versetzte Blockformen. Auch weisen beide Stücke jeweils oben, nach rechts versetzt, eine Halbkugelform auf. Zwischen diesen und waagerechten Quaderformen unten wird das modellierte Feld in Spannung gehalten, auf die Rundform hin entwickelt sich jeweils der Formaufbau.

Neben dergleichen plastischen Bildwerken gibt es in dieser Phase der Baugestaltung Vordemberge-Gildewarts, die um 1927 ansetzt, weiterhin unmittelbar auf Bauteile bezogene, diese hervorhebende Bauplastik. Musterfälle stellen Keramik-Verkleidungen an zwei einander am Ricklinger Stadtweg in Hannover gegenüberliegende Baublocks (B 27 und B 28) dar, nach des Künstlers Angabe 1927 entstanden, und eine derartige Arbeit am Stadtkrankenhaus Osnabrück (B 33), 1928 entworfen, im folgenden Jahr ausgeführt. In beiden Fällen handelt es sich um große Aufträge, etwa vergleichbar mit der Aufgabe, in die sich Vordemberge-Gildewart und sein Lehrer teilten, als es darum ging, die Häuser an der Brehmstraße in Hannover zu dekorieren (B 22). Der Rückblick auf jene Lösung verdeutlicht den Wandel. Anstelle vieler addierter Dekor-Bilder, damals verwandt, sind nun in sich einheitliche einfache Musterungen getreten. Der Versuch, durch Motive zu gefallen, ist einer großzügigen elementaren Gestaltung gewichen.

Am Ricklinger Stadtweg hat Vordemberge-Gildewart sich auf ein einfaches Formvokabular aus Kugel- und Stabelementen beschränkt, letztere in wechselnder Lage angewandt, und zudem auf dem keramischen Material miteinzubrennende Bemalung benutzt, ebenfalls in Grundformen, Kreisringen und kurzen Streifen, grünlich-grau und dunkelblau. Plastische Form und Farbe stehen in losem Verbund miteinander, Farbe dient nicht mehr allein der Hervorhebung plastischer Teile, sondern ist als eigenständiges mitwirkendes Element eingesetzt. Die Gleichwertigkeit im Wechselspiel entsprach, wie eine Skizze Vordemberge-Gildewarts auf der Rückseite eines Fotos (B 27/2) belegt, seiner Auffassung. Eine Gestaltung wie diese läßt sich nicht mehr als Übertragung aus der freien Bildwelt des Künstlers in die Bauaufgabe lesen. Noch einfacher ist die Lösung der Gestaltungsaufgabe am Osnabrücker Stadtkrankenhaus angegangen worden. Da folgt eine als Parallelstreifen-Relief ausgeführte keramische Verkleidung dadurch ausgezeichneten Bauteilen. Und es ist hier Farbe ebenfalls noch einfacher eingesetzt: als Blaufärbung der ganzen Inkrustation, sie vom Klinkerrot der Wand abhebend, ruhiger Gegenpol auch zu deren Musterung.

Keramische Türeinfassung
Ricklinger Stadtweg
Hannover, 1927 (B 27/1)

Ausnahmsweise erfahren wir zum Osnabrücker Beispiel auch einmal durch vorliegende Entwurfszeichnungen von leichten Veränderungen (in der Umkleidung der Pfeiler) bis zur Ausführung, von projektierter Fortführung, von Kostenberechnungen und vor allem durch des Künstlers eigenes Zeugnis, daß er in den Fertigungsstätten der Baukeramik an dieser mitgearbeitet hat, ihre Herstellung überwacht hat. Es dürfte die unmittelbare handwerkliche Auseinandersetzung mit dem Material - wie ehedem im Atelier Vierthaler - auch beim späteren bauplastischen Werk ausschlaggebend geblieben sein, die Formfindung aus dem Material ermöglicht haben.

Wie die Zusammenarbeit mit Architekten, an deren Bauten er mitwirkte, vonstatten gegangen ist, entzieht sich sonst unserer Kenntnis. Sie muß ja wenigstens in solchem Falle wie der Zusammenarbeit mit dem Architekten Franz Oskar Lemcke, der ihm über Jahre hin Aufträge verschafft hat, zur beiderseitigen Zufriedenheit ausgefallen sein. Es wird vonnutzen gewesen sein, daß Vordemberge-Gildewart durch seine handwerkliche Vorbildung an Auftragsarbeit und Arbeitsteilung gewohnt war. Und es wird geholfen haben, daß er durch Studium und eigene Entwurfstätigkeit an Architekturaufgaben geschult war, vom Bau her auf Bau hin zu denken vermochte. Ob er einfühlend in die Pläne anderer oder diese mitbestimmend gearbeitet hat: Vordemberge-Gildewart hat in der Baugestaltung auf das Ganze einwirken können, nicht bloß Zusätze an Fertigem gebracht, Verschönerungen ohne Funktion. Er hat Lösungen für die Blockbebauung des neuen Wohnungsbaus, der Mitte bis Ende der zwanziger Jahre florierte, gefunden, zur Gliederung derartiger - leicht der Monotonie verfallender - Großbauten wirksam beigetragen, Bauten mitgestaltet.

Er hat seine Bauplastiken als Bauteile aufgefaßt. Er hat nur Materialien verwandt, die Vervielfältigung durch Abformung von Modeln zuließen (Keramik, Werkstein). Er hat Formstücke vervielfältigt und in Serien, Gruppen, mannigfacher Kombination an jeweils einem Ort eingesetzt. Dadurch war er imstande, große Bauaufgaben wahrzunehmen. Es ist dies jedoch auch als eine künstlerische Demonstration zu verstehen: Bildwerke werden ihrer Einmaligkeit entkleidet, geben diese an das Bauganze ab. Damit erlischt freilich nicht ihre Sonderfunktion im Bauzusammenhang. Sie bleiben Bildwerke, auf eine Betrachtung zugerichtet, die Mitteilungen empfängt (zum Beispiel aus dem Lager konstruktiver Kunst) wie unmittelbar vom Formgeschehen betroffen ist, dies miterlebt. Derartige Werke tragen dem Bau Impulse ein, ohne in Konkurrenz zur Baugestalt selbst zu treten.

Der Versuch, die bauplastische Entwicklung Vordemberge-Gildewarts nachzuzeichnen, stößt auf die Schwierigkeit, daß es zu wenig verläßliche Daten gibt. Wenn wir keine Belege aus dem Nachlaß des Künstlers haben, können wir uns zwar auf mehr oder weniger genaue Baudaten stützen, doch geben diese nicht unbedingt die Zeit der Entwürfe an. Zwischen Projektierung und Ausführung mag unterschiedlich lange Zeit verstrichen sein. Es mag später Entworfenes früher realisiert worden sein,

95

früher Konzipiertes später. Es ergibt sich nicht so leicht wie bei autonomer Kunst eine klare Abfolge. Wahrscheinlich hat der Künstler auch auf solche Werkfolge, anders als in seinem freien künstlerischen Oeuvre, keinen ausgesprochenen Wert gelegt. Er hat sich, in Rückgriffen, auch eines einmal erarbeiteten Repertoirs bedient. Wie es früh durch ein Foto (B 20/4) aus dem Atelier Vierthaler belegt ist, das eine Vielzahl von Formstükken Vordemberge-Gildewarts zeigt, von denen einzelne dann in unterschiedlichem Gebrauch wieder auftauchen. Bei solchem Vorgehen ist der Künstler auch später geblieben. Er hat beispielsweise 1950, als ihm der Großauftrag zuteil geworden war, für Kaufhäuser des Konzerns De Bijenkorf Schaufenster zu gestalten, auf bis dato entwickelte Bildideen zurückgegriffen, sie für die Anwendung hergerichtet (E 1-17).

Zwischen dem bauplastischen Werk Vordemberge-Gildewarts und seiner freikünstlerischen Arbeit gibt es keine durchgehende Entsprechung. Es hat anfangs im Modellieren gewonnene Erfahrung auf das Zeichnen des Künstlers eingewirkt, in Oberflächenbehandlung und Raumauffassung Spuren hinterlassen, zum Formfinden beigetragen. Es haben sich dann, 1923/24, in beiden Werksträngen geometrisierende Tendenzen durchgesetzt, wodurch der Künstler bei der Lösung bauplastischer Aufgaben aus dem Lager seines Lehrers Vierthaler herausgeführt worden ist. In einer Phase um 1926-28 hat es eine Engführung gegeben, da sind Bildfindungen, die im freien Bereich für Vordemberge-Gildewart von ausschlaggebender Bedeutung waren, auch in Baureliefs übertragen worden. Sie haben dort, strenge Diagonalkonstruktionen, den Richtungskontrast zu den Bauformen, in die sie eingebracht wurden, wirkungsvoll ausspielen können. In dieser Werkphase bereits einsetzend, ab 1927, hat es dann Konträres nebeneinander gegeben. Überraschend hat der Künstler an frühe figürlich-darstellende Versuche wieder angeknüpft, Kopf-Plastiken im Stil der Neuen Sachlichkeit modelliert. Daneben aber hat er plastische Kompositonen aus stereometrischen Elementen geschaffen, freie Formspiele, denen aber figurative Grundmuster unterlegt sind. Beide Ausformungen konnten ihren Platz und ihre Funktion im Bauganzen austauschen. Und es gibt daneben, zum Teil tatsächlich mit diesen Plastiken und plastischen Werkstücken an einem Bau zusammengebracht, Inkrustationen hervorgehobener Bauteile, die nicht mehr bildgebundene Verwendung von plastischen Elementarformen und Farbe zur Aktivierung bestimmter Bauglieder. Darin mag man den Anfang einer Entwicklung sehen, die auf die Deklaration des Baues selbst als Bau-Plastik hinausliefe.

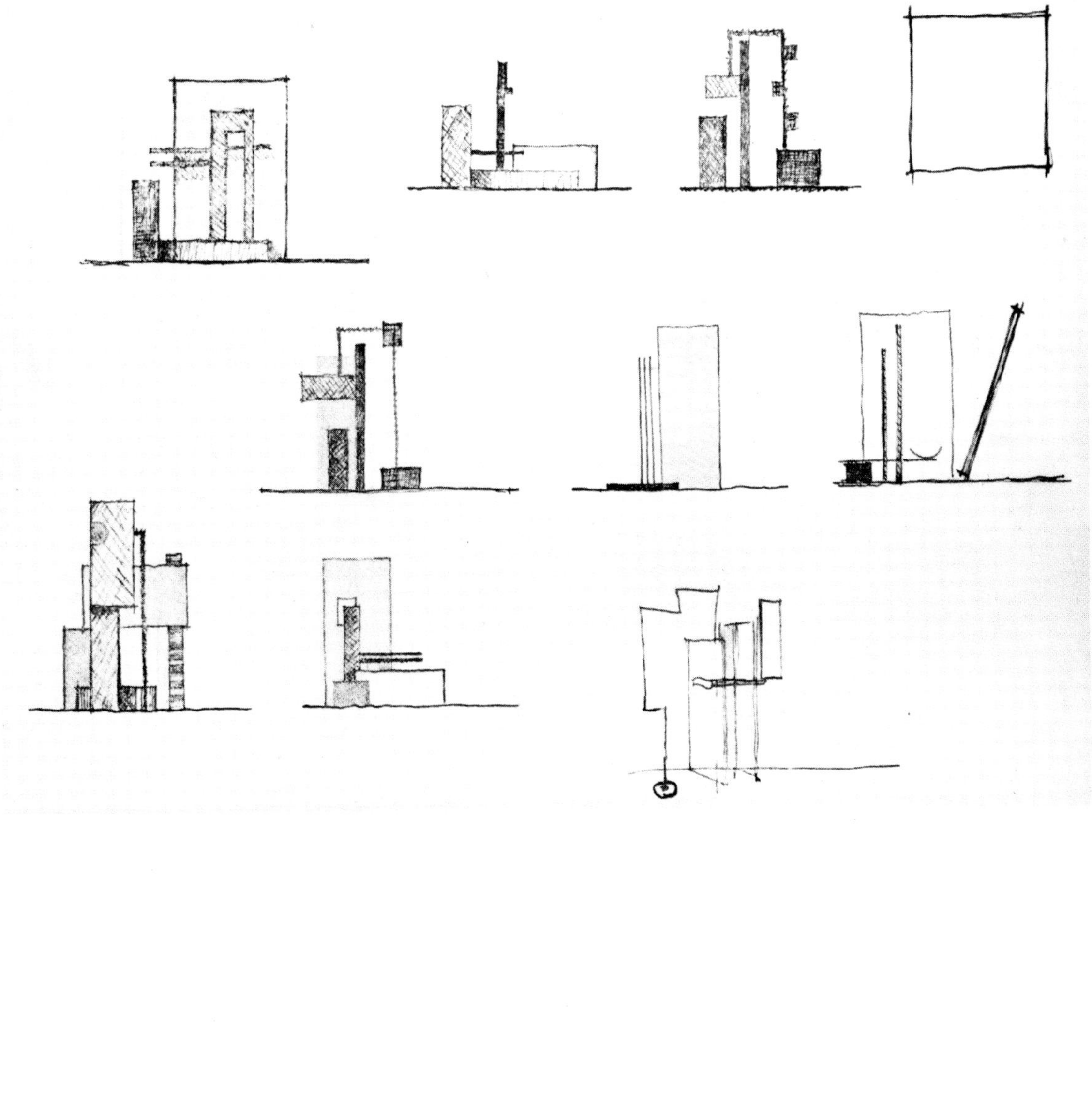

Studienblatt, Anfang der zwanziger Jahre (S 22), Annely Juda Fine Art, London

Skizze zum Projekt für ein Landhaus bei Hannover, 1923/24 (B 45/1)

Jean Leering

Vordemberge-Gildewart und die Geburt der neoplastizistischen Architektur

Der Name Friedrich Vordemberge-Gildewart ist bekannt in der Kunstgeschichte, kaum oder nicht aber in der Geschichte der Architektur. Vordemberge-Gildewart hatte jedoch mit Architektur zu tun. Er wurde nicht nur, wie auch der holländische Architekt Rietveld, als Tischler und Architekt ausgebildet, er hat auch praktisch in dieser Disziplin gearbeitet, Entwürfe gemacht und gebaut[1].

Nicht ohne Grund wird hier Gerrit Thomas Rietveld herangezogen. Es gibt zwischen ihm und Vordemberge-Gildewart mehrfache Beziehungen:
- das erste Haus, das Rietveld ein für allemal als Architekt in der internationalen Avantgarde berühmt machte, das Schröderhaus, wurde 1924 entworfen und gebaut, während Vordemberge seinen Entwurf im Jahr zuvor, 1923, anfing und 1924 beendete;
- beide wurden Mitglied der Stijl-Bewegung: Rietveld 1919, Vordemberge-Gildewart 1925;
- es ist auch eine inhaltliche Verbindung zwischen Rietveld und Vordemberge-Gildewart zu ziehen: unabhängig[2] voneinander waren beide zu jener Zeit bestrebt, die neoplastizistischen Ideen von den Bildmitteln und dem Raum in Architektur zu überführen und, sofern möglich, in der Realität zu konkretisieren.

Im Zusammenhang mit der Entwicklung neoplastizistischer Architektur sind neben Rietveld und Vordemberge-Gildewart einige andere Namen zu nennen. Selbstverständlich an erster Stelle Theo van Doesburg[3], der unermüdlich - in allem war er Autodidakt - versuchte, die Konsequenzen aus der neoplastizistischen Malerei und Skulptur in Architektur zu integrieren. Er richtete Anfang der zwanziger Jahre seine pädagogischen Aktivitäten im Umfeld des Bauhauses wie seine stimulierenden Impulse auf Künstlerkollegen und Architekten auf Architektur. Vor allem aber wandte er - in Zusammenarbeit mit Cornelis van Eesteren (1922-25) - seine eigene Arbeit weitgehend der Architektur zu.

Ferner sind hier Ludwig Mies van der Rohe und Friedrich Kiesler anzuführen: der erste seines bemerkenswerten Entwurfes für ein Backsteinhaus (1923) wegen, den er in jenen Jahren seiner Begegnungen mit Van Doesburg machte; der letztere, weil Kiesler in den Augen Van Doesburgs den Ideen einer neoplastizistischen Architektur eine ganz bedeutende Konkretisierung gab.

Kommen wir aber auf Vordemberge-Gildewart selber zurück. Er hat 1919, nach seiner Ausbildung zum Tischler bis 1918, an der Kunstgewerbeschule und der Technischen Hochschule in Hannover angefangen, Architektur zu studieren. Dies Studium schloß an die vorhergehende Tischlerausbildung an, führte über Innenausstattung zur Architektur. Es läßt sich auch annehmen, daß die Disziplin der Architektur seinem Hang nach Abstraktion, den wir bereits in seinen Skizzen, Reliefs und Bildern ab 1919 bemerken, entsprach. Nach Beteiligung an einigen Wettbewerben für Denkmäler macht er dann 1923/24 einen Entwurf für ein Landhaus bei Hannover (B 45).

Ob es einen Auftraggeber gegeben hat, ist mir nicht bekannt. Es ist aber sehr wohl möglich, daß er sich selbst zum Abschluß seiner Studien ein solches Thema zur Aufgabe gestellt hat.

Wir sehen Zeichnungen, in denen auf eine für jene Zeit sehr neue Weise kubische Baukörper - horizontale und vertikale Volumen von unterschiedlichem Ausmaß und verschiedener Ausrichtung - unter ein flaches Dach komponiert sind, Wände analysiert und elementhaft gestaltet werden, Fenster um die Ecke reichen, Balkone und Vordächer flächenartig gelöst werden, manchmal mit im Grundriß diagonal gestellten Stützen, usw. Auch die verschiedenen Innenräume werden als selbständige Elemente gesehen, die Vordemberge-Gildewart auf lokkere Weise im Grundriß nach vorne oder hinten schiebt. Auf einigen Zeichnungen sehen wir niedrig aufgeführte Mauern, über die er den Außenraum mit dem Innenraum miteinander zu verbinden versucht (wie dies prononcierter im Entwurf Mies van der Rohes für das genannte Backsteinhaus aus dem Jahre 1923 vorkommt).

Am stärksten wird man an Formen der späteren Stijl-Architektur erinnert, die ungefähr zur selben Zeit entstand. Vordemberge-Gildewart kann damals diese Gestaltungen kaum gekannt haben, ebensowenig wie er von Rietvelds Entwürfen für das Schröderhaus (1924!) beeinflußt worden sein kann. Es haben zwar Van Eesteren und Van Doesburg[4] 1923 ihre berühmten Entwürfe gemacht, die im selben Jahr in der Pariser Galerie ,l'Effort Moderne' ausgestellt wurden - diese sind jedoch in Paris und vornehmlich während des Spätsommers jenes Jahres entstanden, im Oktober dort ausgestellt und erst im nächsten Jahr in ,De Stijl' veröffentlicht worden. Vordemberge-Gildewart begegnete Van Doesburg persönlich erst 1925 in Hannover.

Eine ins Auge fallende Besonderheit in Vordemberge-Gildewarts Entwurf bilden die acht vertikalen Pfeiler und die damit verbundenen zwei Paar horizontaler Träger, die einander kreuzend über die ganze Konstruktion hingreifen. Wir werden dieser Form in späteren Entwürfen und Realisierungen von anderen, z.B. Mies van der Rohe, öfters begegnen, dann aber als wirkliche ,Portale' eingesetzt, als eine Tragekonstruktion, an der das Dach aufgehängt ist. Das aber ist im Entwurf Vordemberge-Gildewarts kaum der Fall. Von den Zeichnungen wäre höchstens abzulesen, daß der Balkon an einer dieser Rippen aufgehängt worden ist.

Es mag jedoch sein, daß diese Form, die Vordemberge-Gildewart 1923/24 erfand, andere zu einer mehr konstruktiven Verwendung inspiriert hat, namentlich Kiesler, der zwei Jahre später (1925) seine ,Raumstadt', eine schwebende, neoplastizistische Konstruktion in der Theaterabteilung der Pariser ,Exposition des Arts Décoratifs', an Trägern aufhängte.

Vordemberge-Gildewart ist mit seinem Entwurf von 1923/24 also sehr früh. Wenn man bedenkt, daß Rietveld - der bereits mit Entwürfen und Realisationen seiner Möbel und Innenausstattung längere Erfahrung hatte und an der Pariser Ausstellung 1923 teilgenommen hat - erst 1924, wie gesagt ein Jahr später als Vordemberge-Gildewart, zu seinem Entwurf kam und daß der erste Entwurf dafür noch gar nicht die endgültige Auflockerung von Volumen, Räumen und Flächen zeigt, die so charakteristisch ist für das in der zweiten Hälfte 1924 realisierte Haus, fragt man sich, woher Vordemberge-Gildewart seine Formanregung empfangen hat. Oder hat er ganz authentisch und selbständig eine neue Formwelt gefunden?

Über letzteres habe ich keine festen Schlüsse ziehen können. Es ist jedoch für gewiß zu nehmen, daß Vordemberge-Gildewart, der nach eigenem Bekunden 1923 das Bauhausfest in Weimar besuchte, dort auch die Internationale Bauaustellung, die vom 15. August bis zum 30. September veranstaltet wurde, gesehen hat. In dieser Ausstellung wurden Arbeiten von vielen Architekten gezeigt, u.a. von Gropius & Meyer, Häring, Mies van der Rohe, Stam (im Prospekt als Deutscher aufgeführt!), Wright, Le Corbusier - und namentlich aus Holland:

1 Siehe im Werkverzeichnis B 44-48 (Bauentwürfe), B 49-50 (Planungswettbewerbe), aber auch B 1-19 (Möbel und Innenräume).
Meiner Ansicht nach ist Vordemberge-Gildewarts Entwurf für ein Landhaus bei Hannover, 1923/24, im Rahmen unseres Themas von besonderem Interesse. Mein Text ist deshalb vornehmlich auf dieses Projekt bezogen.

2 Anfänglich können Rietveld und Vordemberge-Gildewart nur über die Zeitschrift ,De Stijl' und durch Van Doesburg voneinander gehört haben. Erst später haben sie sich in Holland persönlich kennengelernt.

3 Der Name Ouds gehört meines Erachtens - zu jener Zeit wenigstens - nicht mehr dazu, weil er, die kleineren Arbeiten wie die Bauhütte ,Mathenesserlaan' und das Cafe ,de Unie' ausgenommen, sich in einer anderen Richtung - nämlich in der, die später ,Neue Sachlichkeit' genannt wurde - entwikkelte.
Auch Van't Hoff gehört (leider) nicht mehr dazu, weil er nach 1918 aufgehört hatte, Architekt zu sein.
Jan Wils hatte damals seinen an Wright verpflichteten Stil gefunden und spielte in der Weiterentwicklung der neoplastizistischen Ideen keine besondere Rolle mehr.

4 Ich nenne - abweichend von der üblichen Weise - Van Eesteren zuerst, weil für die Gestaltung der baulichen Einzelteile er - meine ich - an erster Stelle verantwortlich war. Siehe Jean Leering, Die Architektur und Van Doesburg, im Van Doesburg-Katalog, Van Abbemuseum, Eindhoven; Gemeentemuseum, Den Haag; Kunsthalle, Basel 1968-69.

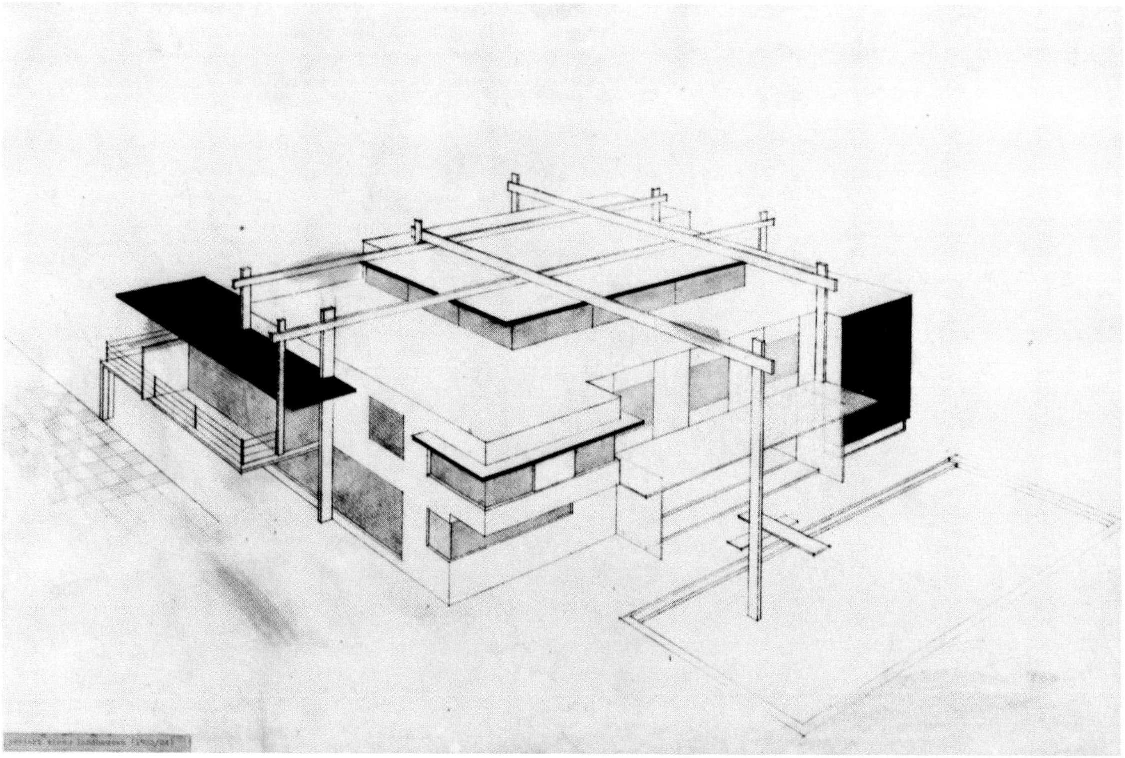

Projekt für ein Landhaus bei Hannover, Gebäudeansicht, 1923/24 (B 45/12), Annely Juda Fine Art, London

Projekt für ein Landhaus bei Hannover, Grundriß, 1923/24 (B 45/14)

von Van Anroij, Dudok, Hardeveld, Van Loghem, Oud, Rademaker & Meijer, Rietveld (von ihm können, ausgenommen Innenarchitektur, nur Möbel gezeigt worden sein), und von Wils. Es bleibt dennoch bemerkenswert, daß Vordemberge-Gildewart die neuen Tendenzen so rasch begriffen und sie kompromißlos verwendet hat.

Wir müssen uns etwas näher auf einen Vergleich mit dem Schröderhaus Rietvelds und mit einigen anderen Entwürfen von Stijl-Künstlern einlassen, um die Stellung dieses Entwurfs von Vordemberge-Gildewart in der Entwicklung der Stijl-Architektur zu begreifen.

Vordemberge-Gildewart hat, wie schon erwähnt, in seinem Projekt für ein Landhaus - ebenso wie Rietveld im Schröderhaus - die Geschlossenheit der kubischen Raumkörper durchbrochen. Er hat das dadurch bewirkt, daß er im Grundplan, sowohl im Erdgeschoß wie im ersten Stock, verschiedene Räume zueinander räumlich verschoben hat: nach vorne, hinten oder zur Seite. Dasselbe sieht man auch in dem Entwurf Van Eesterens für das Rosenberghaus, der in Paris 1923 ausgestellt war. Eine noch stärkere Verschiebung und Auseinanderlagerung der Räume erkennen wir in dem Entwurf Mies van der Rohes für das Backsteinhaus von 1923 (der nicht realisiert wurde). In diesem Entwurf finden wir übrigens das von Van Doesburg in seiner Malerei proklamierte Prinzip der Interpenetration der Flächen[5] erstmals räumlich in Architektur übersetzt, indem Mies die nebeneinander befindlichen Räume großzügig zueinander geöffnet hat. Man kann allerdings sagen[6], daß sein Plan zu viel zweidimensionalen Charakter zeige, nicht in die dritte Dimension gehe. Ebenso verhält es sich auch in dem zweigeschossigen Entwurf Vordemberge-Gildewarts und im Schröderhaus Rietvelds: es gibt jeweils zwei in sich geschlossene Geschosse, die kaum eine Durchdringung der verschiedenen Räume im vertikalen Sinn zeigen.

Diese Erweiterung ins Dreidimensionale wird von Van Doesburg selbst während seiner Zusammenarbeit mit Cornelis van Eesteren unternommen, besonders im Entwurf für das ‚Maison Particulière' und noch intensiver im Entwurf für das ‚Maison d'Artiste'. Inwieweit in dieser Entwicklung Gedanken von Adolf Loos mitgespielt haben, ist unklar. Gewiß ist jedoch, daß Loos in jener Zeit - aus ganz anderen Gründen übrigens - mit seinem ‚Raumplan'[7] im Prinzip dieselbe vertikale Interpenetration beabsichtigte, die er in seinem Haus Rufer 1922 zum ersten Mal grundsätzlich realisierte.

Für eine mögliche Querverbindung oder Beeinflussung sprechen zwei Tatsachen: erstens hatte Van Eesteren während seiner Studienreise im Rahmen des ‚Prix de Rome' Anfang 1922 in Wien bewundernd das Werk von Loos kennengelernt (obzwar der Entwurf für das Rosenberghaus nicht den Einfluß des ‚Raumplanes' aufweist); zweitens hat Van Doesburg im Frühjahr 1923 während der Aufführungen der elektro-mechanischen Schau W.U.R.[8] im Kurfürstendamm-Theater, Berlin, dessen Autor, den österreichischen Architekten, Bühnenkünstler und Gestalter Friedrich Kiesler kennengelernt. Dieser nun war, wie er selbst öfters gesagt hat, Mitarbeiter von Adolf Loos gewesen, man[9] vermutet in den Jahren um 1920, also in der Zeit, in der Loos den Raumplan entwickelte. Wenn wir uns Kieslers Entwürfe und realisierte Werke nach 1923 ansehen und den engen Beziehungen zwischen Van Doesburg und Kiesler Rechnung tragen, können wir uns eine derartige Beeinflussung sehr wohl vorstellen.

Kiesler war 1923, in der Periode also, in der Van Doesburg an seinen Architekturmodellen arbeitete, bei diesem in Paris und er könnte Van Doesburg mit den Ideen des ‚Raumplanes' vertraut gemacht haben.

Jedenfalls sehen wir in den oben genannten Entwürfen Van Doesburgs/Van Eesterens eine Durchführung dieses Interpenetrierungsprinzips in die dritte Dimension, wie - mit allen Unterschieden in der Materialbehandlung - das ebenfalls in den Häusern von Loos der Fall ist. Die Vermittlung dieser architektonischen Möglichkeiten durch Kiesler ist zumal deshalb plausibel, weil eine andere von Kiesler geliebte Formidee, nämlich die Spirale, ebenfalls von Van Doesburg/Van Eesteren für die Treppenanlage benutzt worden ist.

Nach diesem Exkurs können wir Vordemberge-Gildewarts Stellung in der Entwicklung der neoplastizistischen Architektur besser einschätzen. Er hat in der Behandlung der Materialien gewiß Pionierarbeit geleistet. Mit der Andeutung auf einen seiner Entwürfe ‚Landhaus aus Farbe/Glas/Eisen/Beton' hat er hinsichtlich der Verwendung der Farbe - obgleich nicht konkretisiert - Fortschrittliches vorausgesehen. Seine neoplastizistische Raumbehandlung kommt aber nicht über gleichzeitige Versuche einiger anderer Architekten und Künstler hinaus.

Alles in allem hat Vordemberge-Gildewart mit seinem Projekt einen beachtenswerten Beitrag zur Geburt der neoplastizistischen Architektur geleistet. Seine späteren Arbeiten sind durch eine veränderte Auffassung von Architektur gekennzeichnet, ausgedrückt in dem 1927/28 verfaßten Aufsatz: ‚Architektur - keine optische Wertung'[10], in dem er behauptete, daß „die heutige Architektur (...) nicht mehr in das Gebiet der ‚bildenden Künste' gehört (...)".

5 Siehe zu dieser Problematik den Aufsatz von J. Baljeu, Die vierte Dimension, im genannten Van Doesburg-Katalog, 1968-69.

6 Die Vermutung ist öfters geäußert worden, daß Mies seinen Grundriß dem Linienverlauf eines Bildes von Van Doesburg entsprechend angelegt habe.

7 Siehe M. Risselada (Hg.), Raumplan versus Plan Libre. Adolf Loos and Le Corbusier, 1919-1930, Delft University Press, 1988.

8 Diese elektro-mechanische Schau war äußerst lebhaft von der damaligen Avantgarde in Berlin und derem Umkreis aufgenommen und diskutiert worden.

Es ist sehr plausibel, daß diese Schau El Lissitzky veranlaßte, im gleichen Jahr zu der bereits 1913 in Petersburg von Matyushin, Kruchenykh und Malevich aufgeführten Oper ‚Sieg über die Sonne' eine elektro-mechanische Schau zu gestalten, die er in der Form einer Grafikmappe veröffentlichte. Diese Mappe hat Lissitzky in Hannover entworfen und drucken lassen, als er durch die Kestnergesellschaft eingeladen war, die erste Jahresgabe für die Mitglieder dieses Vereins zu gestalten (erste Kestner- oder Prounmappe) und dafür ein Atelier bekam.

Wenn diese Anregung stattgefunden hat, werden Kiesler und Lissitzky einander wahrscheinlich begegnet sein und ihre gleichartigen Vorstellungen von der Spirale als Bewegungselement im Raum und Gestaltungselement der vierten Dimension ausgetauscht haben.

Jedenfalls hat Vordemberge-Gildewart Kiesler und Loos gekannt, laut dessen eigener Aufzeichnung: „1925 teilnahme an der grossen ausstellung ‚l'art d'aujourd'hui' 1925 in paris. erster aufenthalt in paris. grossartige begegnungen mit kiesler, til brugman, does + nelly im ‚nègre de toulouse'. lange unterhaltung mit adolf loos im ‚café du dome'." Aufzeichnung im Archiv der Stiftung Vordemberge-Gildewart, Rapperswil.

9 Siehe Dieter Bogner (Hg.), Friedrich Kiesler, Architekt Maler Bildhauer 1890-1965, Löcker Verlag, Wien 1988, S. 11.

10 Siehe Seite 63 in diesem Katalog.

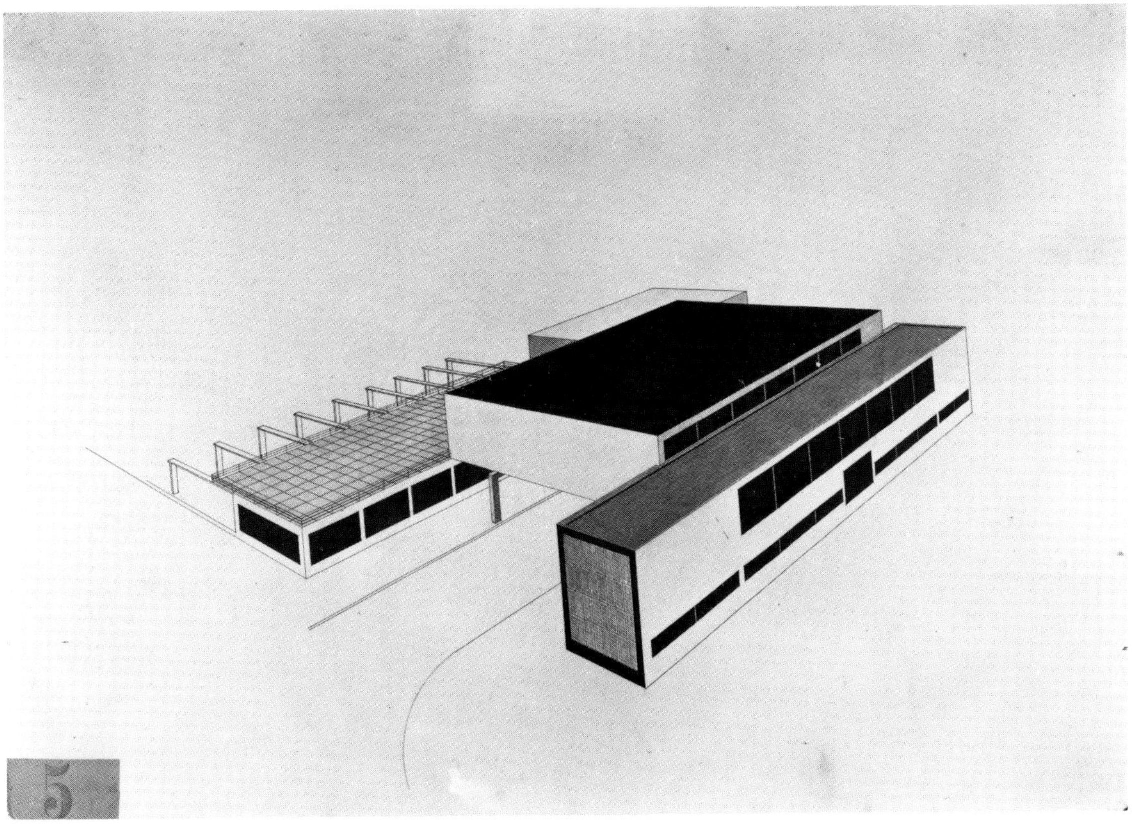

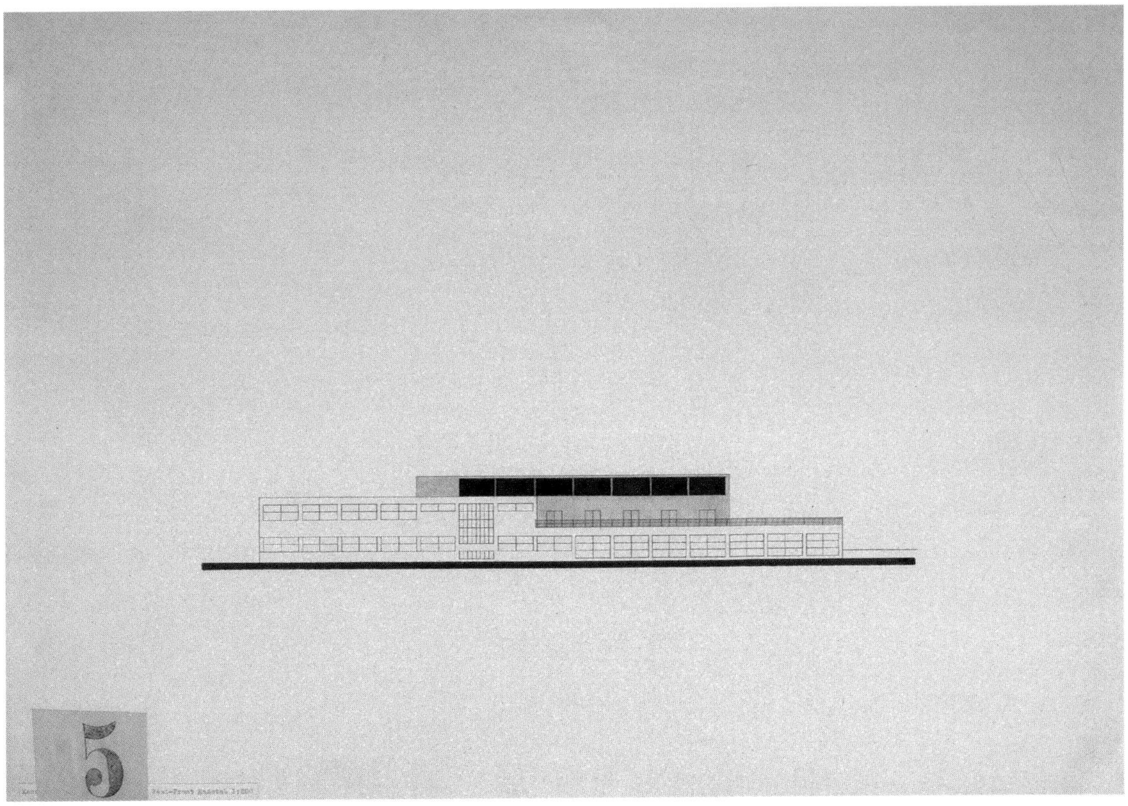

Kleine Festhalle für Osnabrück, Wettbewerbsentwurf, 1928 (B 47/10 und B 47/6)

Aquarell, aus Zusammenhang von Bühnenskizzen, undatiert (W 1), 35,5 x 54 cm

Dietrich Helms

Vordemberge-Gildewarts Bühnen-Vorstellungen

Unter den Werken Vordemberge-Gildewarts aus dem Jahre 1924 finden sich mehrere, deren Titel sie in Bühnen-Bezug rückt. Das erste, eine Komposition aus geometrischen Farbformen: Kreisscheibe, Balken, Linien und Schrift, trägt seinen Namen in sich: ‚E Bühne'. Das zweite, eine auf eine rote Kreisscheibe im weißen, links und unten von einem schwarzen Balkenwinkel eingefaßten Feld reduzierte Komposition, ist ‚Drehscheibe' betitelt. Und das dritte, eine Zusammenfügung von großer dunkler Kreisscheibe mit schwarzen und roten Balkenformen, einem blauen Rechteck und sparsamer feingliedriger schwarzer Zeichnung, Bewegungsbahnen andeutend, nennt sich ‚Mechanisches Zwischenspiel'. Zu letzterem Werk findet sich auch eine Bleistiftskizze, von ähnlicher Anlage, jedoch keine genauere Vorzeichnung. Wie es denn überhaupt eine Reihe weiterer ähnlicher Arbeiten gibt, die jedoch nicht mit Benennungen versehen sind, die auf Bühnen-Vorstellungen verweisen.

Den drei angeführten Arbeiten gemein ist, daß die verwandten Farbformen, jeweils eine Kreisscheibe im Verbund mit flächenfassenden oder in den Raum gehängten Balkenformen, frei sich zueinander im Raum verhalten, straff aufeinander bezogen - in Spannung zueinander gehalten - einander nicht berührend. Die feine Zeichnung im ‚Mechanischen Zwischenspiel', die Verbindungsmöglichkeiten andeutet, bleibt eben bei der Aufdeckung von möglicher Aktion. Es werden Spielelemente plakatiert, im momentanen Ruhestand im Raum. Der Spannungszustand - die Freisetzung auf der hellen Grundfläche - ruft danach, in Aktion überzugehen. Das Verhalten vor Bewegung wird suggeriert, die Vorstellung von Handlungsmöglichkeit evoziert.

Das sind nun Vorstellungen, die sich auch anderen Arbeiten jener Zeit und darüber hinaus auch weit späteren abgewinnen lassen. Es wird hier in diesen Bildern, die Bühnen-Verweis zugesprochen bekommen haben, nur eine Grundvorstellung der Kompositionen und Bildkonstruktionen Vordemberge-Gildewarts auf einen Sachverhalt bezogen, einen zu der Zeit der Entstehung dieser Bilder virulenten: die Utopie einer neuen Bühnenkunst, befreit von literarischer Bindung, ohne historisierende, kostümierende, ausstaffierende Zutaten.

Vordemberge-Gildewart nahm lebhaften Anteil an den damals aktuellen Versuchen, dies neue Bühnen-Verständnis zu realisieren. Als er 1923 zum Bauhausfest nach Weimar reiste, zeigte er sich - nach eigenem Bekunden[1] - besonders angetan von der Aufführung des ‚mechanischen Balletts', und er legte auch Wert darauf, Schlemmer kennengelernt zu haben. Das ‚mechanische Ballett' von Kurt Schmidt und Mit-Bauhäuslern war ein Tanzstück, bei dem geometrisierte, in den Grundfarben bemalte Flächenfiguren von dahinter verborgenen Akteuren zu Musik bewegt wurden[2]. Es war weiter als das Triadische Ballett Schlemmers, das auch anläßlich des Bauhausfestes aufgeführt wurde, von der Bindung an die menschliche Figur entfernt, hatte wohl weniger Gedanken-Hintergrund, war offeneres Spiel im Einklang von abstrakten Bewegungsfiguren mit der ihren Aktionsmöglichkeiten entsprechenden Begleitmusik. Die Bereitschaft, auf derartige bewegte abstrakte Bilder einzugehen, läßt sich bei Vordemberge-Gildewart schon deshalb verstehen, weil frühere Aquarellentwürfe (W 2 und W 3/1921) sie vorwegzunehmen scheinen.

1924, als die angeführten Werke, deren Titel auf Bühnen-Vorstellungen verweisen, entstanden, waren weitere Erfahrungen und Anregungen hinzugekommen. Lissitzky hatte 1923 im Auftrage der Kestner-Gesellschaft als deren Jahresgabe seine erste Prounenmappe veröffentlicht und ebenfalls in Hannover eine zweite Mappe entworfen und drucken lassen: Die Figurinenmappe zu ‚Sieg über die Sonne'. Auf dem Titelblatt der Figurinenmappe gab er seinen Absichtserklärungen den programmatischen Titel ‚Die plastische Gestaltung der elektromechanischen Schau'. Aktionsbasis der ‚Spielkörper' - dargestellt in den Figurinen - sollte eine ‚Schaumaschinerie' bieten, ein offenbar bewegliches wie Bewegungen bahnendes, sie vorweisendes hohes Gerüst auf einem allseitig zugänglichen öffentlichen Platz. Lissitzky wollte mit diesem Entwurf einen Prototyp neuer Schaugestaltung schaffen, nicht nur dem schon von Malewitsch für die Bühne bearbeiteten Stück von Krutschonjch zu einer neuen markanten Fassung verhelfen. Ähnlich wie er auch später bei der Einrichtung des ‚Kabinetts der Abstrakten' im Provinzialmuseum Hannover davon sprach, einen Standard-Raum[3] für neue, konstruktivistische Kunst geschaffen zu haben: es ging ihm um die Initiation grundsätzlicher Erneuerung.

Mit anderen Skizzen, Zeichnungen und Andrucken gelangten Entwürfe Lissitzkys für die beiden hannoverschen Mappen in den Besitz Vordemberge-Gildewarts, als dieser 1924 das vorher von Lissitzky benutzte Atelier im Hause der Kestner-Gesellschaft bezog. Für die um diese Zeit ansetzende typographische Gestaltung Vordemberge-Gildewarts sind diese Lehrmaterialien - Stükke, die einen unmittelbaren Einblick in die Entwurfsschritte Lissitzkys ermöglichten - deutlich von Einfluß gewesen[4]. Wie es scheint, haben jedoch auch die durch sie vermittelten Inhalte - die Utopie einer elektro-mechanischen Schau - die Vorstellung des Jüngeren beschäftigt.

Ferner läßt sich ein Anstoß durch die Beschäftigung von Kurt Schwitters mit Bühnenfragen annehmen. Dieser war 1924, als der freundschaftliche Kontakt zwischen ihm und Vordemberge-Gildewart in Hannover begann, von seiner ersten ekstatischen Vision der Merzbühne (1919) zu einer als praktikabel empfohlenen neuen Bühne, der ‚Normalbühne Merz' gelangt. Er beschrieb sie später (1925)[5]: „Die (...) Normalbühne verwendet die einfachsten Formen und Farben: Gerade, Kreis, Würfel, Würfelteil; - Schwarz, Grau, Weiß, Rot". Und er führte als auffälligstes Einzelelement „eine von oben schwebende rote Kugel, die durch Senken und Heben den Ausdruck sehr beeinflussen kann" ein. Man möchte die rote Kugel oder - im Bild - Kreisscheibe als Indiz der unmittelbaren Verwandtschaft zwischen Schwitters' Modell und den angeführten Bildkompositionen Vordemberge-Gildewarts nehmen, wäre es nicht ein mehrfach auch von anderen verwandtes prägnantes Element. So weist auch der Umschlag des Almanachs zum Wiener Theaterfestival 1924, den Friedrich Kiesler gestaltete[6], eine beherrschende Kreisform auf, die sich mit seinem radikalen Vorschlag einer ‚Raumbühne' in Verbindung sehen läßt. Und Lissitzky griff auf ein ähnliches Formarsenal zurück, als er den Einband von Alexander Tairoffs Buch ‚Das entfesselte Theater' typographisch aktivierte[7].

Der Verweis auf Kiesler und die Internationale Ausstellung neuer Theatertechnik in Wien 1924 könnte freilich auch einen äußeren Anlaß erschließen, warum sich Vordemberge-Gildewart gerade 1924 mit Bildkompositionen befaßte, die Bühnen-Vorstellungen propagierten. Mag sein, daß er wie der Kollege Schwitters, der in Wien das Modell seiner ‚Normalbühne Merz' ausstellte und im Almanach-Katalog einen Text (unter dem, wie er später sagte, falschen Titel ‚Stegreiftheater'[8]) publizierte, hoffte, an jener Veranstaltung teilnehmen zu können. Die Ver-

1 Siehe Fragment einer Autobiografie. In: Dietrich Helms, (Hg.), Vordemberge-Gildewart, Schriften und Vorträge, St. Gallen 1976, S. 25-27.

2 Siehe Bauhaus Archiv/Magdalena Droste, Bauhaus 1919-1933, Köln 1990, S. 102/103.

3 Siehe El Lissitzky, Demonstrationsräume. In: Die zwanziger Jahre in Hannover, Katalog des Kunstvereins Hannover 1962, S. 198 und 200.
Vgl. auch Dietrich Helms, Lissitzkys Demonstrationsräume. In: El Lissitzky, Katalog Kestner Gesellschaft, Hannover; Stedelijk van Abbemuseum, Eindhoven; Kunsthalle Basel, 1966, S. 26-28.

4 Vgl. Jean Leering, Eine Mappe mit Arbeiten El Lissitzkys. In: Friedrich Vordemberge-Gildewart, Typographie und Werbegestaltung, Katalog Museum Wiesbaden 1990, S. 67/68.
Siehe dort auch Dietrich Helms, Vordemberge-Gildewart, Typograph und Werbegestalter, S. 16.

5 Kurt Schwitters, Normalbühne Merz 1925. In: Friedhelm Lach (Hg.), Kurt Schwitters, Das Literarische Werk, Band 5, Köln 1981, S. 202-204.

6 Friedrich Kiesler (Hg.), Internationale Ausstellung neuer Theatertechnik, Wien 1924, Katalog - Programm - Almanach, Wien 1924, Umschlag.

7 Alexander Tairoff, Das entfesselte Theater, Aufzeichnungen eines Regisseurs, 2. Auflage, Potsdam 1927, Einband von El Lissitzky.

8 Kurt Schwitters und Franz Rolan, Stegreiftheater MERZ. Ein Dialog mit Einwürfen aus dem Publikum. In: Friedrich Kiesler (Hg.), Internationale Ausstellung neuer Theatertechnik, Wien 1924, S. 26-33.
Dazu Kurt Schwitters, Normalbühne MERZ 1925, a.a.O., S. 206.

bindungen zu internationalen Avantgarde-Aktivitäten, an denen Vordemberge-Gildewart teilnehmen konnte, sind im folgenden mehrfach über Schwitters zustande gekommen.

Nach diesen Bildkompositionen von 1924 hat es keine Bildwerke Vordemberge-Gildewarts mit Bühnenanspielungen mehr gegeben. Wohl aber hat der Künstler wiederholt seine Auffassung von der Parallelität absoluter Bildgestaltung und neuer Tanz- und Filmkunst ausgedrückt. Er sah in einem 1927 in der Zeitschrift ‚De Stijl' erschienenen Text[9] das Verbindende in der unmittelbar wirksamen (nicht auf anderes - einen Bildgegenstand, ein Libretto - verweisenden) Verwendung der Elemente und Materialien: „ton, farbe, licht, fläche, zeit, raum, bewegung, intervall" und konstatierte: „kompositionsgesetze und -reize der malerei sind in dem gebiet der choreografie gelandet und hier erst für den heutigen menschen zum höchsten reiz und zur stärksten spannung entfaltet."

Eine erste Gelegenheit, auf die von ihm gesehene Parallelität zwischen neuer Tanzkunst, Film und absoluter Bildgestaltung hinzuweisen, bot sich ihm 1925 bei der Einführung einer Veranstaltung der Kestner-Gesellschaft ‚Der absolute Film'[10]. Vordemberge-Gildewart hatte die Filme zuvor in Berlin sehen können und es ist denkbar, daß der Titel der angeführten Bildkomposition ‚Mechanisches Zwischenspiel' eine Hommage an den u.a. gezeigten Film ‚Entr'Acte' von René Clair und Francis Picabia darstellt. Denn, das belegen private Aufzeichnungen aus jenen Tagen, es kam zwar der ‚Symphonie Diagonale' von Viking Eggeling nach Vordemberge-Gildewarts Urteil das höchste Lob zu, doch konnte er sich auch der Wirkung des eher dadaistischen Werkes von Picabia/Clair nicht entziehen. Mag sein, daß ihn die Anregung dieses Filmes dazu brachte, in euphorischer Stimmung nach Vortrag und Filmvorführung im Atelier zu posieren: mit Einglas durch einen leeren Rahmen blikkend, hinter einem Küchenstilleben, in Bildumgebung - eingespannt zwischen banaler Gegenständlichkeit und Bildwirklichkeit, gerahmt selbst ins Bild gesetzt. Auffällig ist an diesem Fotoarrangement, daß Ähnlichkeit zwischen dem gestellten Bild und dem im Atelierhintergrund sichtbaren Werk (‚Rot konstruiert'/1924) erkennbar wird[11].

Die Beziehung zwischen einer Figur und einem Bild, bzw. Bildzeichen, ist Thema zweier undatierter Skizzen Vordemberge-Gildewarts, die im Nachlaß des Künstlers aufgefunden worden sind. Auf dem einen Blatt (D 23) wird in einer Abfolge von sechs Skizzen eine Bildverwandlung dargestellt, das Bild durch in den letzten beiden Phasen der Abfolge hinzugesellte Standfiguren als Bühnenprospekt ausgewiesen. In diesen Skizzen tritt neben anderen geometrischen - zum Teil in Abwandlung wiederholten - Formen und Schrift mehrfach das Signum ‚K' auf, im vorletzten Bildfeld - hinter/über der Standfigur - in einen Rahmen gesetzt. ‚K' war das Signum der Ausstellungsgruppe, die Vordemberge-Gildewart 1924 mit seinem Freund Hans Nitschke bildete, es stand für ‚Konstruktivismus'. Es war zugleich Bildzeichen, das die elementaren Bildrichtungen vergegenwärtigte. Es hat ein verschollenes Bild von Vordemberge-Gildewart gegeben, die Komposition ‚K', die - entsprechend der Skizze in der Skizze auf unserem Blatt - aus einem leeren Bildrahmen mit eingesetztem ausgeschnittenen ‚K' bestand. Diese Komposition war, wie Vordemberge-Gildewart im Fragment einer Autobiografie[12] berichtet hat, Anlaß, daß Van Doesburg Vordemberge-Gildewart als Mitstreiter in der Stijl-Gruppe akzeptierte.

Es gibt eine weitere Skizze auf einem gedruckten Briefbogen der Gruppe ‚K', die eine stehende Tanzfigur unter dem Signum ‚K' zeigt (D 23a). Diese Performance, scheint es, war personenbezogen gedacht: wenn auf dem Blatt mit der Szenenabfolge der Name ‚dadá' hinzugesetzt ist, so deutet das auf Ilse Leda hin, des Künstlers spätere Frau. Der im Freundeskreis um Vordemberge-Gildewart und Schwitters für sie übliche Beiname ‚Dadá' war ihr vermutlich von letzterem zugedacht worden, es findet sich jedenfalls im Gästebuch Vordemberge-Gildewart eine Eintragung[13] von Schwitters als ‚Merz' signiert, in der der Familienname Leda durch die Verdoppelung seiner zweiten Silbe zu LEDADA wird (27.10.1925). Es ist der Eintrag mit dieser Huldigung auch der erste Beleg im Gästebuch, daß Ilse Leda in den Kreis aufgenommen worden war.

Durch Ilse Leda personifizierte sich Vordemberge-Gildewarts Neigung zur Tanzkunst. Er hatte - wie Ilse Vordemberge-Leda gegenüber Gerhard Weber bezeugt hat[14], Einfluß darauf, daß sie sich 1927-29 in der Schule von Yvonne Georgi und Harald Kreutzberg zur Tänzerin ausbilden ließ. Ihr wurde im Abschlußdiplom besondere tanzpädagogische Qualifikation zugesprochen, sie führte dann auch ab 1930 eine Tanz- und Gymnastikschule in Hannover, trat mit von ihr ausgebildeten Gruppen auf. Sie führte diese Aktivität 1936/37 in Berlin mit ihrer ‚ersten jüdischen Tanzgruppe', die noch in Veranstaltungen der jüdischen Kulturbünde auftreten konnte, fort. Der Versuch, durch Vermittlung von R.M. Baldessari - der auch Vordemberge-Gildewart ein Fortkommen in Italien in Aussicht gestellt hatte - in Italien unter Obhut der Futuristen auf Tournee gehen zu können, schlug fehl. Mit der Emigration nach Holland erlosch die Tanzkarriere Ilse Vordemberge-Ledas.

Als diese mit Eintritt Ilse Ledas in die Ausbildung bei Yvonne Georgi und Harald Kreutzberg 1927 begann, sah sich Vordemberge-Gildewart veranlaßt, nach Rechtfertigung für die Abwendung von der Idee einer konstruktivistischen Schaugestaltung, die Schauspieler und Tänzer negiert, sie einband in den Formzwang geometrisch-stereometrischer Bühnenbildungen, zu suchen. Er fand sie offenbar in der Lektüre von Alexander Tairoffs Buch ‚Das entfesselte Theater', das in zweiter deutscher Auflage 1927 erschienen war. Im Exemplar Vordemberge-Gildewarts sind Notizblätter eingelegt, die seine Auseinandersetzung mit den Reformideen Tairoffs belegen. Dessen Hauptthese, dem Schauspieler/Tänzer müsse wieder Raum gegeben werden auf der Bühne, auf ihn sei Theater zu konzentrieren, fand jetzt Vordemberge-Gildewarts Zustimmung. Bezeichnenderweise bezog er an der Stelle (S. 46/47), an der Tairoff von der Darstellung des Tragischen und zugleich dessen Überwindung spricht, dem Höhepunkt der Tanzkunst, dies auf ‚dadá-Georgi'.

Als Notizzettel benutzte Vordemberge-Gildewart bei der Tairoff-Lektüre zerteilte Briefbögen der Gruppe ‚K'. Diese Briefbögen waren 1927, als die Gruppe ‚K' in der neu gegründeten Gruppe ‚die abstrakten hannover' aufging, Makulatur geworden. Es läßt sich davon ausgehen, daß auch die Zeichnung einer Tänzerin auf solchem Bogen aus dieser Zeit stammt.

Zu praktikablen Entwürfen einer Tanzbühne kam Vordemberge-Gildewart danach in einigen aquarellierten Zeichnungen (B 51). Sie zeigen einen durch eine Staffelung verschiedenfarbiger Bahnen eingefaßten Bühnenraum. Zwischen diesen Bahnen ist allseitig Zu- und Abgang der Akteure möglich. In typographischen Arbeiten, Entwürfen für ein Plakat oder einen Prospekt für Yvonne Georgi (T 182-185), ist dies Wandsystem variiert: erscheinen Teile in den Raum geneigt, dramatisiert. Auf

9 Vordemberge-Gildewart, die unvergleichliche mechanik. In: De Stijl, Nr. 79-84, Leiden 1927, S. 106-108.

10 Manuskript im Archiv der Stiftung Vordemberge-Gildewart, Rapperswil. Nachdruck in: Dietrich Helms, (Hg.), Vordemberge-Gildewart, Schriften und Vorträge, St. Gallen 1976, S. 12-14.

11 Reproduktion in: Richard P. Lohse (Hg.), vordemberge-gildewart, eine bild-biografie, Teufen 1959, S. 16, Abb. 28.

12 Siehe Anmerkung 1

13 Reproduktion siehe Arta Valstar, Friedrich Vordemberge-Gildewart. Die Hannoveraner Jahre im Spiegel seiner Gäste. In: Friedrich Vordemberge-Gildewart, Katalog Wilhelm-Hack-Museum, Ludwigshafen am Rhein, 1985, S. 13, Abb. 6.
Vgl. auch Gerhard Weber, Hommage à Ilse-Leda-Tänzerin, Seite 57 in diesem Katalog.

14 vgl. Gerhard Weber, Vordemberge-Gildewart - his friends - his circle. In: Vordemberge-Gildewart remembered, Katalog Annely Juda Fine Art, London 1974, S. 60.

„Mechanisches Zwischenspiel", Collage, Blei und Tinte, 1924 (C 27), 34,9 x 29,6 cm, Sammlung Erwin Mutschler, Neu-Ulm

„Yvonne Georgi", Farbskizze zu Prospekt oder Plakat, undatiert (T 182), 20,7 x 13 cm

den Bühnenaquarellen wiederholt sich eine Randskizze, die eine schlängelnde Bewegung um die - im Grundriß angedeuteten - Kulissenbahnen herum zeigt, eine Tanzfigur. Ein Aquarell (W 1), das vom selben Block stammt wie die Bühnenentwürfe, verabsolutiert diese Figur, stellt zwei hellblaue, einander entgegengerichtete, gegeneinander versetzte Schleifformen und eine korrespondierende Schrägbahn aus waagerechten Parallellinien dar.

Vergleicht man diese Bühnenskizzen Vordemberge-Gildewarts mit der Normalbühne MERZ des Freundes Schwitters, so ist die Bühne Vordemberge-Gildewarts in ihrer Ausstattung weiter reduziert. Auch bei Schwitters waren senkrechte Kulissenwände vorgesehen, wendbar, auf der einen Seite grau, der anderen schwarz, der Farbakzent lag jedoch auf beweglichen einschiebbaren Teilen. Schwitters hatte einen Bildapparat entworfen, in dem Akteure mitwirkend auftreten sollten. Er dachte an Schauspiel, sprach auch von Sitzmöglichkeiten und Handlungsrequisiten für Schauspieler[15]. Vordemberge-Gildewarts Bühne hingegen ließ Raum für tänzerische Aktion, freie Entfaltung, Ausrichtung, Wechsel. Der Farb-Umraum bot Bezüge, forderte raumgestaltende Tanzkunst.

Auf diese Bühnenmöglichkeit lassen sich Ausführungen Ilse Vordemberge-Ledas, an denen Vordemberge-Gildewart offenbar mitformuliert hat, beziehen[16]. Sie entstanden, als Ilse Vordemberge-Leda hoffte, mit ihrer Tanzgruppe in Italien auf Tournee gehen zu können, sollten dem Vermittler R.M. Baldessari als Werbe-Unterlage dienen. Es heißt darin - abgesetzt gegen die Darstellung des Balletts in seiner überkommenen handwerklichen Vollkommenheit -: „Die Vielseitigkeit der tänzerischen Bewegung zeigte als Erster Rudolf von Laban, der Begründer der modernen Tanzkunst. Er erkannte die Beziehung des Körpers zum Raum und daß der Tanz Bewegung sei und nicht Pose, das heißt, daß der Ablauf ebenso wichtig ist wie der Ansatz oder das Ende einer Bewegung. - Während das Ballett das Reale ignoriert und ihm durch die ‚Flucht ins Aetherische' (Schikowsky) die Täuschung über die natürlichen Gesetze des Körpers gelingt, spiegelt der moderne Tanz das Lebendige des Fühlens, die Scala des menschlichen Erlebens wider. ... Das centrale Problem aber, mit dem sich der moderne Tänzer im Augenblick beschäftigt, ist, die den musikalischen Stoffen innenwohnende Architektur als Dreidimensionalität in der tänzerischen Darstellung zu gestalten."

Man möchte die Bühnenentwürfe, von denen hier die Rede ist, in die Berliner Zeit der Vordemberges, 1936/37, einordnen. Der verwandte Aquarellblock stammt zwar - laut Stempel - aus einem hannoverschen Geschäft, das besagt aber nicht, daß er auch noch in Hannover zu diesen Entwürfen benutzt worden sei. Der Künstler hat Bilder und Material nach Berlin mit sich geführt. Kontakte zu Yvonne Georgi gab es auch in Berlin, so daß Vordemberge-Gildewarts Arbeiten für sie erklärbar wären. Andererseits gibt es ein dem Aquarell mit den gegenläufigen Schleifformen entsprechendes Bildzeichen zur Illumination eines Gedichtes (H. Marsman, Afscheid) von Vordemberge-Gildewart auch 1941 in Amsterdam (T 425, 427, 430). Es war ihm dort eben in diesem Jahr ein Teil seiner verlorengeglaubten Habe aus Berlin wieder zugekommen: mag sein, daß ihn die Beschäftigung mit früheren Entwürfen in dem Moment zur Wiederverwendung des Motivs, dieser Bewegungsform, angeregt hat.

Aus der Amsterdamer Zeit stammt dann auch eine Folge von sieben Bühnenskizzen (B 52, 1-7), die ein Gerüst festhalten, das eine räumliche Bewegungsschleife ermöglicht: Aufstieg über eine Treppe zu einer Brücke, Abstieg, Umkehr und Durchgang unter der Brücke. Diese Bewegungsform hat Vordemberge-Gildewart ähnlich wie die Doppelform in den aquarellierten Bühnenentwürfen mehrfach in Nebenskizzen verdeutlicht, sie auch kommentiert: „Immer interessant / quer durch + übereinander". Die Bewegungsführung einer Gruppe von Auftretenden war Vordemberge-Gildewarts Anliegen. Das gegenständliche Beiwerk wirkt demgegenüber eher banal oder geht ins Groteske: Der Künstler hat notiert, daß ein großes, seitlich am Gerüst angebrachtes Ohr nach einer Zeichnung fotografisch zu vergrößern sei. Der Hinweis auf den Amsterdamer Fotografen Van Leer ist ein Hinweis auf die ungefähre Entstehungszeit der Skizzen, ihre Details deuten auf ein konkretes Vorhaben (das sich jedoch bisher nicht hat identifizieren lassen).

Noch im Manifest ‚abstrakt - konkret - absolut'[17], im Album der Werke seiner niederländischen Epoche, in dem Vordemberge-Gildewart seine erarbeiteten Auffassungen zusammenfaßt, kommt er auf Tanzkunst zu sprechen. In einer Anmerkung benennt er seine Erwartung, die Tanzkunst werde Werke „nach den gesetzen der choreografie" schaffen: „wunderbar aufgebaute, räumliche, unvirtuose ‚tänzerische' kompositionen". Er sieht diesen Traum allerdings nur selten verwirklicht, oft schon wieder vergessen. Hingegen glaubt er den Weg frei, Prinzipien, die man bisher in Tanz oder Musik zu finden meinte - Zeit als aktiver Faktor eingebracht, die Betonung des Intervalls - in der absoluten Bildgestaltung zur Geltung zu bringen.

15 Siehe Kurt Schwitters, Normalbühne MERZ 1925, a.a.O., S. 206-212.

16 „Einiges über den Tanz", Typoskript, gez. „Ilse Vordemberge - Berlin". Dazu ein unabgeschlossenes Typoskript, beginnend: „ Ihrer Aufforderung nachzukommen, über Arbeit und Probleme einer jüdischen Tanzgruppe zu berichten, ...". Dazu Entwurf in der Handschrift Vordemberge-Gildewarts. Alle im Archiv der Stiftung Vordemberge-Gildewart, Rapperswil.

17 1949 in den Editions Duwaer in Amsterdam erschienen.

Gerhard Weber

Hommage à Ilse-Leda-Tänzerin

Ich weiß zwar noch, daß Ilse Leda, als ich sie mit Annely Juda 1973 in Rapperswil besuchte, uns Bilder zeigte, aber wie sie genau aussahen, habe ich längst vergessen. Die Skizzen, die ich damals meinem Tagebuch anvertraute, geben die Grundlage ab für meinen Artikel. Ich erinnere mich an das Haus in unverputztem Zement, eine Art von Architektur, streng, ohne Schmuck, wie sie am Bauhaus geübt wurde.

Die lächelnde Leda, mit dem Scheitel des glatten dunklen Haares auf der linken Seite (wie der geliebte Vordemberge ihn auch trug), sagt zu dem großen Bild aus dem Jahre 1926 (bei mir mit 130 x 150 notiert), es werde eventuell vom Centre George Pompidou gekauft, sie möchte 75.000 dafür haben (ich nehme an, sie meinte Schweizer Franken). Da schlag ich nach im Katalog, stimmt, es hängt jetzt dort. Ich sehe ein Bild mit Tapetenleisten. Leda, mein Erstaunen erkennend, kommentiert: „Vordemberge kam aus der Tischlerei. Bei seinem Vater arbeitete er als Handwerker". Sie weist auf das Gemälde aus dem Jahre 1927, auf dem die Demi-sphère (Halbkugel) zum ersten Mal verwendet worden sei, in meiner Skizze vermerkt: oben hellgrau übergehend in dunklere Grautöne, unten rot, weiß. Mir fällt eine Collage auf, schwarz auf schwarz mit schräger Linie, dann, ein Bild mit sich schneidenden Diagonalen (1947), eines aus dem Todesjahr 1962 mit dem Titel ‚Die sich drehenden Quadrate'. Da sind noch Photomontagen, in denen (scheinbar) aus Ölbildern stammende Elemente wie Blitze den schwarzen Grund aufreißen.

Was hat es mit der Dreiecks-Konstellation (1939/40, Kriegsausbruch) auf sich, warum hält sie mich fest? Weshalb notierte ich „Das Eigenleben des Dreiecks"? 1932 haben die beiden sich verheiratet, doch Leda, die Hannoveranerin, kennt ihren Friedrich schon seit fast zehn Jahren. Wir sind in das Zimmer gelangt, das Leda sich, hier in Rapperswil, eingerichtet hat. Es hängen Werke von Schwitters, Schlemmer, Lissitzky, Frottagen von Max Ernst an den Wänden: „Schwitters nannte mich Dada". Wortspielerisch, so wie er später, im englischen Exil, die Frau, mit der er zusammenlebte und die immer wieder fragte „Want tea?" Wantee nannte. „In Hannover nahm ich bei Yvonne Georgi Tanzunterricht, später auch bei Harald Kreutzberg."

Es war die Zeit, da Gret Palucca in Dresden-Hellerau einen neuen Tanz-Stil entwickelte. Man sprach vom ‚Ballett an sich'. Rudolf von Laban legte für den Tanz die Formbegriffe ‚Kraft Zeit Raum' fest, so, als knüpfe er an die körperentbundenen bilderfreien Bewegungen primitiver Völker an. Leda macht mich darauf aufmerksam, daß Schlemmer am Bauhaus ‚Die Figur im Raum' zur Darstellung brachte und diesem Prinzip tänzerischen Ausdruck verlieh.

In der Tat, das Theater-Kollektiv am Bauhaus (Dessau) versuchte, die Ideen von Molnar, Moholy-Nagy, Oskar Schlemmer in Bewegung umzusetzen. Dem ‚Dreieck-Kreis-Viereck' verlieh man eine Funktion. Die Elemente Erde, Feuer, Wasser, Luft wurden aus dem Bereich der Theorie in die (weitgehend utopisch bleibende?) ‚Praxis' einbezogen. Schlemmer, sich auf Kleists ‚Marionetten' berufend, kreierte die ‚Kunstfigur'. Albert Flocon, der unter Schlemmers Leitung an der Ba-Bü (Bauhausbühne) aktiv teilnahm, schreibt darüber. „Jeder der Tänze entwickelte um das zentrale Thema herum eine große Vielfalt...". Ein Kapitel seiner ‚Scénographies au bauhaus' überschreibt er ‚Leçons d'architecture', was uns zu Vordemberge zurückbringt.

Eine von Vordemberge-Gildewart im Atelier seines Lehrers Vierthaler um 1922 an einem Architektur-Relief entworfene Figur (nur ein Foto ist davon erhalten) gehört in ihrer tänzerischen Tendenz in den Bereich der von Schlemmer eingeleiteten Entwicklung. Meine Frage, ob Friedrich Vordemberge-Gildewart ihre Tanz-Liebhaberei positiv beurteilte, bejaht Leda. „Er half mir und ich glaube, daß das Ballett in seiner absoluten Form im Oeuvre seinen Niederschlag gefunden hat." Wir sehen uns das Bild (K 11) E-Bühne an, diese Collage mit Bleistift-Zeichnung und Wasserfarbe, eine stupende Vertikal-Horizontal-Komposition, in welcher der dunkle Kreis die (Welt-) Bühne des schöpferischen Geistes darzustellen scheint.

Der von mir etwa um die gleiche Zeit (1974) im Pariser Kurier veröffentlichte französische Artikel (im Oeuvre-Katalog nicht erwähnt) von der Vordemberge-Gildewart-Ausstellung in der Galerie Chauvelin gipfelt in den Definitionen, die ich als Hommage à Ilse Leda aufgefaßt haben möchte:

Danse de triangles autonomes
Chorégraphie des éléments premiers
Pas de deux pour diagonales dans l'espace

Man könnte daraus die metaphysische Schlußfolgerung ziehen: Des Künstlers Dreiecks-Kette ist in einer Weise in der Schwebe gehalten, daß sie andere, jenseitige Konstellationen voraussetzt.

Friedrich Vordemberge-Gildewart, Porträtaufnahme von Hugo Erfurth, 1932

Ilse Leda, Porträtaufnahme von Hugo Erfurth, 1932

Aquarell auf Titelblatt einer Mappe mit Raumphantasien, 1920 (S 19)

Selbstzeugnisse
Friedrich Vordemberge-Gildewart

Gestaltungs-Interessen

es ist charakteristisch in meiner entwicklung, daß bereits alle gebiete von anfang an von mir eingeschaltet wurden, nicht etwa aus kraftmeierei, sondern aus innerstem bedürfnis, alle gebiete der gestaltung zu untersuchen, zu beobachten und zu behandeln.

Brief an Will Grohmann vom 10.12.1953. Durchschlag des Typoskripts im Archiv der Stiftung Vordemberge-Gildewart, Rapperswil.

Über das Wort „Gestaltung"

das deutsche wort „gestaltung" ist nicht zu übersetzen, wenigstens kenne ich bis heute keine sprache, die das entsprechende wort hat. im holländischen wird ein wort benützt, das jedoch vollkommen unrichtig ist: formgebung (in holländisch „vormgeving"). formgebung ist rein aesthetisch, hingegen „gestaltung" ist schönheit nach gesetz, funktion und wachstum. daher ist es am besten, auch in der spanischen übersetzung das deutsche wort „gestaltung" zu verwenden.

die engländer nehmen in letzter zeit bei bildern für das wort „gestaltung" „pictorial logic". doch auch dieses wort ist nicht dasselbe wie „gestaltung".

Aus Brief an T. Maldonado vom 10.11.1953. Durchschlag des Typoskripts im Archiv der Stiftung Vordemberge-Gildewart, Rapperswil.

Fundamentale Unterschiede

In Architektur und Typographie ist das Anonyme das Ideal, in der Malerei und Plastik jedoch nicht.

Notiz o.D., im Zusammenhang mit dem Buchprojekt „Raum - Zeit - Fläche" ca. 1924-26 entstanden. Im Archiv der Stiftung Vordemberge-Gildewart, Rapperswil.

Auskunft über die Werkstatt August Vordemberge, Osnabrück

1839 gründete der Tischlermeister August Vordemberge in Osnabrück an der Großen Gildewart 27 eine Tischlerwerkstatt, die sich schon bis zum ersten Weltkrieg zu einer mechanischen Werkstatt für Bau und Möbel erweiterte. Bereits zu dieser Zeit konnte die Firma Aug. Vordemberge die angesehendsten Bürger mit ihren Villenneubauten zu ihrer Stammkundschaft rechnen. Doch neben diesen Aufträgen genoß die Firma in besonderem Maße das Vertrauen des Magistrats der Stadt Osnabrück und des Stadtbauamtes. Kirchen, Krankenhäuser wurden durch die Firma Vordemberge ausgebaut; es dürfte kein Zufall sein, daß diese Beziehungen aufgrund von Leistung und Vertrauen bis auf den heutigen Tag nach mehr als 60 Jahren erhalten geblieben und verstärkt worden sind. Hinzu kommen die Innenausbauten von Geschäftshäusern wie Zeitungsverlagen, Banken und Apotheken in Osnabrück und weiterer Umgebung (Filialen).

Der Tischlermeister Vordemberge war mehrere Jahre Ausschußmitglied der Osnabrücker Handwerkskammer und Vorstandsmitglied der Tischlerinnung sowie Mitglied der Gesellenprüfungskommission.

Die Firma wird heute in zweiter Generation weitergeführt, der Inhaber verstarb 1944. Auf der Ausstellung der Nordwestdeutschen Handwerkskammer 1925 zu Osnabrück erhielt die Firma Vordemberge den 1. Preis (Goldmedaille).

Nach vollständiger Zerstörung der Werkstätten und des Wohnhauses wurde beides nach dem Kriege durch die beiden Töchter des Herrn August Vordemberge vergrößert wieder aufgebaut. Werkstätten und Maschinensaal dürften im Handwerkskammerbezirk Osnabrück den modernsten Anforderungen entsprechen.

Die zwei Söhne des Inhabers konnten studieren, der Älteste, Friedrich Vordemberge, genoß die künstlerische Ausbildung an der Kunstgewerbeschule und der Technischen Hochschule in Hannover und ist heute Hochschullehrer an der Hochschule für Gestaltung in Ulm. Der jüngere Bruder ist Jurist.

Typoskript ohne Überschrift, mit handschriftlichen Zusätzen, datiert auf den 9.2.1961, mit Angabe der Adresse der Hochschule für Gestaltung in Ulm. Im Archiv der Stiftung Vordemberge-Gildewart, Rapperswil. Vordemberge-Gildewart hat diese kurze Darstellung auf Verlangen des Amsterdamer Advokaten Van Wies verfaßt, der sich um Wiedergutmachungsansprüche der Vordemberges kümmerte.

Das Museum für das vorbildliche Serienprodukt - Günther-Wagner-Stiftung, Hannover 1930

Nach der Sonderschau des Schweizerischen Werkbundes, „Die gute Form", an der Schweizer Mustermesse Basel 1949, durch Max Bill inszeniert und gestaltet, nach der Publikation „Die gute Form" in der Sondernummer „Werk" vom August 1949 und nach den vielen Kongressen und Veranstaltungen zum Thema „Industrielle Formgebung" dürfte es nun an der Zeit sein, auf ein Ereignis hinzuweisen, das anscheinend im Trubel der heutigen Zeit völlig übersehen und vergessen wurde.

1930 wurde in Hannover als Günther-Wagner-Stiftung das „Museum für das vorbildliche Serienprodukt" gegründet. Damit nahm die avantgardistische Kestner-Gesellschaft in ihr Programm auch diese Seite der Gestaltung auf. Die Lage und Situation war umso günstiger, als gerade der künstlerische Leiter der Kestner-Gesellschaft, Dr. Justus Bier, neben Dorner der Hauptinitiant dieses Projektes war. Wie schon so oft so hatte auch diesmal die Firma Günther Wagner mitgeholfen, eine Idee zu realisieren. Und bereits im Dezember 1930 konnte die erste Wanderausstellung in der Kestner-Gesellschaft eröffnet werden: „Reine Form im Hausgerät".

In der Sondernummer „Werk" (August 1949) erzählt Henry van de Velde von seinen Plänen zur Errichtung eines „Museums der reinen Form" aus seiner Weimarer Zeit vor dem ersten Weltkrieg, wie der Krieg all die schönen Pläne vereitelt habe ... und wie er dann zu seiner Überraschung 1949 die obenerwähnte Sonderschau „Die gute Form" in Basel angetroffen habe.

Bei meinem Besuch bei Van de Velde im Herbst dieses Jahres berichtete ich ihm von dem 1930 errichteten Museum zu Hannover, was ihm bis dato unbekannt geblieben war. Mit größtem Interesse vernahm er alle Details, die zu geben ich umsomehr in der Lage war, weil die Ausstellung in der Kestner-Gesellschaft durch mich und meinen Kollegen Hans Nitzschke gestaltet und aufgebaut wurde. Während unserer Unterhaltung bekundete Van de Velde seine Freude über den Namen des Museums: „Was heißt schon ‚gute' Form? Auf die reine Form kommt es an!"

Nach diesem mehr oder wenigen privaten Bericht über die Errichtung des Museums zu Hannover ist es wohl angebracht, der weiteren Öffentlichkeit von diesem Projekt und seiner Ausführung zu berichten. Leider hatte das Museum kein langes Leben, da die aufkommenden Tendenzen von 1933 gerade alle avantgardistischen Ziele der Kestner-Gesellschaft bereits sehr früh hemmten.

Wenn es auch nur gelang, die erste Serie eines größeren Programms auszuführen, nämlich „Reine Form im Hausgerät", so bedeutet das nicht, daß es nur beim Hausgerät allein geblieben wäre.

Im Gegensatz zur Basler Werkbund-Ausstellung wurden alle Elemente des heutigen Wohnens nicht durch Photos demonstriert, sondern durch Original-Gegenstände. Diese Auffassung hat sich sicherlich als die richtige erwiesen, da ja für den Besucher einer Ausstellung der ungeheure Reiz darin besteht, den Gegenstand in seinem Originalmaterial sehen, anfassen, umfassen, richtig auswiegen und somit genießen zu können.

Was Photos nie zu erreichen vermögen, konnte hier gegeben werden: der Material-Kontrast an einem Gegenstand und der Material-Kontrast beim Durchlaufen der ganzen Ausstellung. Ermüdung durch Anschauen von Photos kam nie auf. Und was sehr wesentlich ist: der Gegenstand erschien in seiner Originalgröße und wurde nicht über den Umweg eines Photos idealisiert oder entwertet!

Während es in einer Publikation vielleicht noch gestattet ist, groß gesehen auf die Verwandtschaft spielender Kräfte hinzuweisen, so wurde in diesem Museum ganz bewußt auf eine Vermanschung von Hausgerät mit absoluter Gestaltung in Bild und Plastik verzichtet. Hingegen wurde sehr großer Wert darauf gelegt, nicht nur alle Gegenstände mit Angabe des Herstellers, Entwerfers und Entstehungsjahres zu versehen, sondern auch mit Ladenpreisen. Somit konnte der Besucher und Interessent sehen, daß die Gegenstände in diesem Museum oft preiswerter waren als Kitschware.

Also keine Produkte für Auserwählte, sondern für alle! „Eine reine Form, an einem der Standardprodukte der Weltindustrie entwickelt, wird zum Besitz aller Menschen, übt ihre Wirkung auf jedes Auge", wie Justus Bier in seiner Einführung sagte.

Wichtige Fragen wurden durch Erläuterungstexte und vergleichende Gegenüberstellungen sowie durch Vorträge behandelt: „Wie entsteht ein Serienprodukt?"
„Serienprodukt und individuelles Einzelerzeugnis."
„Maschinelle Arbeit und Handwerkserzeugnis."
„Dekorierte Form oder Schönheit durch die Form an sich."
„Ornamentale Willkür oder Zweckform."
„Gesuchte Modernität und echte Standardform."
„Seit 200 Jahren im Gebrauch befindliche, modern gebliebene Formen."
„Neue Form durch neue Materialien und neue Arbeitsmethoden." usw.

Entsprechend der noblen Haltung der alten Kestner-Gesellschaft wurde in der Einleitung darauf aufmerksam gemacht, daß sie keinen Anspruch darauf machte, etwa als erste Gründerin eines solchen Museums angesprochen zu werden. Vielmehr wollte dieses Museum jene Aufgabe übernehmen, die in den Jahren vor dem ersten Weltkrieg „Das deutsche Museum für Kunst, Handel und Industrie" in Hagen (Westfalen) erfüllt hatte, das bekanntlich eine Gründung von Karl Ernst Osthaus war, der ja auch wie bekannt das Folkwang-Museum ins Leben rief.

Manuskript, auf den 25.10.1952 datiert, im Archiv der Stiftung Vordemberge-Gildewart, Rapperswil. Veröffentlicht in: WERK, 39. Jahrgang, Heft 12, Winterthur Dezember 1952 - Werkchronik, S. 171. Dort mit einer Abbildung des von Vordemberge-Gildewart gestalteten Katalog-Umschlages zur Ausstellung „Reine Form im Hausgerät" in der Kestner-Gesellschaft Hannover 1930/31 (T 110).

Nachdruck in: Dietrich Helms (Hg.), Friedrich Vordemberge-Gildewart, Schriften und Vorträge, St. Gallen 1976, S. 61, 62.

architektur – keine optische wertung

die sogenannte jahrtausende alte kunstgeschichte hat uns alle so trainiert, dass die architektur immer die führung in der bildenden kunst gehabt hat - und nach wie vor auch noch hat.

diese, ihr angehimmelte „führung“ wurde sogar noch auf der letzten revue in stuttgart[1] *der architektur einmal mehr verantwortungsvoll klingend zugesprochen. allerdings mehr in dem literarischen getue der zeitschriften und beigaben, als in der praxis.*

um nun zu meiner behauptung zu gelangen, dass die heutige architektur (mit „führung“) nicht mehr in das gebiet der „bildenden künste“ gehört, muss ich erst auf etwas anderes zurückgreifen.

wie wir wissen, gibt es ausser der natur noch zwei wege, um etwas „schön“ zu finden oder „schön“ gestalten zu können. die bekanntere art ist die „schöpferische gestaltung“. diese als kunst bezeichnete handlung ist praktisch zweck-los, nur sich selbst zweck. die elemente zur schöpferischen gestaltung sind bekannt und gipfeln in den drei gattungen: raum, zeit, fläche. nun gibt es aber auch noch sachen aus dem praktischen leben, die auf dem wege der erfahrung eine ungemein wirkende leistungsfähigkeit durch die normung haben (nach dem prinzip der heutigen schöpferischen gestaltung: durch ein minimum an mitteln zu einem maximum an kraft und spannung, oder in diesem fall leistung).

alle diese dinge: lokomotive, auto, flugzeug, büromöbel, lampen, geschirr, instrumente etc. sind infolge ihrer fabelhaften, ausgerechneten und intellektuell beobachteten leistung (und wirkung) zunächst ungeheuer praktisch und dankbar, das heisst also angenehm.

gleichzeitig haben eigentümlicherweise alle diese auf dem wege des standards entwickelten und entstandenen dinge später die wirkung des „schönen“.

in dieses gebiet ist nun auch die heutige architektur gerückt! es ist weiter unmöglich, den bisher gewohnten unterschied von innen- und aussenarchitektur aufrecht zu erhalten, denn aus den drei komponenten: lage, bestimmung des wohn-apparates (bzw. lebensart des bewohners) und finanzen wird die wohnsituation konstruiert! die ausführung geschieht durch ein heutiges material und eine heutige arbeitsmethode! und diese architektur hinterlässt dann fast von selbst die äussere grenze! nur grenze, bitte, nicht etwa übungsfeld für „moderne manieren“.

eine derartige fassade wird allerdings dann auch ästhetisch immer ihren reiz haben. sie wird sogar wirkungen und aufteilungen bringen, die überraschen und, primär gewollt, vielleicht niemals in der fantasie so leicht entstanden wären. das wichtigste ist, dass durch den funktionellen prozess niemals eine manier heraufbeschworen und gezüchtet wird! (dies den lieben „modernen architekten“ ins ohr.)

daher kommt es, dass eine in dieser art gewertete funktionelle architektur oft zuerst „komisch“ aussieht. wie gesagt: aussieht! aber diese architektur will ja auch gar nicht optisch gewertet, beobachtet und kontrolliert sein. denn der irrtum in der sogenannten „modernen architektur“ ist das primär optisch ästhetisch gewollte: fabelhafte überschneidungen, die bengalisch wirken, unterstreichungen mit farben oder kühne konstruktionen (eher als bühnenbild brauchbar) usw. - dieser irrtum gleicht dem irrtum in der malerei: das sujet; im film: das szenarium.

dieses alles hier geforderte hat nichts mit radikalismus zu tun, der etwa schon äusserlich in den bisherigen bauschlendrian einmal schwung bringen soll: nein! es sind nur tatsachen, tatsachen, die beweisen, dass das bisher noch geschaffene haus glattweg an seiner bestimmung vorbeiging.

um eine wirkliche architektur zustande zu bringen, bedarf es unbedingt einer vielseitigen kenntnis der mittel und wege der lebensform, denn gerade diese komponente in der architektur hat den grossen stoss zu einer neuen wohnsituation gegeben, dabei dankbar unterstützt in der ausführung durch das wissen und können in dem jetzt endlich befreiten material. das ziel ist sehr klar und einfach: eine situation zu schaffen, die instrument ist zum leben, und nicht des lebens.

Manuskript im Archiv der Stiftung Vordemberge-Gildewart, Rapperswil, datiert April 1927 - Januar 1928. Leicht gekürzt. Erstveröffentlichung in: Dietrich Helms (Hg.), Friedrich Vordemberge-Gildewart, Schriften und Vorträge, St. Gallen 1976, S.18, 19.

Anmerkung

[1] Mit „revue in stuttgart“ ist die internationale Werkbundausstellung am Weißenhof, Stuttgart 1927, gemeint.

Müde Menschen - verspätete Kunst - heutige Gestaltung (Auszug)

Wir waren gewohnt, Architektur noch immer als Komposition zu betrachten. Vor allem die Innenräume. Ja, man ging sogar so weit, die Außen-Architektur nach den Gesetzen der Rundplastik zu gestalten, was bei einem freistehenden Haus technisch ... eher möglich war als bei den Reihenhäusern. Diese freien Häuser, die nach den Gesetzen der Rundplastik als Komposition gewertet wurden, waren tatsächlich so komponiert, daß es nirgends ein Hinten oder Vorn, kein Oben und Unten oder überhaupt eine schwache Stelle gab, die beziehungslos und fremd zum ganzen Kubus stand. Insofern war eine derartige Architektur schon weitaus ehrlicher als der sogenannte Villenstil aus der Vorkriegszeit.

Man begann nun mit großer Mühe die Gesetze und Wirkungen der abstrakten Malerei in die Architektur zu übertragen und kultivierte die Hausflächen, also die Fassaden, versuchte nicht etwa, Farbe als äußeren Anstrich nachträglich als Steigerung oder als Kontrast aufzutragen, sondern es war bei dem Entwurf dieser Architektur direkt mit Farbwerten komponiert worden! Einmal entstanden diese Valeurs der Farben allerdings noch durch Anstrich, dann aber vor allem durch verschiedene Baumaterialien wie Eisen, Eisenbeton, Glas, Keramik. Diese Materialien konnten infolge ihrer verschiedenen äußeren Faktur, ihrer Beschaffenheit und Sprödigkeit so abgestimmt werden, daß wirklich ein großer Reiz und großer Ausdruck erreicht wurde. ...

Man würde gegen diese Kunst in der Architektur absolut nichts einzuwenden haben, wenn nicht ein großes Manko an der Sache wäre. Nämlich: die Aufteilung der Fassaden geschah eben immer zu Gunsten eines künstlerischen Reizes. Und diese Handlung fiel fast immer zu Ungunsten und Unbequemlichkeit des inneren Lebensprocesses aus. Da aber dieser innere Vorgang der Architektur den Stempel aufdrückt, ist es unerläßlich, so bitter und schwer es fällt, auf den künstlerischen Baublock zu verzichten.

Die Art und Weise, daß an dem Bauproceß Architekt und Innen-Architekt sich die Arbeit teilen, ist vollständig unmöglich. Von Innen wird die Architektur gestaltet, und nicht umgekehrt. ...

Die heutige Architektur ... genießt keine optische Wertung mehr, wie ein Kunstwerk. Sie ist ganz in das Gebiet der praktischen Situation gerückt. Nämlich ein Instrument zu schaffen. Und zwar ein Instrument zum Leben und nicht des Lebens! Hiermit hat sich bewahrheitet, was Theo van Doesburg ... hier in Hannover vor 5-6 Jahren prophezeite: Kunst als Hemmnis der Gestaltung. Und so werden wir jetzt erleben, daß die Architektur, befreit von dem künstlerischen Ballast, aufatmet und endlich ganz ihre Mission erfüllen kann.

Das Manuskript „architektur - keine optische wertung“ enthält in nur gering variierter Fassung das Kernstück eines längeren Vortrages, den der Künstler am 19.10.1928 auf dem 9. Vortrags- und Gesellschaftsabend der Gruppe „die abstrakten hannover“ gehalten hat. Der Titel jenes Vortrages lautete: „Müde Menschen - verspätete Kunst - heutige Gestaltung“. Der Vortrag spitzte sich jedoch gegenüber diesem breiter ausholenden Titel auf Architektur, bzw. das Verhältnis von Architektur und Kunst zu.

Es werden hier aus dem Vortragsmanuskript einige Passagen zitiert, die das in dem knapper gefaßten Manuskript „architektur - keine optische wertung“ Gesagte erklärend ergänzen.

farbe als raumbildendes element in der architektur

alles hat farbe, alles ist reich an farben, ein leben ohne farbe gibt es nicht; alles hat farbe, selbst das farbmaterial, doch nicht das farbmaterial allein.

auch jedes material hat farbe, so wie die
luft und das licht
gold und naturstein
holz und stoffe
metall und kork
beton und samt
glas und leder
kies und luft
marmor und licht.

wie sie sehen, habe ich bei der aufzählung den kontrast des materials deutlich machen wollen. mit dem charakter des materials kommen automatisch die äussersten gegensätze in der struktur zum ausdruck, wie:

glatt gegen rauh
glänzend gegen matt
hart gegen weich
laut gegen leise.

dieses gefühl für kontraste ist eine der wichtigsten grundlagen in der gestaltung. dieses gefühl für das material wurde im 19. jahrhundert völlig vernachlässigt. darum war es für jeden studierenden schon am „bauhaus“ obligatorisch, einem vor-kursus zu folgen, in dem materialstudien den ausgangspunkt jedweder künstlerischen gestaltung bildeten.

neben der linearen perspektive gibt es auch eine perspektive dank der farbenergien. nichts ist wirkkräftiger als die farbe. ein und derselbe gegenstand verändert sich fortgesetzt im ausdruck, wenn er in verschiedenen farbbehandlungen auftritt. eine ihnen bekannte häuserfront einschliesslich verkehrsmittel und personen würde nicht wiederzuerkennen sein, wenn zum beispiel die architektur plötzlich grün wäre, die strassenbahn weiss und die menschen violett - es käme einem spuk gleich. architekt bruno taut hat nach dem ersten weltkrieg in magdeburg versucht, die kitsch-architektur der alten häuser durch eine farbe zu gruppieren, um damit eine gewisse ruhe zu erreichen. doch diese auffassung wurde zu einem misserfolg, weil in diesem fall die farbe nur als „rettender engel“ auftreten sollte.

dank der sozialen entwicklung verschwinden auf der einen seite mehr und mehr die grossen paläste und gleichzeitig die slums, und entstehen auf der anderen seite mehr und mehr neuzeitliche mietwohnungen und landhäuser. es wäre unsinn und ohne jede motivierung, den reichtum, die pracht und die verschiedenheit eines palazzo (wie das wohnen und arbeiten, empfangen und repräsentieren, grosse und kleine gemächer, offizielle und private räume) auf eine mietwohnung zu übertragen, ganz abgesehen davon, dass es parvenuehaft wäre, ist es auch rein wohntechnisch unmöglich, denn schliesslich und endlich ist eine ein-familien-wohnung kein miniatur-palais. in einer 2- bis 3-Zimmerwohnung darf man nicht bereits des morgens beim erwachen einer farbgestaltung gegenübergestellt werden, die so anspruchsvoll ist, dass man nicht daran vorbeigehen kann, ohne eine „révérence“ zu machen. in kleinen behausungen muss die farbe, ganz gleich in welcher form, sehr neutral, bescheiden und unaufdringlich sein. doch darf die farbe aktiv als raumbildendes element gehandhabt werden. leise farben als raumvergrösserndes element.

bei der farbbetonung geht man stets von der fläche aus (die fläche bildet den raum). darum ist es falsch, die farbe bei nebensächlichen details stark anzuwenden, details wie fensterumrahmungen, türumrahmungen, fussleisten, flächenstörende, raumstörende elemente, die sich nun einmal in einem bau nicht umgehen lassen, dürfen durch farbgestaltung nicht so wichtig werden, dass überall im raum statt farb-harmonien farb-explosionen entstehen.

der gestalter einer raumsituation, architekt wie maler, muss die funktion dieses raumes studieren und ebenfalls die funktion des menschen zum raum. das „form follows function" von sullivan gilt auch für die farbe: „colour follows function". es ergibt sich die unterscheidung von konstanten, stabilen elementen (wand und decke, boden, fenster, teppich, eingebaute möbel) und mobilen elementen (schiebewände, der mensch und seine kleidung, tische und sitzmöbel, vorhangstoffe, bilder, plastiken, teppiche). dazu gibt es verfliessende elemente, die auftreten und verschwinden (wie licht, musik).

in der privatwohnung ist die raumgestaltung durch den architekten und den maler auf ein minimum zurückgedrängt.

der mensch darf in beziehung zum raum nicht zu einem kompositionselement werden, sondern soll sich ungehindert und frei bewegen. die farbgestaltung darf den menschen nicht erdrücken, so dass er sich untergeordnet fühlt. vielmehr muss durch die farbe das lebensgefühl und die aktivität des menschen erhöht werden. in der privatwohnung muss stets genügend platz sein für musik und konversation, volumen, die zeitlich sind und verfliegen. und ferner muss platz für bilder und plastiken sein. bei der raumgestaltung durch farbe muss der maler-architekt der spur des menschen mit all seinem tun und lassen strikt folgen. sich in die gegebene situation und die gestellte aufgabe vertiefen, um dann sozusagen den klang der farbe herauszuhören, die den menschen in seinen räumen bereichert, verjüngt und sein lebensgefühl erhöht.

die farbe ist ein sehr wichtiges, raumbildendes element und nicht etwas, was später zufällig als verzierung angebracht werden oder eventuell als rettendes element für eine verpfuschte situation herangezogen werden darf.

die farbe darf dabei niemals als selbstverherrlichung auftreten, niemals isolieren, sondern muss das ganze umschliessen. es ist besser, einen raum nur durch sein material wirken zu lassen, als eine farbe falsch oder unsicher und zögernd zu gebrauchen.

jeder auftrag bedeutet eine total neue situation hinsichtlich licht, lage und funktion. jeder auftrag muss zuerst sehr genau untersucht werden, um mit der farbe gestalten zu können. der platz, an dem eine farbgestaltung notwendig ist, ist bei einem schöpferischen architekten bereits in seinem entwurf bestimmt, bereits instinktiv vorgefühlt und projektiert.

Vortragsmanuskript, in Deutsch und Niederländisch, im Archiv der Stiftung Vordemberge-Gildewart, Rapperswil. Der Vortrag wurde zuerst am 23.2.1953 im Rotterdamse Kunstkring gehalten, danach mehrfach andernorts wiederholt, zuletzt am 12.12.1955 vor der Gesellschaft der Freunde junger Kunst in München.

Erstveröffentlichung in: Dietrich Helms (Hg.), Friedrich Vordemberge-Gildewart, Schriften und Vorträge, St. Gallen 1976, S.71, 72.

Malerei - Skulptur - Architektur

Antworten Vordemberge-Gildewarts auf Fragen, die S. Giedion und H. Arp für einen anstehenden CIAM-Kongreß in Bergamo formuliert hatten. Auszug aus einem fingierten Rundgespräch, in dem neben Vordemberge-Gildewart u.a. auch die Architekten Rietveld und Van Eyk auftreten.

Auf die Frage, ob ein Maler oder Bildhauer beim Bauentwurf mitwirken könne oder sich darauf verlegen müsse, den Sinn eines Baues symbolisierend auszudrükken:

„Malerei und Skulptur dürfen keine dekorative Rolle spielen. Wenn sie es doch tun, wird das Problem nicht künstlerisch gelöst, sondern nur berührt durch das Ausschmücken der Außenwand des einen oder anderen Raumes. Und solche Pseudo-Kunst ist dann stets symbolisierend. Beispiel: Wenn an der Fassade einer zum Konzertsaal umgebauten Scheune ein Bild oder Relief angebracht wird, das ‚die Musik' symbolisiert, dann wird dadurch das architektonische Problem, das ein Konzertsaal aufgibt, nicht gelöst, sondern Kunst betrügerisch mißbraucht, um eine Lösung vorzutäuschen."

Auf die Nachfrage, ob Zusammenarbeit zwischen Architekten, Bildhauer und Maler heutzutage bereits möglich sei:

„Solche Zusammenarbeit halte ich im Allgemeinen für unmöglich. Der chaotische Zustand der Kunst, das vollständige Mißverständnis in allem, was die moderne Kunst angeht, geben keine verläßliche Grundlage ab, um ohne scharfe Auseinandersetzung zusammen etwas zu erreichen."

Auf die Frage, ob es möglich sei, die verlorengegangene Einheit von Architektur - Malerei - Skulptur wiederzugewinnen:

„Immer wieder wird krampfhaft versucht, dieses alte Ideal zu erneuern - beim heutigen Stand der Mal- und Bildhaukunst ist so etwas verlogen. Die Epoche der Heiligen Dreieinigkeit mit der Baukunst als ‚Mutter' der bildenden Künste ist vorbei. Vielleicht wird sich eine andere Dreieinigkeit herausstellen. Ein Lichtstrahl oder ein Klang können in räumlicher Hinsicht bedeutender sein als eine Malerei oder ein Standbild. Anstelle von Architektur - Malerei - Skulptur geht es jetzt um: Raum - Zeit - Fläche. Im übrigen ist die heutige ‚Staffelei-Malerei' durchaus in der Lage, für sich zu bestehen."

Auf die Frage, ob Maler und Bildhauer von Anfang an mit Architekten zusammenarbeiten müßten:

„Es wird ein grundsätzlicher Fehler begangen, wenn man Malerei und Skulptur trennt. Oft sucht der Architekt Zusammenarbeit mit einem Maler, wenn eine Skulptur die bessere Lösung erbracht hätte. Das ist ein Hauptproblem. Ein Künstler, der etwas von Baukunst versteht, wird, wenn er sich in die Situation versetzt hat, rasch erfassen, ob hier Farbe oder Plastik anzuwenden ist."

Auf die Frage, welcher Bezug zwischen Wand und Malerei oder Plastik bestehen müsse:

„Ein Maler, der ein schlechter Künstler ist, wird sich unverzüglich der Hauptwand bemächtigen, um sich austoben zu können und der Welt zu zeigen, wie tüchtig er ist - doch sollte die Hauptwand vielleicht besser unberührt geblieben sein. Das hängt von der Zweckbestimmung des Raumes ab: Schlafen, Arbeiten, Versammeln usw. Nur ein wirklich disziplinierter Künstler kann entsprechende Lösungen finden. Wirkliche ‚Wandmaler' kommen auch in dieser blutlosen, armseligen und unfruchtbaren Situation zu Selbstgewißheit und Selbstsicherheit - die solche Tugend mißachten, sind dumme Dekorateure. Daß die Niederländische Berufsvereinigung eine gesonderte Abteilung für Wandmaler hat, ist ein schlagender Beweis dafür, einen wie ungenügenden Begriff man von ‚Malerei und Skulptur in der Architektur' hat. Auf internationalem Feld ist bewiesen, daß gerade Nicht-Spezialisten oft die notwendige Zurückhaltung und Einfühlung aufbringen."

Auf die Frage, ob Farbe in Gebäuden zur Orientierung eingesetzt werden könne:

„Es ist nichts gegen Farbe als Organisationshilfe einzuwenden. Doch das mit Kunst in Verbindung zu bringen, ist blanker Unsinn. Sollen wir etwa den Geruch auch noch mit einbeziehen?"

Auszug aus: Vraaggesprek in de ruimte, in: Kroniek van kunst en kultur, 10. Jahrgang, Nr. 6, Amsterdam Juni 1949. Aus dem Niederländischen übertragen von Dietrich Helms.

Werkverzeichnis
Vordemberge-Gildewart, Baugestaltung

B 1-19 Möbel und Innenräume

B 20-40 Bauplastik

B 41-43 Denkmalskulpturen

B 44-48 Bauentwürfe

B 49-50 Stadt- und Friedhofsplanung

B 51-52 Bühnen-Vorstellungen

B 53-55 Wandbilder, Wandteppich

B 56 Tapeten

Erläuterung zur Numerierung

Der Kennbuchstabe ‚B' steht für Baugestaltung. Er wird hier eingeführt analog zu ‚T' für Typographie (im Werkverzeichnis der typographischen Arbeiten), ‚K' für Konstruktionen oder Kompositionen, entsprechend dem eigenen Brauch Vordemberge-Gildewarts in seinen Werkstattbüchern, ‚S' für Studienarbeiten, ‚D' für Zeichnungen (Drawings), ‚W' für Aquarelle (Watercolours, im Werkverzeichnis der freien künstlerischen Arbeiten).

Jedes Projekt oder jeder Arbeitszusammenhang wird dann innerhalb der im Inhaltsverzeichnis aufgeführten Gruppen in chronologischer Reihenfolge beziffert. Die nach dieser Nummer hinter einem Schrägstrich stehende Zahl verweist auf einzelne Belege aus diesem jeweiligen Zusammenhang (Pläne, Fotos, Briefe, Publikationen zu Lebzeiten des Künstlers, die sich im Nachlaß Vordemberge-Gildewarts befinden). Werden weitere Unterlagen hinzugefügt, beispielsweise neuere Fotografien von Arbeiten, von denen keine älteren noch vom Künstler kontrollierten vorliegen, so werden deren Kennbuchstaben und Kennziffern in Klammern gesetzt.

B 1

Kleiderschrank, 1918

Gesellenstück, zum Abschluß der Lehrzeit in der Werkstatt von Julius Schütze in Osnabrück entstanden. Im Besitz der Familie Schütze, Osnabrück.

B 1/1

Frontansicht

Foto, 13,7 x 15,9 cm, auf festes genarbtes braunes Papier geklebt.

B 1/2

Frontansicht

Bleistift auf Karton, 46,5 x 64,5 cm. Beschriftet unten mitten: „KLEIDER-SCHRANK“. Signiert unten rechts: „Friedr. Vordemberge“, mit Stempel der „Tischler-Zwangsinnung Osnabrück“.

B 1/3

Front- und Seitenansicht

Bleistift auf dünnem Papier, 37 x 44,7 cm, rechts eingerissen. Unten rechts beschriftet: „MASSSTAB 1:10“.

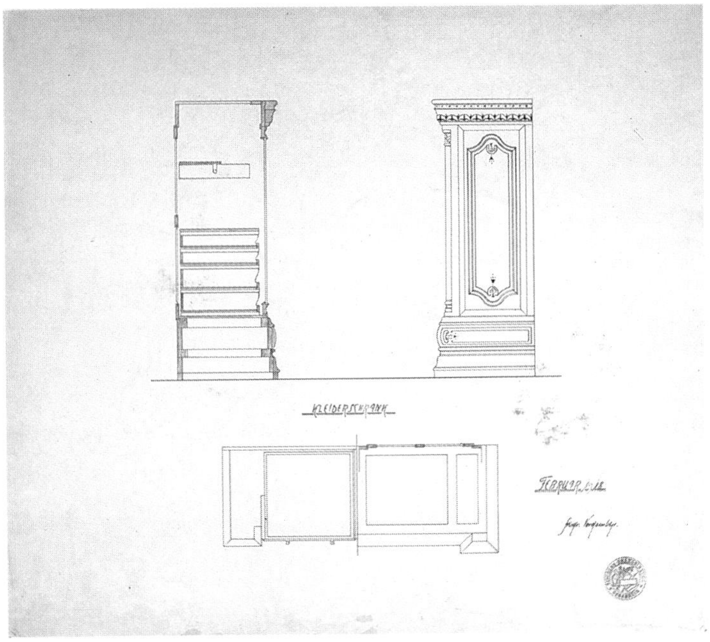

B 1/4

Konstruktionszeichnung: Seitenansicht, Querschnitt und zwei Horizontalschnitte.

Schwarze und braune Tusche auf Karton, 48,5 x 55,8 cm. Bezeichnet mitten: „KLEIDERSCHRANK“, datiert und signiert unten rechts: „FEBRUAR 1918“/ “Friedr. Vordemberge“. Unten rechts Stempel der „Tischler-Zwangsinnung Osnabrück“.

B 1/5

Ornamententwurf (halbe Türfüllung)

Bleistiftzeichnung mit Aquarell- und Deckfarbe koloriert (bräunliche und rötliche Töne, Perlmutter: weiß-grün-blau-rosa). In Medaillon Bleistiftskizze: schreitende weibliche Figur. Zeichenpapier, gegilbt, gefaltet, 99 x 47,2 cm.

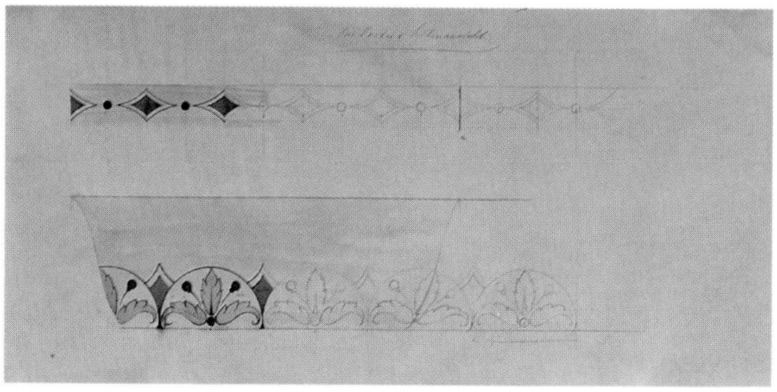

B 1/6

Ornamententwurf (Kranzgesims)

Bleistiftzeichnung, mit Aquarellfarbe koloriert (braun, schwarz, rötlich), Linien z.T. mit schwarzer Tusche nachgezogen. Auf gegilbtem Zeichenpapier, 29,7 x 60,4 cm. Beschriftet oben mitten: „für Vorder- und Seitenansicht“, mit einigen Holzart- und Maßangaben.

B 1/8

Ornamententwurf (Sockel)

Bleistift, Tusche, Aquarellfarben: rötlich, grau, bräunlich. Auf gegilbtem Zeichenpapier, 26,7 x 144 cm. Rechts Maßangaben, im Ornamentstreifen mitten: „A.1918.D.“. Rückseitig oben links handschriftlicher Vermerk: „Kirschbaum-Schrank/Intarsien“.

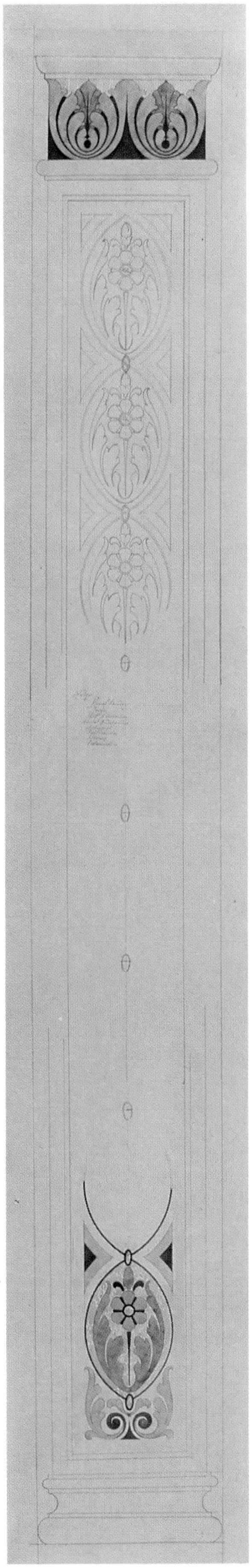

B 1/7

Ornamententwurf (Pilaster)

Bleistift, Tusche, Aquarell- und Deckfarben: braun-schwarz-rötlich, Perlmutter: weiß-blau-violett. Auf gegilbtem Zeichenpapier, 153,5 x 25 cm, umrahmtes Feld 146 x 18 cm. Rückseitig oben mit Bleistift bezeichnet: „Pilaster“.

B 1/9

Ornamententwurf (Sockelseiten)

Bleistiftzeichnung, koloriert mit Aquarellfarbe: bräunlich-rötliche Töne. Auf gegilbtem Zeichenpapier, 26 x 81 cm, Zeichnung 17 x 72,4 cm. Unten mitten bezeichnet: „Sockelseiten".

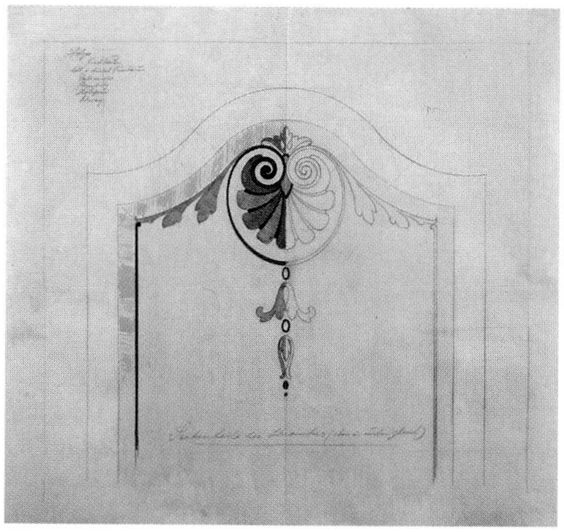

B 1/10

Ornamententwurf (Seitenteile)

Bleistiftzeichnung, koloriert mit Aquarellfarbe: schwarz-weiß-rot-braun. Auf gegilbtem Zeichenpapier, einmal gefaltet, 47 x 52,5 cm. Oben links beschriftet: „Hölzer: Kirschbaum / hell u. dunkel Nussbaum / Palisander / Rosenholz / Mahagoni / Schwarz". Unten mitten: „Seitenteile des Schrankes (oben u. unten gleich)".

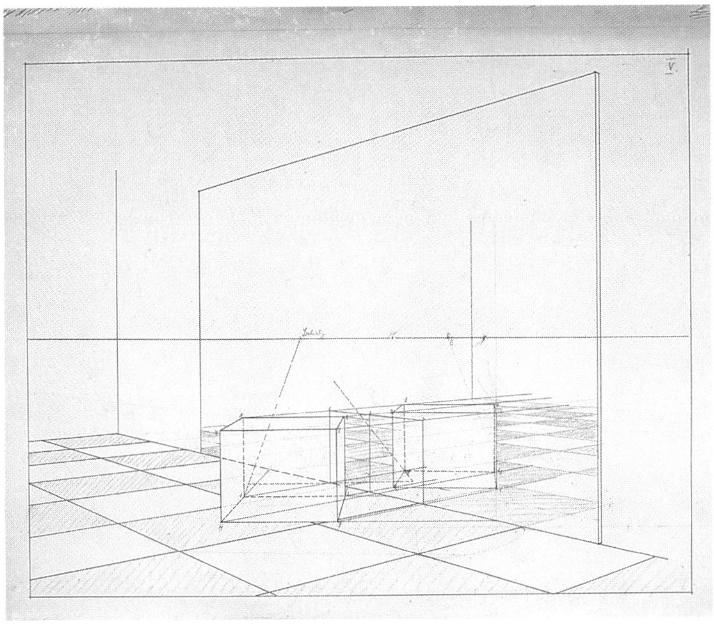

S 14a/14b

Studienarbeit. Darstellende Geometrie: gespiegelte kubische Formen.

Bleistift und Tusche auf Karton, 40 x 49,8 cm

S 8

Studienarbeit. Darstellende Geometrie.

Bleistift, Farbkreide, Tusche auf Karton, 39,3 x 49 cm. Beschriftet oben links: „Perspektivische Darstellung eines Fußbodens in gerader Ansicht". Datiert unten links: „Juni 1919", signiert unten rechts: „Friedrich Vordemberge".

S 9

Studienarbeit. Darstellende Geometrie.

Bleistift und Tusche auf Karton, 39,9 x 49 cm. Beschriftet oben links: „Darstellung eines einfachen Zimmers nach gegebenem geometrischen Grundriß in gerader Ansicht". Datiert unten links: „Juli 1919", signiert unten rechts: „Friedr. Vordemberge".

S 10

Studienarbeit. Darstellende Geomentrie.

Beschriftet oben links: „Perspektivische Darstellung eines Zimmers mit Erker. Massst. 1:20". Datiert unten links: „August 1919", signiert unten rechts: „Friedr. Vordemberge".

S 13a/13b

Studienarbeit. Darstellende Geometrie: gespiegelte kubische Formen.

Bleistift und Tinte auf Karton, 42,3 x 50 cm

(S 16)

Studienarbeit. Darstellende Geometrie: Schattenkonstruktion in Innenraum.

Bleistift, Tusche, Aquarell auf Karton, 40 x 50 cm. Datiert unten links: MÄRZ 1920", signiert unten rechts: „FRIED. VORDEMBERGE".

Annely Juda Fine Art, London

(S 17)

Studienarbeit. Darstellende Geometrie: Schattenkonstruktion in zwei Innenräumen.

Bleistift, Tusche, Aquarell auf Karton, 40 x 50 cm. Datiert unten links: „MAI 1920", signiert unten rechts: „FRIED. VORDEMBERGE".

Annely Juda Fine Art, London

S 16 und S 17 sind reproduziert und in den Zusammenhang der Raumkunst der Pioniere moderner Kunst gestellt worden in: Germano Celant, Ambiente, Arte dal Futurismo alle Body Art, Edizioni La Biennale di Venezia 1977, S. 36 (Abb. 55) und S. 37 (Abb. 56).

S 19

Raum-Phantasien. Mappe mit 6 Aquarellen und 1 Titelblatt, 1920.

Interieurs mit Möbeln, starkfarbig, winklig abgesetzte Formen, Musterungen, Figurenschmuck.

Bleistift und Aquarellfarbe auf stark genarbtem Aquarellkarton, 61,7 x 46,6 cm. Alle Blätter unten links signiert und datiert: „Friedel Vordemberge - 20".

Auf dem Titelblatt geometrisches Muster in zerteilter Fläche (wie in Zeichnung übertragene Collage) und in Kunstschrift der Name „FRIEDEL VORDEMBERGE-GILDEWART" - abgesetzt gegen die Signatur der vorhergehenden Studien ein erster Beleg für den Gebrauch des hinfort geführten Doppelnamens. Der Entwerfende gibt sich erstmals als Künstler zu erkennen, erhebt mit der Namensergänzung (die ihn vom älteren Vetter, der Maler wird, absetzt) seinen persönlichen Anspruch.

S 19

S 19

S 19

S 19

S 19

S 19

S 19

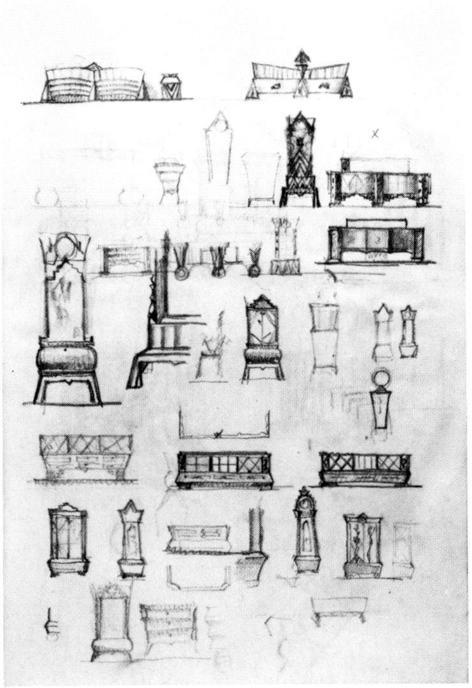

S 18

S 18

S 18

Parallel zu der Aquarell-Mappe von 1920 (S 19) dürften Entwurfsskizzen in einem Skizzenbuch (S 18) begonnen worden sein, das der Künstler bis Mitte der zwanziger Jahre zu unterschiedlichen Notierungen weiterbenutzt hat. Beispiele daraus: Blatt 48 (Rückseite), 12, 26, 42. Jeweils Bleistift auf Transparentpapier, 36,2 x 25,3 cm.

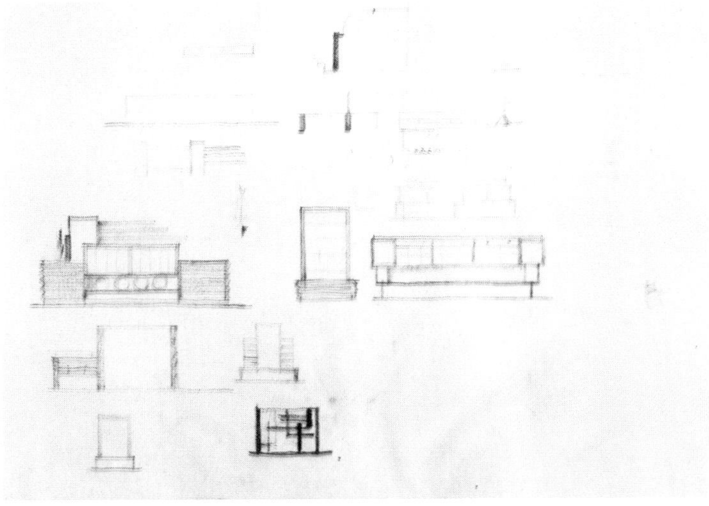

B 2

Kleiner Schrank mit geschnitzten Türen und Seitenpfosten, um 1920.

Werkstatt August Vordemberge, Osnabrück

Die Schnitzarbeiten wurden nach Entwurf Vordemberges - Gipsschnitten, angefertigt in der Werkstatt Professor Vierthalers an der Kunstgewerbeschule Hannover - vom Osnabrücker Bildhauer Wulfertange ausgeführt. Zu den Entwürfen siehe B 20/4-6. Im Besitz von August Vordemberge jun., Düsseldorf.

B 2/1

Foto, 14,2 x 21,1 cm, verblaßt, auf genarbten Karton geklebt.

(B 2/2)

Neuere Aufnahme (s. Abb.).

B 3

Möbel für Haus Menssen, 1923

Werkstatt August Vordemberge, Osnabrück. Helles Eichenholz.

Der Auftraggeber, Wilhelm Menssen, war ein Jugendfreund Vordemberge-Gildewarts aus Osnabrück. Reste eines frühen Briefwechsels haben sich erhalten. Im Besitz von Hartmut Menssen, Brauweiler, und Erica Curschmann, Hagen.

(B 3/1 A)

Buffet

(B 3/1 B)

Detail

(B 3/2)

Bett

(B 3/4)

Kredenz

(B 3/3)

Toiletten-Spiegel, Aufsatz

B 4

Elternschlafzimmer

Ausgeführt in der Werkstatt August Vordemberge, Osnabrück. Auf der Gewerbeschau 1925 in Osnabrück ausgestellt, mit einem ersten Preis (Medaille) ausgezeichnet. Drei Belege der Messeaufstellung, Schwarz-Weiß-Fotos, je 8 x 6 cm, z.T. mit dem Stempel des Fotografen Koltzenburg, Osnabrück, auf der Rückseite.

B 4/1

Truhe vor Doppelbett, links angeschnitten Aufstellschild „A. VORDEMBERGE".

Das Wandfeld hinter dem Kopfende des Bettes, nicht ganz in dessen Breite, dunkel angelegt, die seitlich anschließenden Flächen hell. Längsseite der Truhe in durch Dreikantprofil voneinander getrennte Rechteckfelder gegliedert, Pfosten profiliert, Füße etwas stärker ausgearbeitet. Bei den Betten entsprechende Gliederung der Vorderseite, dreifach ausgekehlte Seitenteile, in der mittleren Kehlung Schnitzwerk: stilisierte Pflanzen (ähnlich B 3/2, 3/3), Oberkante des Kopfteils mit Ornamentformen besetzt: einander abwechselnde doppelrandige Winkelformen und abgerundete Formen, jeweils mit der offenen Seite nach unten gekehrt. Auf Rückseite des Fotos Vermerk: „Gewerbeschau 1925, Osnabrück".

B 4/2

Links dreiteiliger Kleiderschrank mit hohem Spiegel in Mitteltür, rechts Truhe vor Doppelbett.

Die Wand hinter dem Schrank wie die Decke dunkel angelegt, die Wand im Winkel (die dann wieder auf die dunkle Fläche hinter den Betten stieße) hell. Auf Boden Schild: „A. VORDEMBERGE".

B 4/3

Waschkommode mit Schubladen links und Tür rechts, auf starken schräg ausgearbeiteten, profilierten Füßen, Marmorabdeckung und -Wandaufsatz mit Ablage. Darüber gerahmter Wandspiegel, in der oberen Hälfte abgerundet, mit geschnitzten Seitenteilen. Links Hocker, gradlinig, mit betonten Fußstücken.

Die Wandfläche links hell, abgesetzt gegen ein dunkles Feld hinter den Möbeln. Auf Waschtisch neben Waschgeschirr Aufsteller: „Beleuchtungskörper Gustav Thones".

Die Fotos B 4/1-3 belegen, daß hier in der Standgestaltung für die Messe bereits rechtwinklig gegeneinander abgesetzte Farbfelder zur Akzentuierung von Wand und Decke eingesetzt wurden (wie später deutlich im „Bauratszimmer" - B 11).

(B 4/4)

Dreiteiliger Kleiderschrank mit Spiegel im Mittelfeld (Detail)

Die Seitentüren sind jeweils in acht in der Maserung sich voneinander absetzende Rechtecke gegliedert, an der oberen Simskante Ornamentstreifen wie beim Kopfteil der Betten. Aufnahme des Ornamentstreifens.

(B 4/5)

Waschkommode und Wandspiegel (Detail)

Die Schnitzereien rechts und links der Spiegelrahmung stellen stilisierte Pflanzen dar, links mit zugesetztem Einzelblatt, rechts mit Stern. Aufnahme des rechten Seitenstückes.

(B 4/6)

Nachtschränkchen

Kubischer Körper mit Aufsatz auf gebogenen Beinen. Die Türfläche durch Dreikantprofile geviertelt, die Füllflächen unterschiedlich getönt. Massive profilierte Seitenpfosten und Füße.

(B 4/7)

Garderobe
Eintüriger Schrank

Türfläche durch jeweils gegeneinander versetzte Maserung in Rechtecke gegliedert, betonte Rahmung.

Die Möbel befinden sich heute, sofern sie nicht verschollen (Hocker) oder verbrannt sind (ein Bett) im Besitz von Frau S. Widder, London.

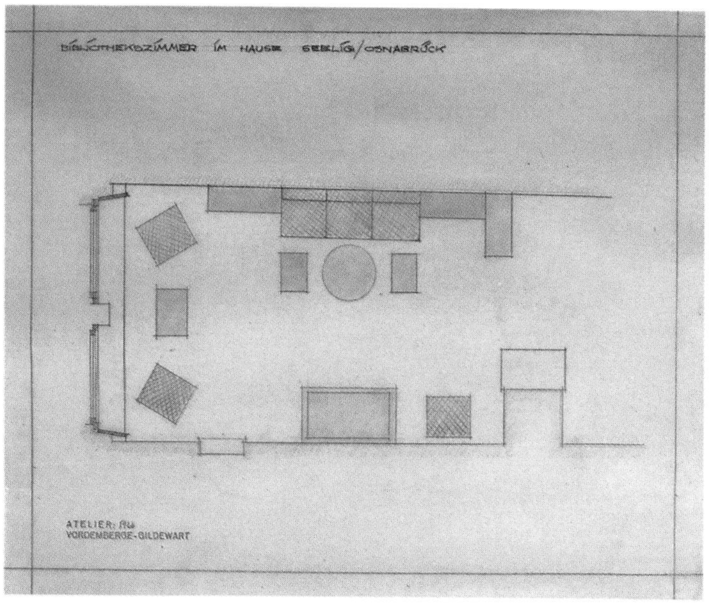

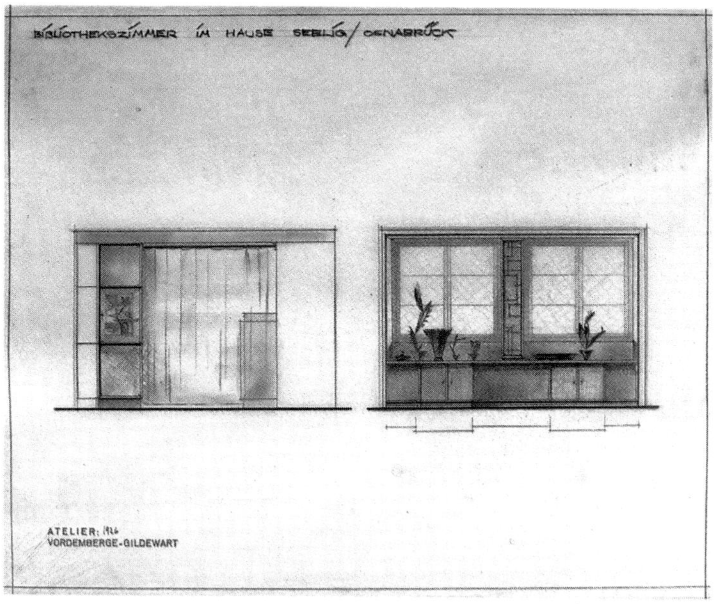

B 5

Bibliothek im Haus Seelig, Krahnstraße 49, Osnabrück.

1926 Auftrag, Entwürfe. 1926/27 Ausführung durch die Werkstatt August Vordemberge, Osnabrück, von Vordemberge-Gildewart und Frau Seelig überwacht. Möbel im Besitz der Familie.

B 5/1

Grundriß

Bleistift, roter und grüner Farbstift auf Transparentpapier, 39,4 x 48,1 cm, umrandetes Feld 35,1 x 43 cm. Oben beschriftet: „BIBLIOTHEKSZIMMER IM HAUSE SEELIG/OSNABRÜCK", unten links Stempel: „ATELIER: VORDEMBERGE-GILDEWART" und handschriftliche Datierung: „1926".

B 5/2

Grundriß

Lichtpause von 5/1, ohne Datumsangabe. Blattgröße ca. 44 x 49,5 cm, umrandetes Feld 35,1 x 43 cm.

B 5/3

Ansichten der Stirnseiten. Durchgang zu anschließendem Raum und Fensterwand mit Unterschränken - Vorsprünge der Fensterwand im Grundriß.

Bleistift und Rotstift auf Transparentpapier, 36,3 x 45 cm, umrandetes Feld 34,8 x 43,7 cm. Beschriftet oben links: „BIBLIOTHEKSZIMMER IM HAUSE SEELIG/OSNABRÜCK", unten links Stempel: „ATELIER: VORDEMBERGE-GILDEWART" mit handschriftlicher Datierung „1926".

B 5/4

Lichtpause von 5/3

Ca. 44,3 x 50 cm, umrandetes Feld 35 x 43,8 cm. Unten links gestempelt wie 5/3, jedoch ohne Datierung.

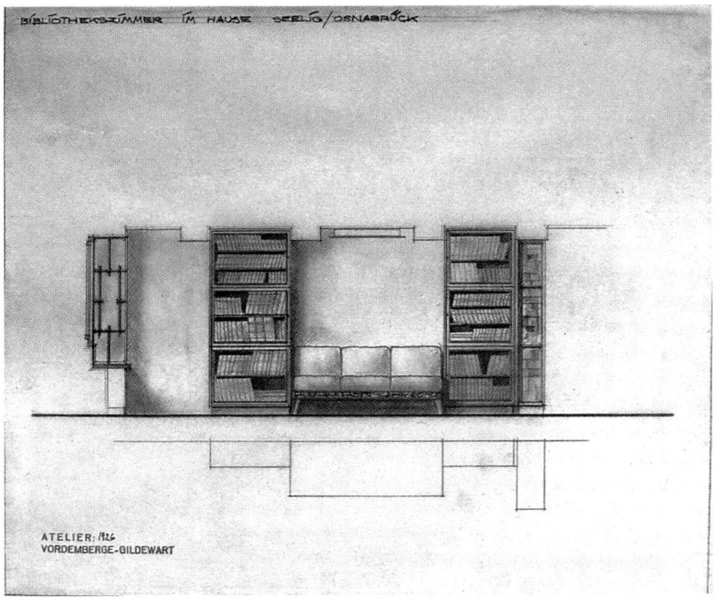

B 5/5

Ansicht einer Längswand (mit Buch-Regalen und Sitznische), davor deren Grundriß.

Blei- und Rotstift auf Transparentpapier (unter Passepartout), 35,5 x 44,2 cm. Bezeichnung oben: „BIBLIOTHEKSZIMMER IM HAUSE SEELIG/OSNABRÜCK", unten links Stempel: „ATELIER VORDEMBERGE-GILDEWART" mit handschriftlichem Datum „1926".

B 5/6

Lichtpause von 5/5

44,2 x 49,8 cm, umrandetes Feld 34,6 x 43,8 cm. Unten links gestempelt wie 5/5, jedoch ohne Datumsangabe.

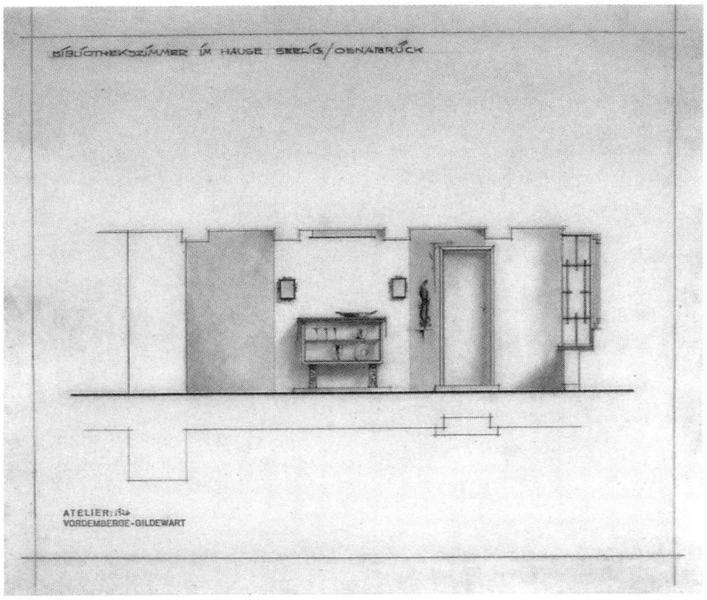

B 5/7

Ansicht der zweiten Längswand (mit Tür, Wandplastik und Vitrine), davor deren Grundriß.

Blei- und Rotstift auf Transparentpapier, 40 x 48 cm. Bezeichnet oben links: „BIBLIOTHEKSZIMMER IM HAUSE SEELIG/OSNABRÜCK", unten links Stempel: „ATELIER: VORDEMBERGE-GILDEWART" mit handschriftlicher Datierung „1926".

B 5/8

Lichtpause von 5/7

Ca. 44,3 x ca. 50,5 cm, umrandetes Feld 35 x 43,5 cm. Unten links gestempelt wie 5/7, jedoch ohne Datumsangabe.

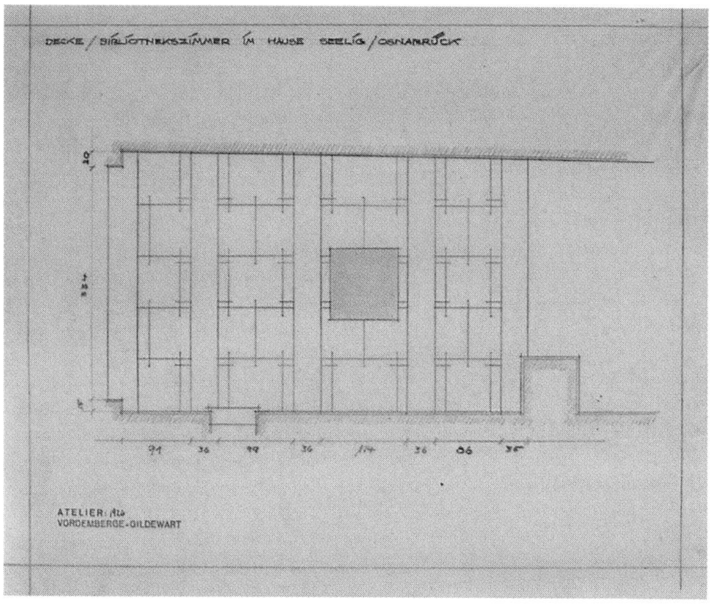

B 5/9

Aufriß der Zimmerdecke, mit Maßangaben am Rand.

Blei- und Rotstift auf Transparentpapier, 39,2 x 48 cm, umrandetes Feld 35 x 43,5 cm. Bezeichnung oben: „DECKE/BIBLIOTHEKSZIMMER IM HAUSE SEELIG/OSNABRÜCK“, unten links Stempel: „ATELIER: VORDEMBERGE-GILDEWART“ mit handschriftlicher Datierung „1926“. Das getönte Quadrat in der Mitte bezeichnet die Deckenbeleuchtung (opake Glasscheibe unter Lichtquelle).

B 5/10

Lichtpause von 5/9

43,5 x 50 cm, umrandetes Feld 35 x 43,5 cm. Unten links gestempelt wie 5/9, jedoch ohne Datierung.

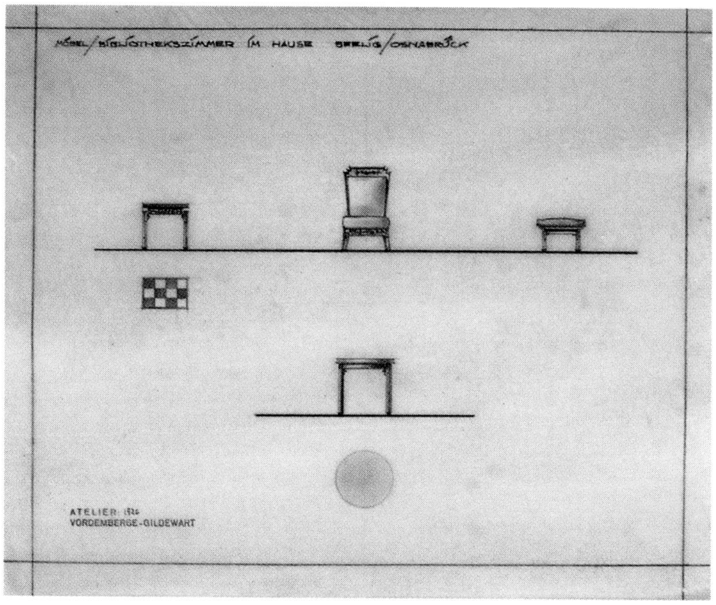

B 5/11

Möbel in An- und z.T. Aufsicht: Beistelltisch, Polsterstuhl, Polsterhocker, kleiner Rundtisch.

Bleistift auf Transparentpapier, 40 x 47,3 cm, umrandetes Feld 35 x 43 cm. Bezeichnung oben: „MÖBEL/BIBLIOTHEKSZIMMER IM HAUSE SEELIG/OSNABRÜCK“, unten links Stempel: „ATELIER: VORDEMBERGE-GILDEWART“ mit handschriftlicher Datierung „1926“.

B 5/12

Lichtpause von 5/11

45,5 x 50,5 cm, umrandetes Feld 35 x 43 cm. Unten links gestempelt wie 5/11, jedoch ohne Datierung. Zu Rundtisch Maßangaben in Bleistift: Höhe „70“, Durchmesser „80“.

B 5/13

Blick ins Bibliothekszimmer. Links an der Wand hochbeiniger halbhoher Schrank, im Fensterwinkel Polsterstuhl, rechts angeschnitten Rundtisch. Ausgeschnittene Reproduktion einer älteren Aufnahme, 6,4 x 8,7 cm.

(B 5/14)

Quadratischer Tisch (mit gekachelter Platte) in Unteransicht.

(B 5/15)

Hochbeiniger halbhoher Schrank mit geöffneten Türen.

(B 5/16)

Schrankbeine mit Intarsienflächen.

(B 5/17)

Runde Tischplatte mit Intarsienkomposition.

(B 5/18)

Intarsienkomposition in umrahmtem Rechteckfeld, Wandtäfelung.

B 6

Wohn- und Schlafzimmer im Hause Seelig, Osnabrück, 1928.

1928 verschlechterte sich der Gesundheitszustand von Frau Seelig. Sie gab deshalb den Auftrag, gegenüber der Bibliothek in der ersten Etage ihres Hauses ihr ein Wohn- und Schlafzimmer zu gestalten. (Nach Recherchen von Frau Dr. Arta Valstar-Verhoff). Die erhaltenen Möbel befinden sich im Besitz der Familie Seelig, einige sind als Leihgabe im Kulturhistorischen Museum Osnabrück, Dependance Dreikronenhaus, ausgestellt.

(B 6/1)

Polstersessel und Polsterstuhl mit gestreiftem Bezug.

(B 6/2)

Polsterliege mit gestreiftem Bezug.

(B 6/3)

Rechteckiger Ausklapptisch mit Intarsienkomposition im Mittelfeld, dahinter Polsterstuhl mit gestreiftem Bezug.

(B 6/4)

Vitrine, schmalerer hoher Glasaufsatz auf doppeltürigem Unterteil.

(B 6/5)

Breiter Bücherschrank, dreiteilig. Die Seitenteile doppelt so breit wie das Mittelstück. Oben verglaste Regale, unten Schiebetüren, bzw. in der Mitte Schubladen.

B 7

Eßraum, genannt „Eckenzimmer", im Elternhaus Große Gildewart 27, Osnabrück.

1926 Entwurf, 1927 Ausführung. Daten vom Bruder des Künstlers, August Vordemberge sen., gegenüber Frau Dr. Valstar-Verhoff bestätigt. Die Möbel aus diesem Raum befinden sich heute im Besitz von Frau Sigrid Widder, London.

B 7/1

Holzgetäfelte Raumecke. Übereck zwei Türen mit durch schmale Leistengitter unterteilten Glasflächen, links Buffet.

Foto, 18 x 22,4 cm. Rückseitig maschinenbeschrifteter Klebezettel: „Moderner Innenraum. Entwurf und Ausführung: August Vordemberge Osnabrück." Dazu Stempel: „fot: ernst ernst hannover".

B 7/2

Holzgetäfelte Raumecke mit Glastür und halbhohem, halbverglasten Schrank (genannt „Silberkommode").

Foto, 18 x 22,4 cm. Rückseitig Stempel: „fot: ernst ernst hannover".

zu B 7/2

Reproduktion von B 7/2 in: Deutscher Handwerkskalender, hg. vom Reichsverband des deutschen Handwerks, Hannover, für das Jahr 1932, Blatt 2. Dort Bildnachweis: „Phot.: Ernst Ernst, Hannover" und Kommentar:
„Aus einem modernen Wohnraum.
Das obige Bild zeigt ein Musterbeispiel handwerklich-gediegener Formgestaltung. Eine Gestaltung, die absolut dem Formgefühl des heutigen Menschen entspricht. Der äußerst intime Reiz der zum Betrachten auffordernden Vitrine mit ihren Details im Gegensatz zu der zurückhaltenden, ruhigen Wand kommt hier sehr zum Ausdruck. Glücklich gelöst erscheint auch der anschließende Übergang der zurückliegenden und somit einladenden Tür. Als Hauptmaterial zu diesem, von der Werkstatt August Vordemberge, Osnabrück, entworfenen und ausgeführten Raum ist das Nußbaumholz gewählt worden, und zwar in Zusammenklang mit dem Weiß der Wände und dem Rot der Decke. Die Anwendung des heute gern genommenen Glasmaterials gibt dem Möbel hier eine räumliche Leichtigkeit. Und trotz des zur Zeit modischen Materials wie Nußbaum und Glas dürfte ein Raum gestaltet worden sein, der unsere Zeit überdauern wird."

B 7/3

Ecke eines holzgetäfelten Raumes mit Polsterstuhl und Buffet, an freier Wand gerahmte Van-Gogh-Reproduktion.

Foto, 22,7 x 15,3 cm. Rückseite Stempel: „fot: ernst ernst hannover".

Auf dieses Foto mag sich eine Stelle in einem Brief Vordemberge-Gildewarts an die Redaktion der Zeitschrift „Der Deutsche Tischlermeister" vom 13.1.1933 beziehen. Es heißt dort, nachdem von verschiedenen anderen zur Veröffentlichung bestimmten Aufnahmen, darunter einigen aus dem Arbeitsraum des Stadtbaurats, die Rede war: „wenn mein arbeitsfeld in der architektur speziell der modernen gestaltung gewidmet ist, von der ich, wie ich hoffen darf, ihnen später weitere fotos schicken kann, so lege ich heute auch 2 fotos eines nussbaum esszimmers bei, wo die möbel trotz des neuzeitlichen charakters profile tragen. aber gerade diese lösung hat sehr viel beifall gefunden, zumal in der grundrisslösung nicht wie üblich die hauptwand des raumes mit dem buffet zugestellt wurde, sondern gerade diese als ausdruck einer vornehmheit frei blieb, wo das material in seiner echten art den hohen reiz entfalten kann."

(B 7/6)

Sekretär (verbrannt)

Im Unterteil befinden sich links Schubladen, rechts offene Fächer. Ausklappbare Schreibfläche im sich nach oben verjüngenden Mittelteil, darüber durch Glas-Schiebetüren verschlossenes Fach. Geschweifte Füße. Helles Kirschholz.

(B 7/7)

Verglaste halbhohe Bücherregale und eintüriger Schrank in gleicher Höhe (Tür mit Dreieck-Randmuster - wie B 7/5). Auf etwas zurückgenommenen Sockeln. Helles Kirschholz.

(B 7/4)

Halbhoher teilverglaster Schrank, „Silberkommode".

(B 7/5)

Vitrine

In mehrfacher Schweifung auskragender Sockelteil mit Schubladen. In der schrägen oberen Randabdeckung mit strengem Dreiecksmuster in wechselnd getöntem Holz. Darauf gesetzter gradliniger Schrankteil mit Glastüren an den Schmalseiten, vorne rechtwinklig vergitterter Glaswand. Helles Kirschholz. Überlegungen zu gestuften, geschweiften Möbeln - wie der Vitrinen-Unterbau in diesem Falle - finden sich im Skizzenbuch (S. 18).

B 8

Türbeschlag

B 8/1

Türbeschlag

Zwei Fotos, je 17,3 x 12,2 cm, rückseitig auf dem einen der Stempel „VORDEMBERGE-GILDEWART“, dem anderen „HANNOVER/Königstr. 8“ (Königstraße 8 war die Adresse der Kestner-Gesellschaft, in deren Haus Vordemberge-Gildewart von 1924 bis 1930 wohnte und arbeitete).

Der Verwendungsort des Türbeschlages ist unbekannt. Er könnte im Elternhaus Vordemberge-Gildewarts in Osnabrück gebraucht worden sein. Der Entwurf für die Haustür Brüggemann weist einen ähnlichen Türgriff auf (B 9/1).

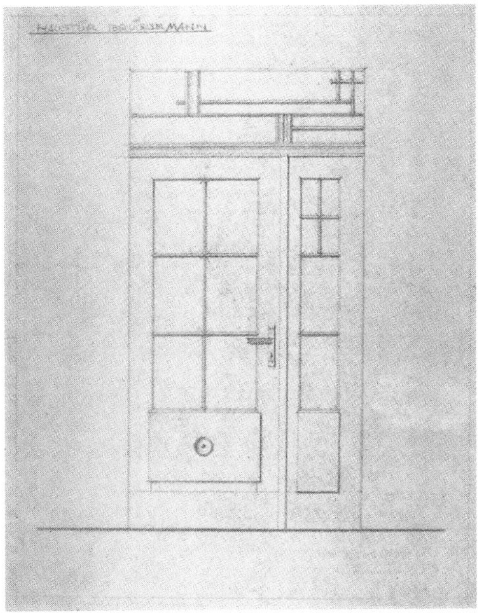

B 9

Haustür für die Bäckerei Brüggemann, Krahnstraße, Osnabrück. Der Entwurf ist wahrscheinlich nicht ausgeführt worden.

B 9/1

Lichtpause

Ca. 37 x ca. 30 cm, umrandetes Feld 33,8 x 27 cm. Bezeichnet oben links: „HAUSTÜR BRÜGGEMANN“, unten rechts, schwach erkennbar, Stempel der Fa. August Vordemberge, Osnabrück.

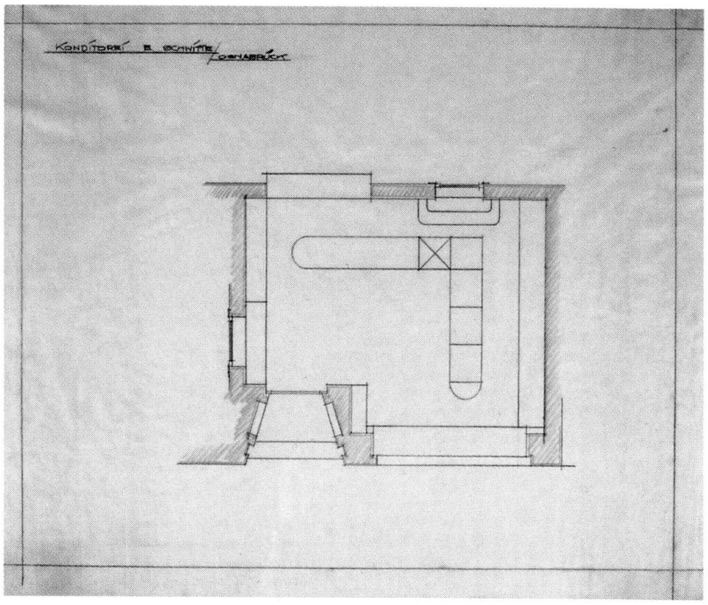

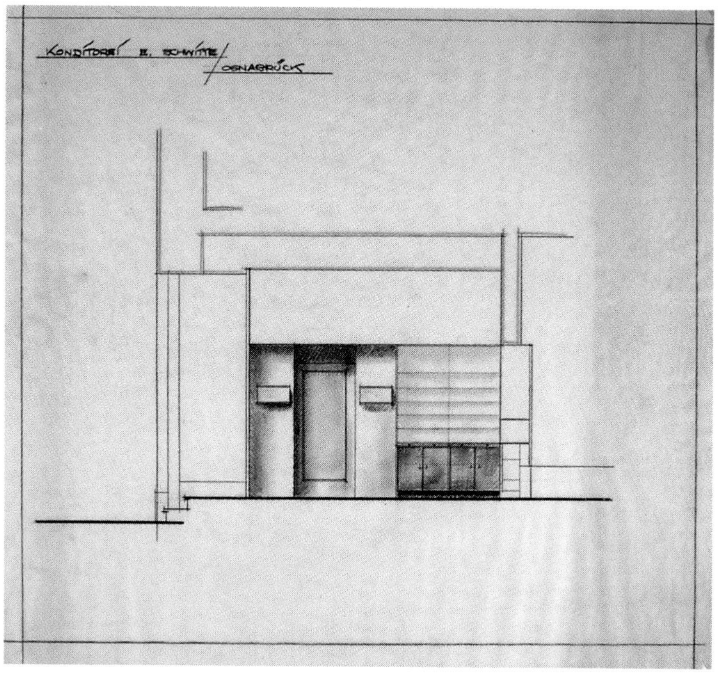

B 10

Konditorei Schwitte, Osnabrück.

Von Vordemberge-Gildewart in einer Werkübersicht auf 1926 datiert. Nach Auskunft aus der Familie Schwitte (vermittelt durch Frau Dr. Valstar-Verhoff), ist die Ausführung des Entwurfes jedoch erst um 1929 anzusetzen.

B 10/1

Grundriß

Blei- und Rotstift auf Transparentpapier, 54,5 x 68,8 cm, umrandetes Feld, 49,1 x 62,5 cm. Beschriftet oben links: „KONDITOREI E. SCHWITTE/Osnabrück".

B 10/2

Ansicht der Wand links vom Eingang.

Blei- und Rotstift auf Transparentpapier, 48,8 x 54,3 cm, umrandetes Feld 45 x 49,9 cm. Beschriftet oben links: „KONDITOREI E. SCHWITTE/OSNABRÜCK".

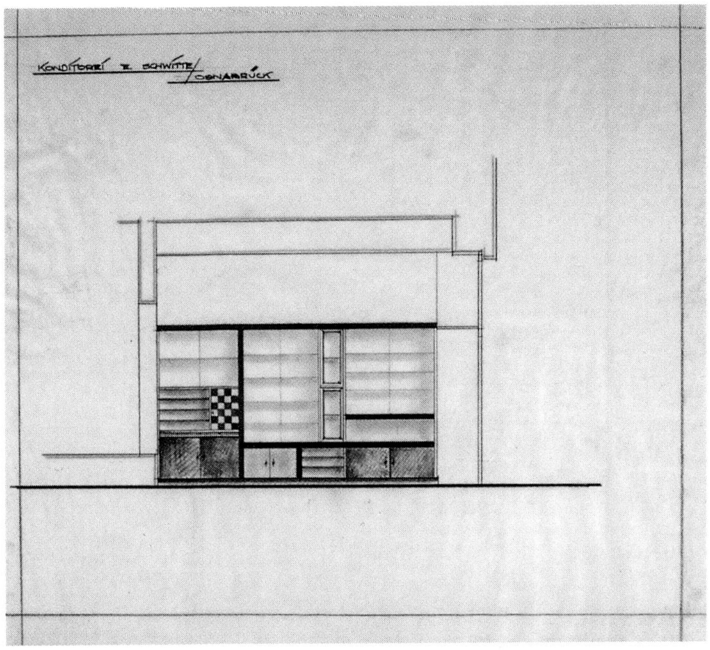

B 10/3

Ansicht der Rückwand.

Blei- und Rotstift auf Transparentpapier, 51,6 x 54,4 cm, umrandetes Feld 43,8 x 49,4 cm. Beschriftet oben links: „KONDITOREI E. SCHWITTE/OSNA-BRÜCK".

B 10/4

Ansicht der rechten Seitenwand.

Blei- und Rotstift auf Transparentpapier, 46,6 x 53,3 cm, umrandetes Feld 41,5 x 49 cm. Beschriftet oben links: „KONDITOREI E. SCHWITTE/OSNA-BRÜCK".

B 10/5

Ansicht der Schaufenster- und Eingangsfront.

Blei- und Rotstift auf Transparentpapier, 49,2 x 54,3 cm, umrandetes Feld 43,7 x 49,2 cm. Beschriftet oben links: „KONDITOREI E. SCHWITTE/OSNABRÜCK".

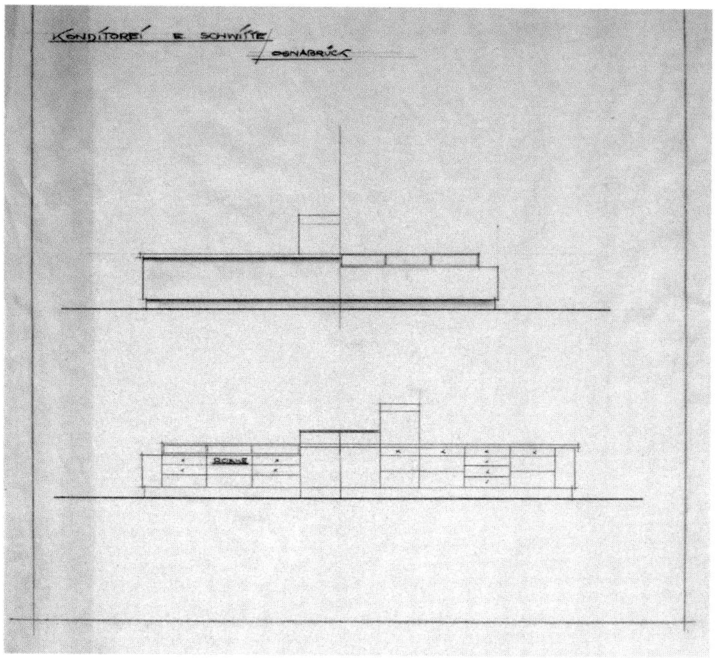

B 10/6

Vorder- und Rückansicht des (gewinkelten) Ladentisches.

Bleistift auf Transparentpapier, ca. 54,2 x 49,3 cm. Bezeichnung oben links: „KONDITOREI E. SCHWITTE/OSNABRÜCK".

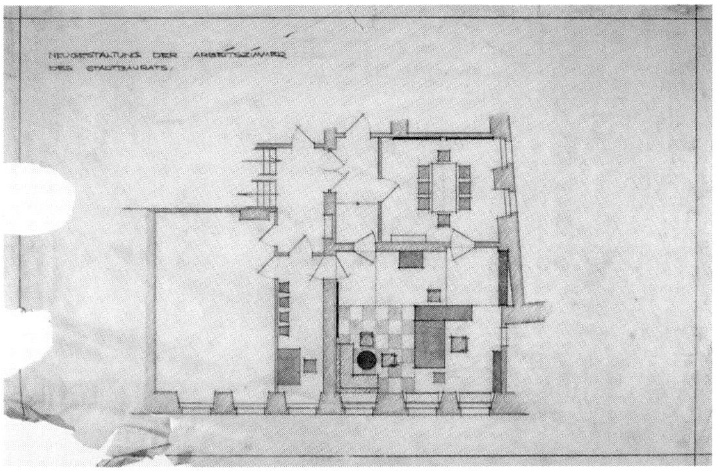

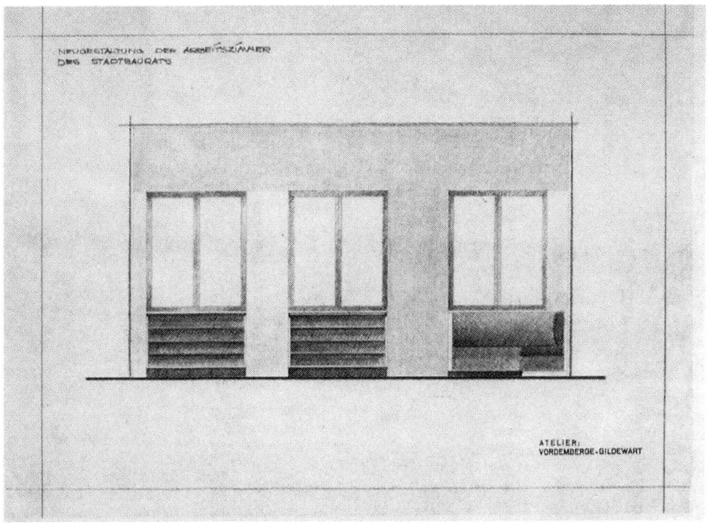

B 11

Neugestaltung der Arbeitsräume des Stadtbaurats, Osnabrück, Markt 2-3, 1. Etage, 1927.

B 11/1

Etagengrundriß: Arbeitszimmer mit Vorzimmer und anschließendem Sitzungsraum, Flur zum Treppenhaus und einem angrenzenden nicht durch Möblierung ausgewiesenen Raum.

Blei-, Rot- und Grünstift auf Transparentpapier, 40 x 61,2 cm (stark eingerissen), umrandetes Feld 36,3 x 57,5 cm. Beschriftung oben links: „NEUGESTALTUNG DER ARBEITSZIMMER DES STADTBAURATS".

B 11/2

Lichtpause von 11/1

Ca. 52,5 x 70 cm, umrandetes Feld 44,5 x 62 cm. Stempel unten rechts: „ATELIER: VORDEMBERGE-GILDEWART".

B 11/3

Ansicht der Fensterwand.

Lichtpause auf dünnem Papier, ca. 42 x 58 cm, umrandetes Feld 35,2 x 50 cm. Beschriftung links oben: „NEUGESTALTUNG DER ARBEITSZIMMER DES STADTBAURATS". Stempel (grün) unten rechts: „ATELIER: VORDEMBERGE-GILDEWART".

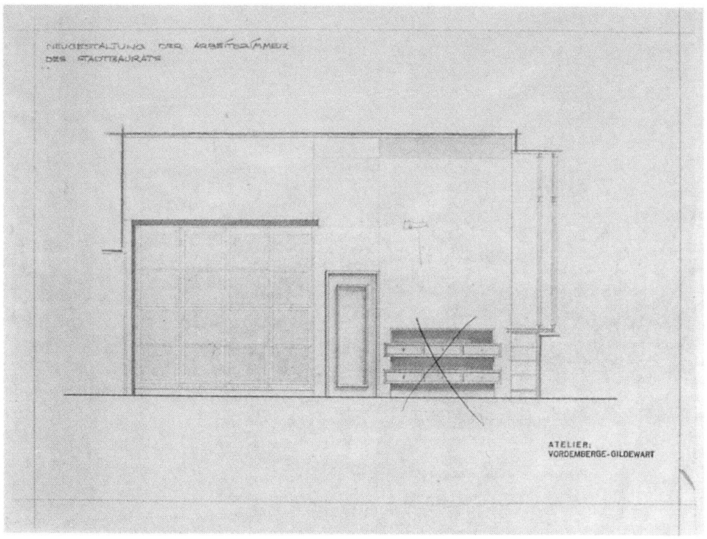

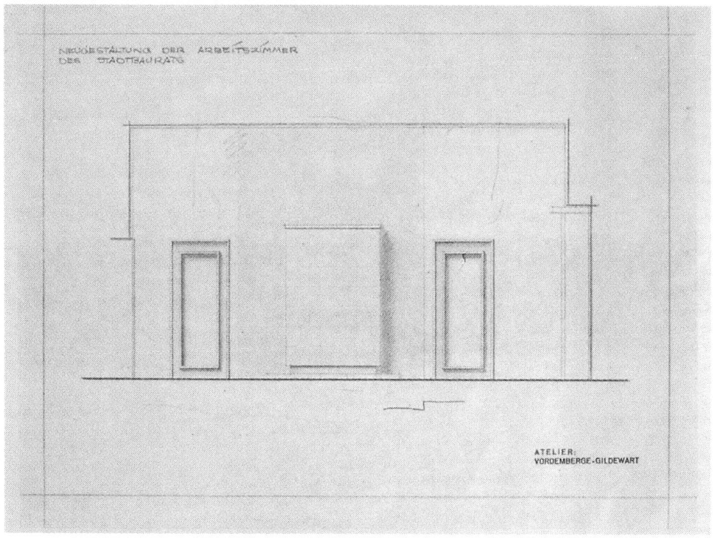

B 11/4

Ansicht der Seitenwand links der Fensterwand mit der (kreuzweise mit Blei gestrichen) Darstellung eines Ablage-Möbels (hinter dem Arbeitsplatz des Stadtbaurats).

Lichtpause auf festem Papier, 40,5 x 56,8 cm, umrandetes Feld 35,2 x 50 cm. Beschriftung oben links: „NEUGESTALTUNG DER ARBEITSZIMMER DES STADTBAURATS". Stempel (grün) unten rechts: „ATELIER: VORDEMBERGE-GILDEWART".

B 11/5

Ansicht der der Fensterseite gegenüberliegenden Wand.

Lichtpause mit Bleistifteintragungen auf festem Papier, 41,5 x 57 cm, gerahmtes Feld 35,3 x 48,9 cm. Beschriftung oben links: „NEUGESTALTUNG DER ARBEITSZIMMER DES STADTBAURATS". Stempel (grün) unten rechts: „ATELIER: VORDEMBERGE-GILDEWART".

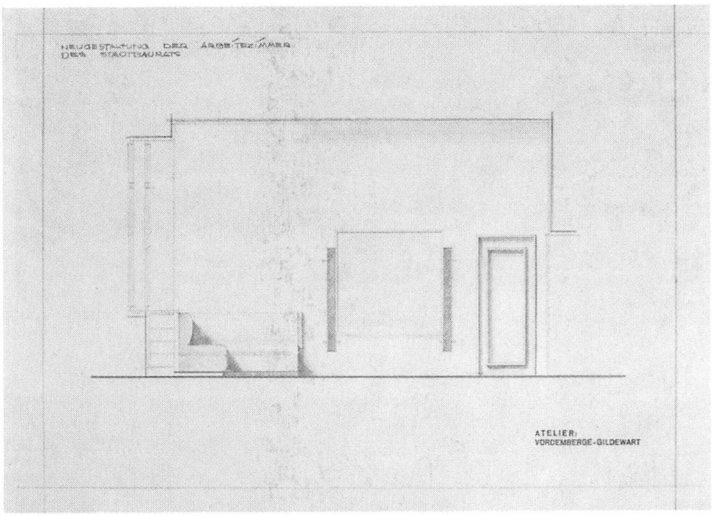

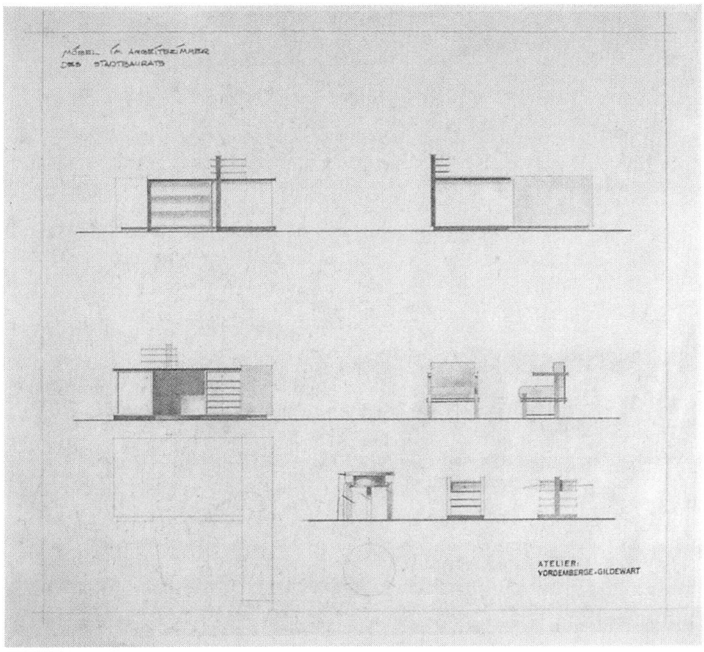

B 11/6

Ansicht der Seitenwand rechts der Fensterfront - mit Ecksofa, Demonstrationswand und Schranktür.

Lichtpause auf festem Papier, ca. 41 x ca. 57 cm, umrahmtes Feld 35,1 x 50 cm. Beschriftung oben links: „NEUGESTALTUNG DER ARBEITSZIMMER DES STADTBAURATS“. Stempel (grün) unten rechts: „ATELIER: VORDEMBERGE-GILDEWART“.

B 11/7

Möbelentwürfe: Schreibtisch (in Vorder- und Seitenansicht, sowie Grundriß), Sessel und Ablage (in Vorder- und Seitenansicht), runder Tisch (Ansicht und Grundriß).

Lichtpause mit Bleistiftkorrektur auf festem Papier 52 x 58 cm, gerahmtes Feld 44,7 x 50 cm. Beschriftung oben links: „MÖBEL IM ARBEITSZIMMER DES STADTBAURATS“. Stempel unten rechts: „ATELIER: VORDEMBERGE-GILDEWART“.

B 11/8

Aufnahme des Arbeitszimmers über Arbeitsplatz des Stadtbaurats hinweg Richtung Demonstrationswand.

Foto 17,3 x 22,7 cm, mit Prägestempel des Fotografen Lichtenberg, Osnabrück.

B 11/9

Aufnahme des Arbeitszimmers über den Schreibtisch hinweg gerichtet auf Wand mit Bücherschrank und Tür, übereck ein Fenster, an Wand und Decke rechtwinklige Farbfeldeinteilung.

Foto 17,8 x 22,7 cm, rückseitig Bleistiftskizze eines Raumes, Stempel „vordemberge-gildewart" (später gebrauchter Stempel) und Beschriftung von der Hand Ilse Vordemberge-Ledas.

B 11/10

Großfoto wie 11/9, 49 x 62 cm

zu B 11/10

Reproduktion der Aufnahmen B 11/9-10 in: Der Deutsche Tischlermeister, Berlin, Nr. 15, Jg. 1933, S. 419, ohne zugehörigen Text, jedoch mit Bildunterschrift: „... großer Arbeitstisch mit angebautem Aktenschrank, der von zwei Fronten zu bedienen ist; Fensternische als Regale für Akten und Zeichnungen/Entwurf Vordemberge-Gildewart, Hannover, Ausführung Werkstatt August Vordemberge - Osnabrück, Photos Ernst-Ernst-Hannover".

Reproduktion der Aufnahmen B 11/9-10 in: Deutscher Handwerkskalender, hg. vom Reichsverband des deutschen Handwerks, Hannover, für das Jahr 1932, Blatt 110. Mit Angabe: „Phot.: Ernst Ernst Hannover" und Kommentar: „Dienstraum eines Stadtbaurats. Dieser Raum ist nach den Gesetzen der heutigen Architektur gestaltet, also ganz funktionell. Der Entwurf ist von Vordemberge-Gildewart, dem bekannten Vertreter der modernen Gestaltung, die Ausführung von der Werkstatt August Vordemberge, Osnabrück. Die Möbel sind in ihrer ganz schlichten, aber um so monumentaler wirkenden Form dem Arbeitsprozeß entsprechend gestaltet worden. Außerdem wurde großer Wert auf die Farbgestaltung gelegt, die nicht etwa nach dem ästhetischen Prinzip sich richtet, sondern direkt bauend mitwirkt."

B 11/11

Aufnahme frontal auf Schreibtisch und über ihn hinweg auf Wand mit Bücherschrank und Tür.

Foto, 17,8 x 23,2 cm. Rückseite Stempel „vordemberge-gildewart" und Beschriftung von der Hand Ilse Vordemberge-Ledas.

B 11/12

Aufnahme der Schreibtischecke aus größerer Entfernung, Teil einer vorderen Sitzgruppe miterfaßt.

Foto, 17,3 x 20,3 cm. Rückseite von der Hand Vordemberge-Gildewarts mit Bleistift notiert: „Arbeitszimmer des Stadtbaurats", dazu Maßangaben für Reproduktion, sowie Hinweis: „Aug. Vordemberge, Osnabrück".

B 11/13

Aufnahme der Raumecke gebildet aus Wand mit Bücherschrank (hinter Schreibtisch) und anschließender Türwand. An Wand und Decke rechtwinklige Farbfeldgestaltung.

Foto, 23 x 15,5 cm. Rückseitig Stempel: „ATELIER: VORDEMBERGE-GILDEWART" und in der Handschrift Vordemberge-Gildewarts: „Arbeitsraum des Stadt-Baurats im Stadt-Bauamt zu Osnabrück./Ausführung: August Vordemberge Osnabrück". Dazu Reproangaben.

B 11/14

Aufnahme der Raumecke gebildet aus Wand mit Bücherschrank (hinter Schreibtisch) und anschließender Türwand. An Wand und Decke rechtwinklige Farbfeldgestaltung.

Großfoto 60 x 46 cm

B 11/15

Aufnahme der Sitzgruppe im Winkel zwischen Fensterwand und Wand mit Demonstrationstafel.

Foto, 17,2 x 22,9 cm. Unten links Prägestempel des Fotografen Lichtenberg, Osnabrück.

B 11/16

Aufnahme der Wand mit Demonstrationstafel und Wandschranktür. Bei der „Demonstrationstafel“ handelt es sich um zwei - in seitlicher vertikaler Führung laufende - übereinander schiebbare Platten. Nach Ausweis der Fotos ist davon eine zum Befestigen von Plänen benutzt worden, bei der anderen mag es sich um eine Schreib-/Zeichentafel gehandelt haben.

Foto, 17,9 x 23 cm. Rückseitig Stempel (grün): „ATELIER: VORDEMBERGE-GILDEWART“ und Beschriftung in Vordemberge-Gildewarts Handschrift: „Arbeitsraum des Stadt-Baurats im Stadt-Bauamt zu Osnabrück/Ausführung: August Vordemberge Osnabrück“.

B 11/17

Aufnahme wie 11/16

Großfoto, 49 x 61,8 cm

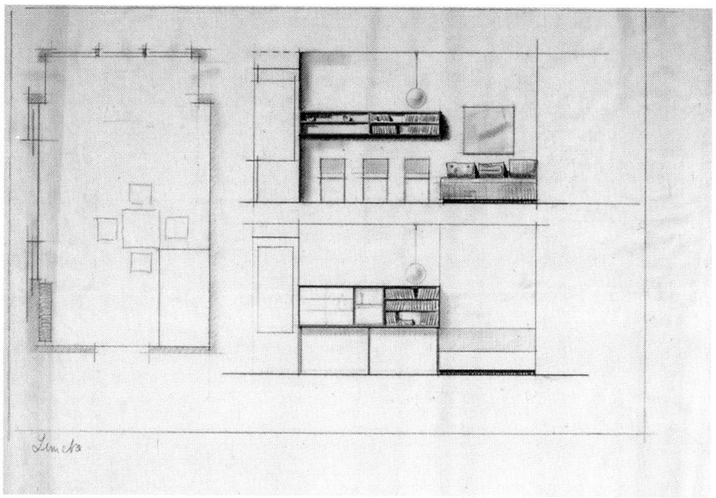

B 11/18

Aufnahme der diagonal dem Schreibtisch gegenüberliegenden Raumecke mit Demonstrationstafel, Wandschranktür und Sessel.

Foto, 22,7 x 17,7 cm. Rückseitig Stempel (grün): „ATELIER VORDEMBERGE-GILDEWART“ und in der Handschrift Vordemberge-Gildewarts: „Arbeitsraum des Stadtbaurats im Stadt-Bauamt zu Osnabrück/Ausführung: August Vordemberge Osnabrück“.

zu B 11/18

Reproduktion der Aufnahme B 11/18 in: Der Deutsche Tischlermeister, Berlin, Nr. 15, Jg. 1933, S. 418 - ohne zugehörigen Text, jedoch mit Bildunterschrift „Arbeitszimmer eines Stadtbaurats: Demonstrationswand und eingebauter Schrank für Zeichnungen...“.

B 12

Raum- und Möbelentwürfe, vermutlich in Zusammenhang mit einem Auftrag des Architekten Lemcke, Hannover (1928).

B 12/1

Grundriß eines Wohn-Schlaf-Raumes und Aufrisse seiner Längswände (mit Wandregalen, Bett und Stühlen). An der einen Wand Skizze eines Bildes in der Art von Vordemberge-Gildewarts Komposition K 42/1928.

Bleistift, links auch Schraffuren mit Rotstift, auf Transparentpapier, ca. 51 x 73,5 cm, umrandetes Feld 41,3 x 63,3 cm. Unten links in Vordemberge-Gildewarts Handschrift: „Lemcke“.

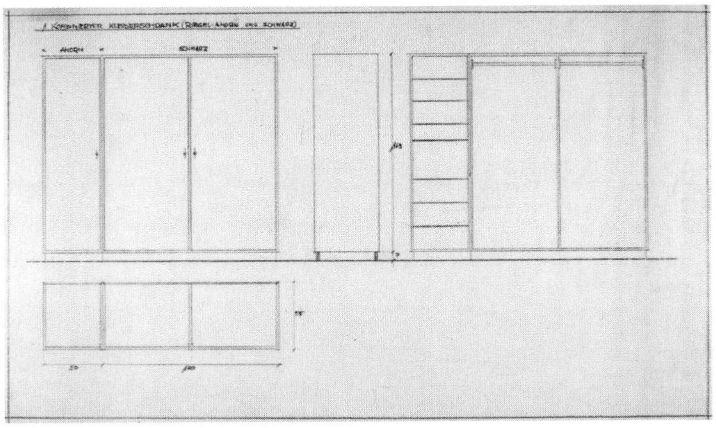

B 12/2

Front- und Seitenaufriß, Querschnitt und Grundriß eines dreiteiligen Schrankes (links Fächer, mitten und rechts Kleiderstangen), mit Maßangaben.

Bleistift auf Transparentpapier, 35 x 60,9 cm, umrandetes Feld 33,4 x 59,1 cm. Bezeichnet oben links: „KOMBINIERTER KLEIDERSCHRANK (RIEGEL-AHORN UND SCHWARZ)".

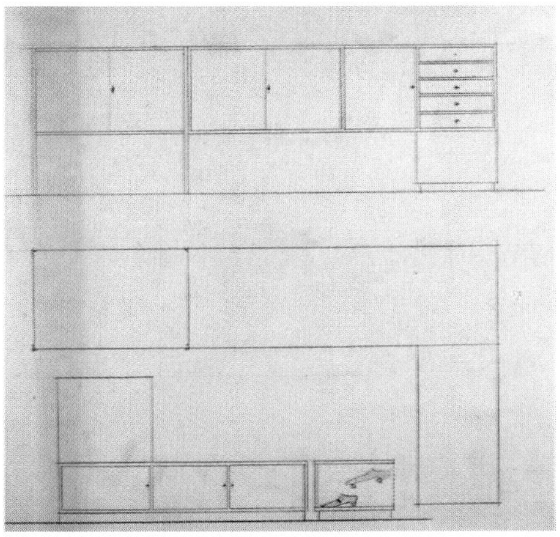

B 12/3

Zwei niedrige Schrankmöbel in Auf- und Grundriß, bzw. Querschnitt.

Bleistift auf Transparentpapier, 33,4 x 36,6 cm, umrandetes Feld 31,8 x 34 cm.

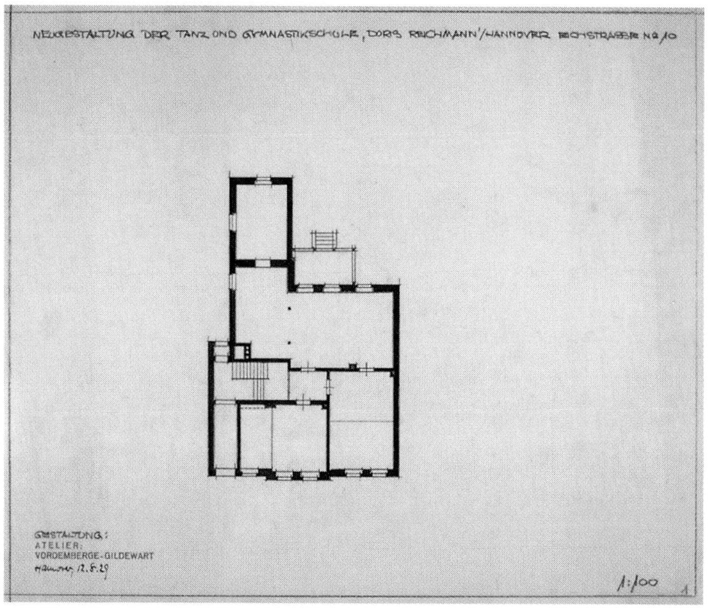

B 13

Tanz- und Gymnastikschule Doris Reichmann, Hannover, 1929.

B 13/1

Grundriß

Bleistift und schwarze Tusche auf Transparentpapier, 41 x 49 cm. Bezeichnet oben links: „NEUGESTALTUNG DER TANZ UND GYMNASTIKSCHULE ‚DORIS REICHMANN'/HANNOVER EICHSTRASSE NO.10". Beschriftung und Stempel unten links: „GESTALTUNG ATELIER: VORDEMBERGE-GILDEWART/Hannover 12.8.29", unten rechts Maßstabsangabe: „1:100".

B 13/2

Lichtpause von 13/1

40,7 x 49,3 cm, umrahmtes Feld 38,8 x 47,2 cm. Bezeichnet wie 13/1.

B 14

Lederwarengeschäft Vordemberge, Dielinger Straße, Osnabrück, 1929.

(Von Vordemberge-Gildewart in Aufstellung mit 1929 angegeben, auf Foto hat 1928 gestanden, verbessert in 1929. Recherchen von Dr. Valstar-Verhoff bei Nachbarn ergaben 1928-30).

B 14/1

Verkaufsraum mit langem Ladentisch vor Wand-Vitrinen, Oberlicht, an Pfeiler Kofferstapel.

Foto, 17,6 x 23 cm. Rückseitig Stempel „fot. ernst ernst hannover" und Beschriftung von der Hand Ilse Vordemberge-Ledas mit (wohl nachträglich angebrachtem) Stempel „vordemberge-gildewart", dazu Repro-Maßangaben.

B 14/2

Aufnahme wie 14/1

Großfoto, 48,5 x 61,5 cm. Unten links Klebezettel mit roter Schreibmaschinen-Beschriftung: „vordemberge-gildewart: lederwarenhaus v. in o. (1929)". Unten rechts Prägeeindruck: „Ernst Ernst HANNOVER".

B 14/3

Tresen um Wandpfeiler, Kofferstapel.

Foto 15,8 x 16,8 cm. Rückseitig Beschriftung von der Hand Ilse Vordemberge-Ledas und Stempel „vordemberge-gildewart".

B 14/4

Tresenfront und Wandvitrinen von schräg links gesehen.

Abbildung in: Deutscher Handwerkskalender, hg. vom Reichsverband des deutschen Handwerks, Hannover, auf das Jahr 1932, Blatt zum 9. Oktober. Dort Bildnachweis: „Phot.: Ernst-Ernst, Hannover", sowie Kommentar: „Neuzeitlicher Verkaufsraum eines Sattlermeisters. Eine großzügige Verkaufsfront, sowohl architektonisch als auch betriebstechnisch, zeigt der obige Laden. Die Glastüren der eingebauten Schränke sind bis auf den Boden heruntergezogen, so daß eine große Ausstellungsmöglichkeit garantiert ist. Interessant wirkt die Lösung der Unterbringung von Heizkörpern, welche die sehr dankbaren offenen Vitrinen ergab. Sehr vornehm wirken die zwei Tresen, in Nußbaum ausgeführt, die mit rotem Tuch, leicht auswechselbar, bezogen sind und so harmonisch mit den schwarzen Heizkörpern in den hell gehaltenen Nischen zusammenklingen. Die eingebauten Schränke sind in Zebra ausgeführt, die Umrahmung in Makassa. Dieser in jeder Weise der heutigen Verkaufstechnik angepaßte Laden ist von der Werkstatt August Vordemberge, Osnabrück, entworfen und ausgeführt."

B 15

Atelier und Wohnung Vordemberge-Gildewart, Listerstraße 24, Hannover 1930.

Es werden hier auch Foto-Dokumente erfaßt, die nicht von Vordemberge-Gildewart entworfene Möbel zeigen, wohl aber die Einrichtung der Wohnung des Künstlers belegen, seine Wohn-Neigung demonstrieren. Er hat selbst von einigen dieser Fotos zu Reklamezwecken Gebrauch gemacht.

B 15/1

Wohnraum mit Bücherregal (schwarz), Bett, Stahlrohr-Hocker, kleinem Stahlrohr-Tisch (mit Glasplatte) und Wassily-Sessel. An der Rückwand Vordemberge-Gildewarts Komposition K 34/1927.

Foto 12,3 x 17,1 cm. Rückseitig Stempel: „Aenne Heise / Hannover / Weinstr. 15“ und Angabe in der Handschrift Ilse Vordemberge-Ledas mit Namensstempel: „Wohnung vordemberge-gildewart Hannover Listerstr. 1930“.

15/2

Wohnraumecke mit schwarzen hölzernen Bücherregalen, quadratischem schwarzen Holztisch, Bett und Wassily-Sessel.

Foto, 12,3 x 17,2 cm, gestempelt und beschriftet wie 15/1.

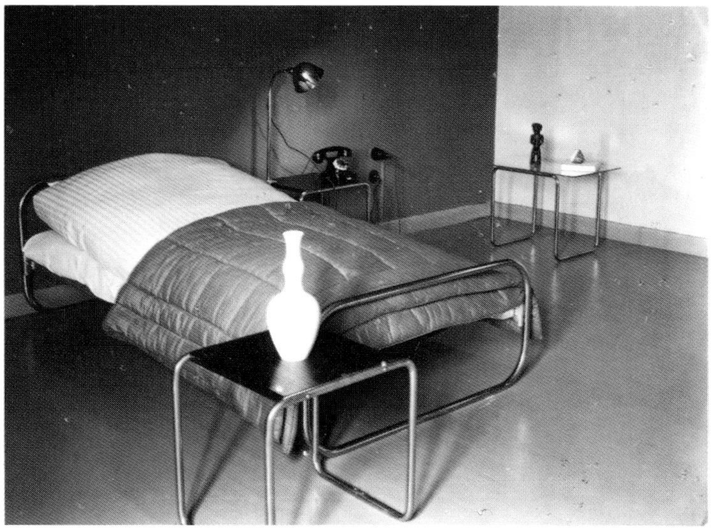

15/3

Stahlrohr-Bett und drei Stahlrohr-Hocker in Raumecke mit schwarzer und weißer Wand, grauem Boden.

Foto, 8,3 x 11,3 cm, beschriftet und gestempelt wie 15/1.

15/4

Kleiner Stahlrohr-Tisch mit Glasplatte, darauf Vase und afrikanische Skulptur.

Foto, 14,4 x 10,4 cm, rückseitig Stempel der Fotografin Aenne Heise, Hannover.

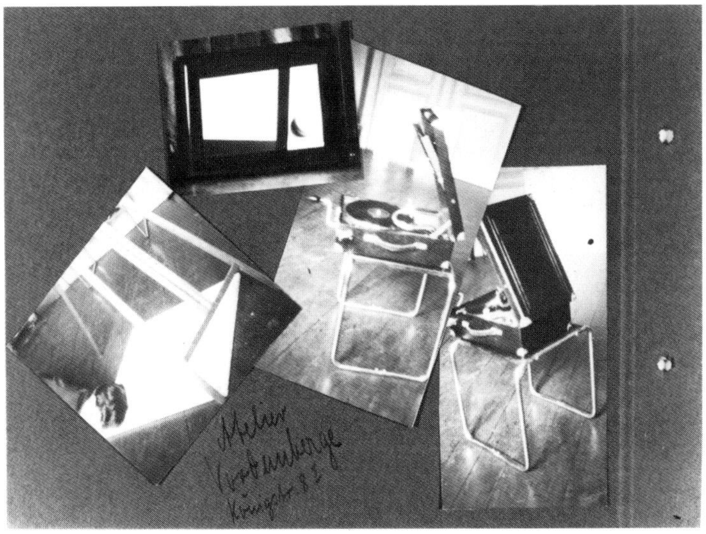

B 15/6

Stahlrohr-Hocker mit Grammophon in Collage aus mehreren kleinen Fotos, auf Album-Seite, 12,5 x 1,5 cm. Beschriftet: „Atelier Vordemberge Königstr. 8 II".

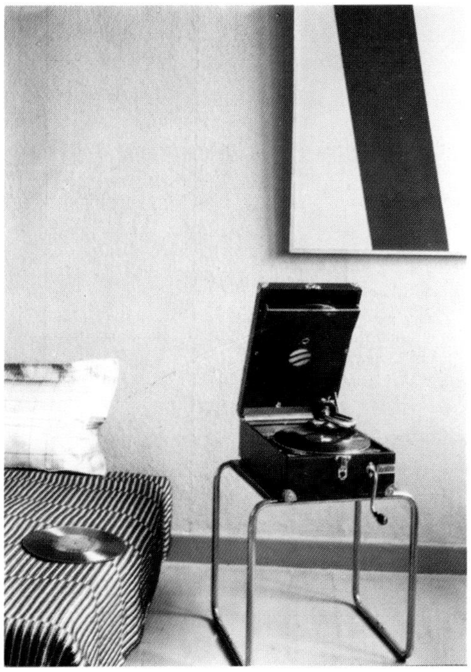

15/5

Stahlrohr-Hocker, darauf Koffergrammophon, vor Wand mit Komposition 34/ 1927.

Foto, 11,1 x 8 cm, rückseitig beschriftet und gestempelt wie 15/1.

B 15/7

Atelier: Raum mit schwarzer Rück- und weißer Seitenwand, Dielenboden, ausgestattet mit drei Stahlrohr-Klappstühlen (Breuer), schwarzem quadratischen Holztisch, Stahlrohr-Hocker, -Tisch und -Stuhl.

Abzug 17 x 21,8 cm. Rückseitig maschinenbeschriebener Klebezettel: „Aus einem modernen Wohn-Atelier / Entwurf: Architekt Vordemberge-Gildewart“, in Ilse Vordemberge-Ledas Handschrift hinzugesetzt: „Hannover, Listerstrasse, 1930“. Dazu Stempel: „fot: ernst ernst hannover“ und in Vordemberge-Gildewarts Handschrift, mit Blei: „retouchieren (im Fußboden)“.

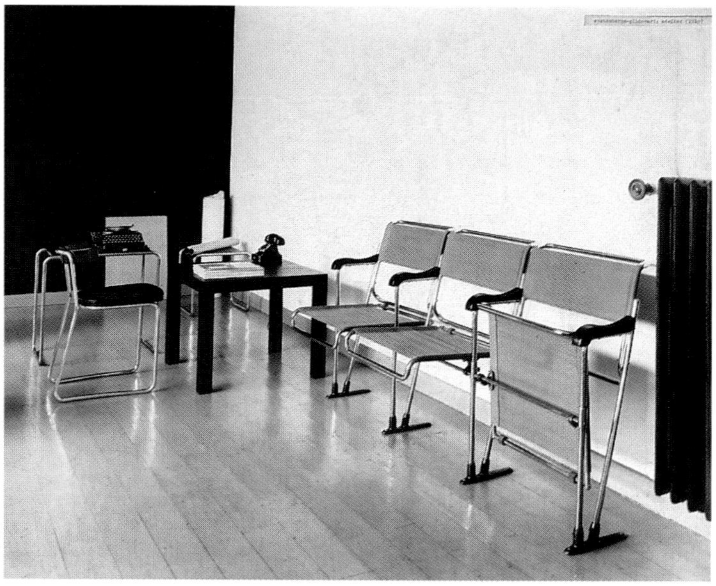

B 15/8

Aufnahme wie 15/7

Großfoto, 49 x 62 cm. Oben rechts Klebezettel mit roter Schreibmaschinenschrift: „vordemberge-gildewart: atelier (1930)“.

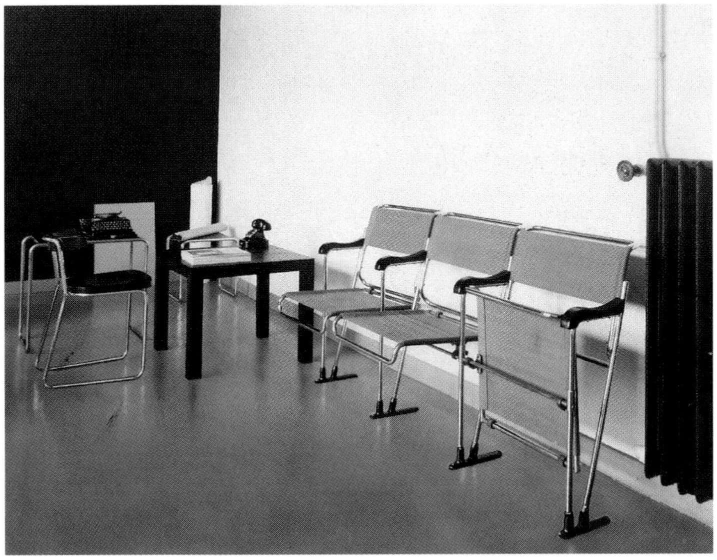

B 15/9

Aufnahme wie 15/7

Abzug 15,9 x 21 cm, auf Karton aufgezogen, retouchiert: die Bodenfläche ist grau - glatt, mit Spiegelreflexen - gespritzt. Rückseitig Klebezettel, maschinenbeschrieben, Unterstreichung rot: „Aus einem modernen Wohn-Atelier / Entwurf: Architekt Vordemberge-Gildewart", in Ilse Vordemberge-Ledas Handschrift hinzugesetzt: „(Hannover / Listerstrasse) / 1930". Dazu Stempel: „fot: ernst ernst hannover".

zu B 15/9

Reproduktion von 15/9 im von Vordemberge-Gildewart gestalteten Musterbuch der Tapetenfabrik Rasch, Bramsche, für die Saison 1931/32. Das eigene Atelier wird hier als „Vorführraum" deklariert. Siehe Typokatalog, S. 172/173, T 161.

B 15/10

Atelierecke wie 15/7, jedoch in steilerem Winkel aufgenommen.

Großfoto, 61,5 x 49 cm, rückseitig Stempel: „phot: ERNST ERNST Hannover".

B 15/11

Vordemberge-Gildewart im Atelier am Tisch mit Malutensilien inmitten seiner Bilder sitzend.

Auf Boden links K 19/1926, mitten K 2a/1924, rechts K 20/1926 - auf Staffelei K 26/1926 - an Rückwand K 42/1928 und K 61/1931 - an rechter Seitenwand K 55/ 1929 und das verschollene Gemälde K 17/1926.

Fotoabzug, 45 x 20 cm. Auf der Rückseite des Fotos vermerkt, K 42 stehe auf dem Kopf, dito K 31, und K 20 stehe schräg.

B 15/12

Ausschnitt des rechten Zweidrittels aus vorhergehender Aufnahme.

Foto, 22,7 cm x 21,3 cm. Rückseitig mit Angabe (Bleistift) der Bildnummern, Namensstempel und Orts- und Zeitangabe (letztere: 1930, ist das Datum des Atelierbezuges, K 61 ist im Werkstattbuch aber erst auf 1931 angesetzt).

B 15/15

Vordemberge-Gildewart, im Atelier vor schwarzer Wand stehend, von Bildern umgeben.

Darunter links vor Staffelei unbekannte Komposition, eventuell - nach ausgerissenem Rand einer aufliegenden dunklen Rechteckform zu urteilen - eine Collage.

Foto, 17 x 14,1 cm

zu B 15/15

Reproduktion von B 15/15 in: vordemberge-gildewart, eine bild-biografie, hg. von richard p. lohse, teufen 1959, S. 26. Dort betitelt: „atelier v-g in hannover, listerstr. 24, 1930-35".

B 15/14

Blick ins Atelier auf schwarze Rückwand.

An dieser K 23/1926, K 26/1926, K 19/1926 und K 50/1928 (verschollenes Bild aus dem Besitz von Hugo Erfurth, Dresden). Am Tisch im Vordergrund gelehnt K 54/1929.

Foto, 22,2 x 17,8 cm. Rückseitig in Vordemberge-Gildewarts Handschrift: „studio in Hannover with paintings 1923-1927 / large composition (left) nr. 23/ 1926, 200 x 240 cm", ferner Maßangaben für Reproduktion.

zu B 15/14

Reproduktion von B 15/14, betitelt „Lo studio dell'artista, 1930" in: Il Milione, Bolletino della Galleria del Milione, Milano, 10.10.-2.11.1934; Rückseite des Heftes.

Dsgl. in: baukunst und werkform, Heft 9, Jg. IX, Nürnberg 1956, S. 473, zum Aufsatz von Jürgen Joedicke, Geometrische Disziplin.

Dsgl. in: vordemberge-gildewart, Katalog zur Wanderausstellung, herausgegeben von der HfG Ulm, 1957.

Dsgl. in: Jaap Egmond und Klaas de Poel, Kunstbeschouwing (vormgeving 2), Groningen 1958, S. 12. Dort in einer Reihe mit Künstler-an-der-Staffelei- und Atelier-Darstellungen, beginnend bei Breughel, als Exempel des neuesten Standes.

Dsgl. zu Artikel von J. J. Oud, La mia strada in „De Stijl". In: casabella, rivista internazionale di architettura e urbanistica, Nr. 256, Milano, Ottobre 1961, S. 27.

Dsgl. in: domus, 428, Milano, Luglio 1965, auf ausklappbarem Kalendarium.

Dsgl. in: Vordemberge-Gildewart, Katalog Haags Gemeentemuseum, 1966, Abbildung 10, S. 24.

Dsgl. in: Berlin-Paris 1900-1933, Katalog Centre national et de la culture Georges Pompidou, Paris, 1978, S. 211.

B 15/13

Vordemberge-Gildewart mit Roberto M. Baldessari (stehend) und Dr. Justus Bier (sitzend) im Atelier.

An der Wand K 73/1932, wahrscheinlich K 72/1932 (1934 Marinetti geschenkt, Verbleib unbekannt), K 54/1929, K 71/1932, K 48/1928.

Foto, 21,8 x 16,7 cm, rückseitig Maßangaben für Reproduktion.

zu B 15/13

Reproduktion von B 15/13 in: vordemberge-gildewart, eine bild-biografie, hg. von richard p. lohse, teufen 1959, S. 32, dort auf 1934 datiert.

B 15/16

Atelier mit Bildern auf zwei Staffeleien, links K 81/1934, mitten K 25/1, 1927, dahinter an der Wand K 23/1926 u.a. Unter der linken Staffelei an Seitenwand vor Zeitungsstapel das verschollene „K"-Bild (K 9/1924). Vermerk auf kleinem Abzug (7 x 9,4 cm) dieser Aufnahme rückseitig, in Vordemberge-Gildewarts Handschrift: „Besuch: Baldessari am 16. Februar 1934 mit Senta/Justus Bier. Weitere Fotos im Gästebuch! / Negativ in Mailand im Oktober 34 übergeben V.".

zu B 15/16

Reproduktion von B 15/16. In: stile futurista, N1/1934, S. 31, zu Artikel von Alberto Sartoris.

Dsgl. auf Rückseite des Kataloges zur Ausstellung Vordemberge-Gildewart im Koninklijke Kunstzaal Kleykamp, 's-Gravenhage, 3.12.-30.12.1938.

B 16

Wohnung und Atelier des Fotografen Ernst-Ernst, Hannover, 1931.

B 16/1

Raumecke mit schwarzer und weißer Wand, Stahlrohrmöbel (Wassily-Sessel, Hocker, Tisch mit Glasplatte) und Kastenmöbel mit Schubladen an Stirn- und Längsseite.

Foto, 17,8 x 24 cm. Rückseitig Klebezettel, maschinen- und handbeschriftet: „Architekt Vordemberge-Gildewart Hannover: Atelier-Ecke eines Fotografen. Fotoschrank in schwarzem und grauem Riegelahorn. Ausführung: Werkstatt August Vordemberge, Osnabrück. Foto: Ernst-Ernst, Hannover". Zusätzlich Stempel: „fot: ernst ernst hannover".

B 16/2

Raumecke, wie 16/1, jedoch aus anderem Blickwinkel, so daß noch schwarze niedrige Bücherregale und ein quadratischer schwarzer Tisch sichtbar werden.

Foto, 18 x 23,3 cm. Rückseitig Klebezettel, maschinenbeschrieben: „Atelier-Ecke eines Photographen / Entwurf: Architekt Vordemberge-Gildewart". Dazu Stempel: „fot: ernst ernst hannover" sowie Hinweis in der Handschrift Ilse Vordemberge-Ledas: „Ernst-Ernst, Hannover, 1931".

B 16/3

Raumecke wie 16/1, aus Zimmermitte gesehen. An schwarzer Wand links neben der Tür vier großformatige Werbefotos.

Großfoto, Bildfeld 34,5 x 45,5 cm, asymmetrisch auf Fotokarton 48,5 x 61 cm. Klebezettel mit Schreibmaschinen-Beschriftung unten links: „vordemberge-gildewart; atelier des fotografen ernst-ernst hannover (1931)". Rückseitig Stempel: „phot: ERNST ERNST Hannover".

B 16/4

Ansicht wie 16/3, seitlich erweitert.

Foto 13 x 17,8 cm. Rückseitig von der Hand Ilse Vordemberge-Ledas beschriftet und gestempelt: „Entwurf: vordemberge-gildewart / Atelier Ernst-Ernst, Hannover, 1931".

B 16/5

Dieselbe Raumecke aus kürzerer Distanz gesehen.

An schwarzer Wand andere Werbefotos als sie 16/3 zeigt, eines davon ist von Vordemberge-Gildewart für eine Werbearbeit verwendet worden (T 179, verwendet in T 178 - s. Typokatalog S. 181).

Foto, 17,5 x 22,8 cm. Rückseite maschinenbeschrifteter Klebezettel: „Atelier-Ecke eines Photographen / Entwurf: Architekt Vordemberge-Gildewart" und Stempel „fot: ernst ernst hannover".

B 16/6

Möbel im Eßzimmer Ernst-Ernst.

Foto, 15,8 x 18,5 cm. Rückseitig Stempel „VORDEMBERGE-GILDEWART" und in Handschrift des Künstlers: „Architekt B.D.A. / Buffet mit angebauter Vitrine", dazu Maßangaben für Reproduktion.

Zwei weitere identische Aufnahmen, Abzüge 14 x 18,7 cm und 18 x 24 cm (mit Rand).

zu B 16/6

Reproduktion von B 16/16 in: Der Deutsche Tischlermeister, 38. Jg., Heft 15, Berlin 13. April 1933, S. 422.

Dsgl. in: Rasch-Buch 1934, Musterbuch der Hannoverschen Tapetenfabrik Gebr. Rasch, Bramsche (T 166), Blatt zwischen S. 5 und S. 6. Mit Vermerk: „Gestaltung: Architekt Vordemberge-Gildewart (Foto: Ernst-Ernst, Hannover)".

B 16/7

Vitrine mit Buffet, davor runder Tisch mit Stühlen.

Foto, 18 x 23,8 cm. Rückseitig Bemerkung von Ilse Vordemberge-Leda: „Wohnzimmer im Hause Ernst-Ernst, Hannover / Buffet n. Entwurf V-G".

B 16/8

Raumdurchblick. Im Hintergund Vitrine und Buffet von Vordemberge-Gildewart.

Foto, 22,5 x 16,9 cm. Rückseitig in Vordemberge-Gildewarts Handschrift: „Neuzeitliche Wohnung". Zusatz Ilse Vordemberge-Ledas: „(Ernst-Ernst, Hannover, 1931)" und Stempel „ATELIER: VORDEMBERGE-GILDEWART".

zu B 16/8

Reproduktion von B 16/8 in: Deutscher Handwerkskalender, hg. vom Reichsverband des deutschen Handwerks, Hannover, für das Jahr 1933, Blatt 10. Dort Fotonachweis: „Bild: Ernst Ernst, Hannover", sowie Kommentar: „Durchblick in einer modernen Wohnung (Entwurf: Arch. Vordemberge-Gildewart, Hannover. Ausführung der Möbel: Werkstatt August Vordemberge, Osnabrück). In der heutigen Wohnkultur ist die ‚Helligkeit', die ‚Weite' eingezogen. Dieses Merkmal ist ein schwer erkämpftes Gut in der Architektur, das sichtbare Zeichen eines ‚Reinigungs'-Prozesses beim heutigen Menschen. Und dieser Prozeß ist überall zu ermöglichen, unbekümmert hinsichtlich der Größe und Anzahl der Räume. Obiges Bild ist ein Beispiel dieser Gestaltung, wo durch ein bewußtes Steigern der Farbtöne beim Durchschreiten der Räume ein bisher nie gekanntes Gefühl von Befreitsein der ‚vier Wände' erreicht worden ist."

B 16/9

Durchblick aus mittlerem Wohnraum in Raum mit Vitrinenschrank.

Im Wohnraum ist das schwerere Mobiliar, das die vorhergehende Aufnahme zeigte, durch Stahlrohrmöbel ersetzt und ein Gemälde rechts an der Wand gegen eine Komposition von Vordemberge-Gildewart (K 55/1929) ausgetauscht worden (dieses Bild, das Ernst Ernst gehörte, ist während des Zweiten Weltkrieges zerstört worden). Deutlich ist die dunkle Deckenbemalung.

B 16/10

Ecke hinter Vitrinenschrank mit K 55/1929.

Interessant ist die Rahmung der Komposition in flachem unverglastem außen wie innen dunkelwandigem flachen Kasten mit weißem Grund.

B 17

Haus Cohn-Ermann, Hannover-Kleefeld, 1933.

B 17/1

Schrägblick auf schwarze Wand mit gerahmter Bildreproduktion, eingefaßt von zwei hellen Türen, auf rechts anschließender heller Wand ein zweites Bild.

Foto, 17,5 x 23,7 cm (mit Rand). Rückseitig Stempel „VORDEMBERGE-GILDEWART" und in der Handschrift des Künstlers: „Architekt B.D.A. / Heutige Raumgestaltung".

B 17/3

Längsblick. Sitzgruppe mit halbrundem Fensterraum, davor quergestelltes Kastenmöbel mit Büchern, rechts schwarze Wand mit Bild.

Foto, 16,7 x 23 cm. Rückseitig mit Schreibmaschinen-Beschriftung: „vordemberge-gildewart: wohnraum cohn-ermann in kleefeld (1933)", sowie Maßangaben für Reproduktion.

B 17/2

Wohnraum-Ecke mit Sofa und quergestelltem Kastenmöbel (zur Seite offene Bücherregale, an der Stirnseite Rolladen).

Foto, 17,2 x 22,7 cm. Rückseitig mit Schreibmaschinen-Beschriftung: „vordemberge-gildewart: wohnraum cohn-ermann in Kleefeld (1933)".

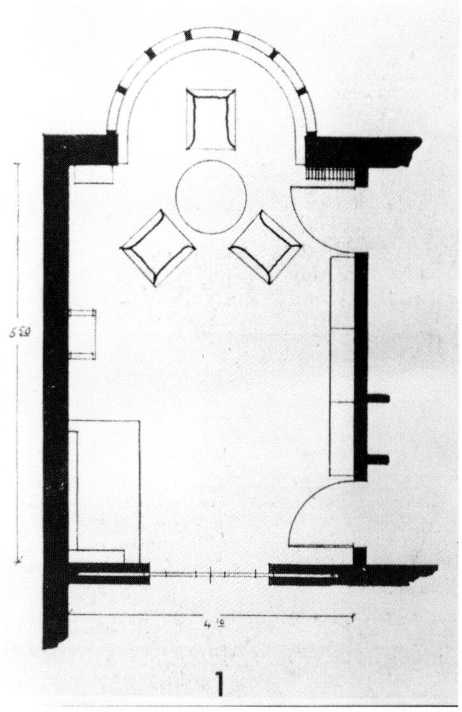

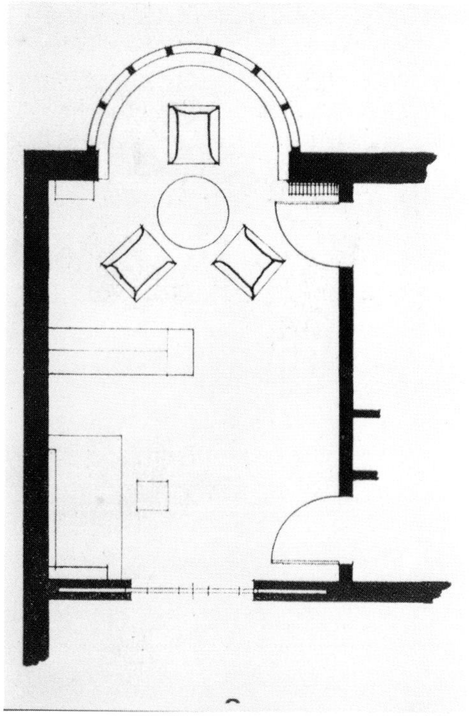

B 17/4

Vordemberge-Gildewart, Die Liebe zum Grundriß. In: Der Deutsche Tischlermeister, Nr. 12, 40. Jg., Berlin 22. März 1934, S. 329-334.

Die Aufnahmen 17/1-3 sind sowohl auf dem Hefttitel wie zur Illustration des Artikels verwandt. Hinzugefügt sind zwei Grundrisse: Grundriß 1, Grundriß 2.

„Die Liebe zum Grundriß.

Die persönliche Lebensart des Menschen ist der Ausgangspunkt und nicht die ästhetische Seite; einen Lebensvorgang gestalten heißt die Aufgabe, und dafür sind Form, Material und Farbe sekundäre Momente. (Darum sei hier gleich gesagt, daß die Bewunderung des jeweiligen modischen Materials wie z. B. heute Metall und Glas den Snobismus sowohl des Bauherrn als auch des Architekten verrät. An richtiger Stelle ist zum Beispiel ein Glastisch auf Stahlstützen keine Sensation, sondern gerade das Gegenteil: eine anonyme Bescheidenheit, nämlich statt aufzufallen und den Raum zu überladen, durchsichtig und somit raumvergrößernd.)

Auch für den einzelnen Raum ist der Mensch ausschlaggebend. Ein in diesem Sinne gestalteter Raum ist als solcher noch nicht ‚fertig'. Erst beim Eintritt des Menschen ist der Raum ‚gelöst'. In einem solchen neutralen Raum entfaltet sich der Mensch, die Blume, das Bild, die Unterhaltung. Also keine ‚optische Konkurrenz' der Dinge unter sich!

Der Grundriß 2 ist aus dieser Auffassung heraus gestaltet. Die übliche Lösung zeigt der Grundriß 1. Die Unterbringung der vorhandenen drei Sessel und des runden Tisches geschieht am selbstverständlichsten in der Nische (keine Hinderung der Bewegung im Raum - gute Lichtverhältnisse). Die geforderte Unterbringung einer Bücherei nebst kleiner Hausbar ist hier der entscheidene Punkt. Wenn auch im Beispiel 1 ein großer freier Raum gewonnen wird, so ist diese Lösung doch langweilig und eben keine ‚Lösung'. Einmal wird die sehr wichtige Passage zwischen den beiden Türen nicht genug freigelegt, dann aber ist die Entfernung von der Liegeecke und von der Sitzecke zu der Bücherei zu groß und unpraktisch. Es entsteht höchstens eine dekorative und ‚repräsentative' Bücherei. Aber kein intimer Reiz, kein Behagen! Außerdem würde man beim Betrachten von Mappen und Zeichnungen dauernd seinen Mitmenschen den Rücken kehren und gegen die Wand sehen. Ebenfalls würde die Bewirtung der Gäste durch die kleine Bar in nicht gerade höflicher Art vor sich gehen. Und endlich ist der Raum zur Unterbringung der Bücherei nicht sehr groß.

Ganz anders ist die Situation im Grundriß 2. Intime Unterteilung des in seinen Verhältnissen groß wirkenden Raumes, die keineswegs etwa die Bewegung im Raum oder den Blick hindert. Die Bücherei auf geschlossenem Sockel würde die Raumunterteilung zu ‚massiv' machen. Deshalb ist die Verwendung von Metall-Stützen hier keine modische Angelegenheit! Vielmehr läßt diese Gestaltung absolut die Leichtigkeit der Trennung empfinden.

Durch das Heranziehen eines Sessels wird die ideale Leseecke ermöglicht. Und beim Betrachten von Mappenwerken und Zeichnungen, die in den oberen Auszügen Platz finden, gestattet die Höhe der Bücherei eine nicht anstrengende Haltung. Die kleine Bar an der Stirnseite der Bücherei dürfte im Gegensatz zum Grundriß 1 ein bequemes Hantieren ermöglichen und gibt jetzt einen Überblick nach beiden Seiten. Da eine Tür an der Hausbar in jeder Hinsicht stören würde, ist eine Jalousie verwandt worden. Und in der Bücherei können im Vergleich zu Vorschlag 1 um ein Drittel Bücher mehr untergebracht werden.

Die Passage zwischen den beiden Türen im Grundriß 2 liegt jetzt wunderbar frei. Durch die Wandgestaltung ist hier eine monumentale Wirkung erreicht, die aber gleichzeitig auch sympathisch wirkt dank der großen schwarzen Fläche.

Die Art, wie die Bilder gehängt sind, ist nicht nur eine Geschmacksangelegenheit, sondern sie bedeutet hier eine Steigerung der Raumwirkung.

Vordemberge-Gildewart, Hannover"

zu 17/4 - 1

„...wenn auch hier ein großer freier Raum gewonnen ist, so ist diese Lösung doch langweilig und eben keine ‚Lösung'..."

zu 17/4 - 2

„...die Passage zwischen den beiden Türen liegt jetzt wunderbar frei..."

B 17/5

Manuskript „Raumgestaltung" zu veröffentlichtem Text 17/4.

Drei DIN-A 4-Seiten, Anfang auf Briefbogen Vordemberge-Gildewarts mit der Adresse Listerstraße 24, Hannover.

B 17/6

Aus Brief Vordemberge-Gildewarts an seinen Vater, 16.9.1933:

„einliegend findest du zwei zeichnungen ... nun habe ich vor 8 tagen einen schönen auftrag für die ausgestaltung einer ganzen etage in einem neubau draussen im villenviertel kleefeld erhalten. zunächst müssen die alten möbel grösstenteils übernommen werden. es werden kleine bauliche veränderungen ausgeführt, aber immerhin soll der grosse wohnraum schon jetzt mit besonderer sorgfalt hergerichtet werden. interessehalber lege ich den grundriss bei. dieser längliche raum wird durch eine quergestellte bücherei unterteilt, und um dieses möbel handelt es sich jetzt insbesondere. der auftraggeber hat u.a. die arbeiten bei ernst-ernst gesehen und mich unbedingt aufgefordert, auch einen preis von dir einzuholen. er ist zwar geschäftsmann, hat aber für die ausführung eines solchen möbels nicht den passenden tischler, sodass auch hier eine ihm fremde firma ausserdem noch aufgefordert wird.

das möbel wird in ahorn schwarz gebeizt ausgeführt. an der stirnseite wird ein likörschrank untergebracht, der mit rolladen versehen ist. die verkleidung der innenwände geschieht mit weissem opakglas und 1 bis 2 glaseinlageböden für die zigarren. die bücherei ist auf beiden seiten je durch 1 mittelwand getrennt. die 4 böden liegen auf stöpseln. ausserdem ist der obere teil für einen grossen und 2 kleine schubkästen für mappen bestimmt. ausführung innen dieser schubkästen grau ahorn. alle drei verschliessbar. der ganze schrank ruht auf 6 verchromten stahlstützen, welche nur untergeschraubt werden. diese stützen sind in einem gewinde drehbar, welches an sich wieder festgeschraubt wird, damit bei einer unebenheit des fussbodens die 6 stützpunkte absolut in der passenden höhe auszugleichen sind.

da ich nun nicht weiss, wie stark du beschäftigt bist und die zeit der lieferung spätestens am 3. okt. beendet ist, ob es in deinem jetzigen programm auskommt. ich darf aber trotzdem erwarten, lieber papa, dass du interesse für diese lieferung hast, denn eine so grosse differenz wird in den 2 offerten nicht auftreten - wenn auch der transport noch hinzukommt, so begrüssen es meine auftraggeber sehr, wenn es bei uns ausgeführt wird. ...".

B 18

Möbel für den Eigenbedarf, spätere hannoversche (1935) und Amsterdamer Zeit (ab 1938).

B 18/1

Eingebauter Küchenschrank.

Bestellung in Brief an den Vater vom 9.1.1935:

„aus dem grossen umschlag hast du sicherlich auch schon vernommen, dass ich mit einer geschäftlichen sache an dich herantrete. ich hoffe sehr, dass du mir diesmal die zeichnung nicht zurückschickst. da es sich auch um eine einfache, klare arbeit handelt, so brauche ich auch nicht herüberzukommen.

es handelt sich um einen eingebauten küchenschrank, der zugleich topfschrank und buffet ist. innen und aussen (die jalousien) kommt riegelahorn (natur) in frage, die vorderkanten (bis in die nuten) schwarz gebeizt. die seiten werden blind furniert.

die platte soll nachher aufgelegt werden, und zwar opakglas, das hier geliefert wird. ein volles holzblatt ist deshalb nicht notwendig, sondern nur leisten. der schrank nummer 4 wird als silberschrank ausgebaut. die linke hälfte hat nur einen boden. die auszüge werden nach dem silber ausgepolstert. immerhin müssen die schubkasten-seiten auch aus hellem holz sein. die vorderstücke schwarz gebeizt.

sämtliche böden ruhen auf stellstiften (verkröpft, damit die böden nicht durch erschütterungen herausfallen). die löcher gehen in einem abstand von ca. 5 cm durch die ganze höhe.

die rückwände von schrank 1 und 2 erhalten entlüftungslöcher, wie eingezeichnet, die mit draht oder gelochtem blech verkleidet werden (aussen), der ganze schrank steht einige cm von der wand ab. durch eine deckleiste mit ausgesparter entlüftung wird die verkleidung abgeschlossen. wegen dieser leiste schreibe ich später noch.

schrank 1 erhält glasböden, die du mitlieferst. hingegen die rosten in schrank 2 werden hier gemacht.

ich glaube, dass jetzt alles klar ist. aus dem letzten brief ... konnte ich vernehmen, dass das geschäft vor weihnachten etwas ruhiger geworden war. deshalb hoffe ich, dass diese arbeit dir wegen der zeit gut passt. wegen eines internen umzuges in der wohnung hätte ich den schrank gern bald gehabt. den preis kannst du, wenn es die zeit erlaubt, mir ungefähr mitteilen, sonst genügt auch die nachricht während oder nach der arbeit."

B 18/2

Zwei jeweils zweiteilige hüfthohe Schränke, mit Rolläden verschlossen (innen verstellbare Regalböden, bzw. im zweiten Teilschrank von links in der rechten Hälfte Schubladen, der linken oben eine Schublade). Es handelt sich um die im Brief vom 9.1.1935 bestellten Möbel, ca. 1941 in der Amsterdamer Wohnung der Vordemberges, Nicolaes Maesstraat 22, aufgenommen.

Foto, 16,3 x 21,8 cm. Rückseitig in der Handschrift Vordemberge-Gildewarts „Amsterdam", dazu Namensstempel „vordemberge-gildewart". Ferner in der Handschrift Ilse Vordemberge-Ledas Angaben zu den über der Schrankreihe hängenden Gemälden Vordemberge-Gildewarts: K 128/1941, K 117/1940, K 126/1941, K 130/1941.

Diese Schränke werden ebenso wie die schwarzen Buchregale und der schwarze quadratische Tisch, die bereits auf Fotos der 1930 bezogenen Wohnung in der Listerstraße 24 in Hannover auszumachen waren, und wie auch einige der Stahlrohrmöbel, zu dem persönlichen Besitz gehört haben, der nach Vordemberge-Gildewarts Bekunden ihm mitten im Krieg aus Berlin nach Amsterdam nachgeliefert wurde.

In einem Brief Vordemberge-Gildewarts an den befreundeten Schweizer Architekten Alfred Roth vom 1.10.1945 heißt es dazu: „ich hatte mitten im kriege die unglaubliche möglichkeit, meinen berliner besitz zu erhalten ...". Und an Nelly van Doesburg am 17.1.1941: „nach all unseren vielen miseren hier, schon zu friedenszeiten, kam eines tages dann etwas ruhe und die überraschung: nach 5 jahren erhielten wir all unseren besitz wie bilder, bücher, wäsche, möbel etc. etc. ... endlich hatten wir wieder unsere persönliche umgebung und material. vor allem ich mit meinen bildern. wenn auch 50% gestohlen war, für uns war es ein gewinn".

Die Deckplatten der Rollschränke, die laut Bestellung ursprünglich aus Opakglas bestanden, sind später - möglicherweise von Ilse Vordemberge-Leda beim Einrichten ihres Hauses in Rapperswil - durch mit weißem Kunststoff beschichtete Holzplatten ersetzt worden.

B 18/3

Bücherregale mit Glasschiebetüren auf hohen Metallstützen.

Vordemberge-Gildewart vor dem Möbel in der Wohnung in Amsterdam, Nicolaes Maesstraat 22.

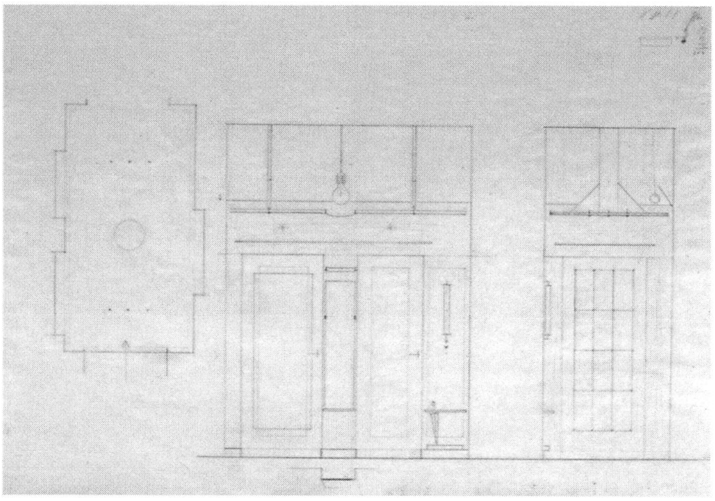

B 19

Wiederaufbau und Wiedereinrichtung des Elternhauses, Große Gildewart 27, Osnabrück und Wohnungseinrichtung für die Familie des Bruders August Vordemberge, Gutenbergstraße, Osnabrück.

Pläne und briefliche Ratschläge, 1952-57.

B 19/1

Bauentwurf für kleinen Flur im ersten Stock.

Grundriß, sowie Aufriß einer Längs- und Querwand. Vorgesehen abgehängte Decke, eine Tür mit rechteckig unterteilter Glasfläche, vertikale Wandleuchten.

Bleistift auf Transparentpapier, ca. 52 x 74 cm.

B 19/2

Brief vom 29.1.1952 an seine Schwester Mimi in Osnabrück, Typoskript 2 Seiten. Erläuterungen zu dem Flur-Entwurf (B 19/1):

„wie ich gestern meinen entwurf zu dem flur fertig hatte, wäre ich am liebsten nach dort gekommen, um noch das eine oder andere zu erklären, was ausführung betrifft. ... seht nur zu, dass bei passender gelegenheit dieser flur ausgeführt werden kann, denn er wird ein schmuckkasten. ... alles ist wegen des geringen platzes sehr flächig gehalten. eingelegte streifen und oben über den türen die eingelegten sterne. die schwebende decke wird weiss gestrichen, um über tag einen helleren eindruck zu gewinnen, und abends bei beleuchtung sieht der flur sehr vornehm und festlich aus.

hinsichtlich der beleuchtung gibt es 2 vorschläge: einmal mit deckenlicht, wobei dann die soffitten an den seiten wegfallen, dann als zweiter vorschlag keine deckenlampe, sondern nur die beiden soffitten, eventuell über dem spiegel eine klavierlampe.

die schmalere badezimmer-tür bekommt nur einen hellen streifen, hingegen die beiden anderen je einen hellen und dunklen streifen, so wie ihr es auf der detailzeichnung in farben sehen könnt. durch diese behandlung können die schon vorhandenen türen ohne weitere bearbeitung benützt werden. der spiegel wird seitlich poliert nur aufgesetzt ohne jede weitere einleistung, die garderobe wird in ganzer breite und höhe bespannt. „.. vor der ausführung komme ich nach dort, um mit euch und niemeyer holzsorte und einige technischen details zu besprechen. - es sollte mich freuen, wenn du und issy mit dem entwurf zufrieden wäret. über den türen läuft - das habe ich noch vergessen zu sagen - eine kleine leiste, die etwas schatten gibt, darüber schwebt dann der stern.“

Zu den angesprochenen Personen: Die Schwestern Mimi und Issy führten nach dem Ausscheiden des Vaters dessen Betrieb fort, konnten sich dabei auf den hier erwähnten Meister Niemeyer stützen.

B 19/3

Brief vom 22.10.1953 an die Geschwister. Typoskript, eine Seite.

„kurze erläuterungen zu den 2 decken-entwürfen“ für fremde Bauherren.

B 19/4

Brief vom 26.11.1953 an den Bruder. Typoskript, eine Seite.

Verrät Enttäuschung über das Resultat der Bemühungen, die Wohnung des Bruders zu gestalten. Ratschläge zu Lampen.

B 19/5

Brief vom 7.12.1953 an Schwester. Typoskript, eine Seite, mit kleiner Zeichnung (Tinte). Anlage Blatt mit Skizzen (Tinte), DIN-A 4.

Ausführungen über Metallbeine und -füße für Möbel, Erklärungen zu Satz-Tischen, dazu Skizze dreier unterschiedlicher Beinformen.

B 19/6

Brief vom 10.1.1954 an die Schwestern. Typoskript, eine Seite.

Ankündigung der Zeichnung für ein großes Buffet (bestimmt für die Wohnung des Bruders in der Gutenbergstraße, Osnabrück, siehe B 19/7).

(B 19/7)

Buffet, 1954

B 19/8

Brief vom 14.3.1954 an die Schwestern. Typoskript, eine Seite.

Erwähnung eines großen Wandschranks.

B 19/9

Brief vom 13.4.1954 an die Schwestern. Typoskript, eine Seite.

Erwähnung eines großen Schrankes für das Contor.

B 19/10

Brief vom 2.5.1954 an die Familie. Typoskript, eine Seite.

Erkundigung nach Einbau des großen Schrankes.

B 19/11

Brief vom 6.5.1957 an die Schwestern. Typoskript, zwei Seiten.

„... beiliegend findet ihr einen vorschlag, wie man für eure situation den raum durch tapeten behandeln könnte. ich habe natürlich mit den gegebenheiten gerechnet, und ähnlich wie bei augusts wohnung habe ich auch hier mit drei farbtönen gearbeitet: die fensterfront, die gegenüberliegende wand mit der tür und die wand zum grundstück nr. 26 sind in weiss gedacht (wobei ich sofort bemerken möchte, dass es kein kaltes weiss ist, sondern ein gebrochenes, gelbliches weiss); die wand mit der nussbaumvitrine in gelb; und die wand mit dem sofa und der vorspringenden decke rosa.

wie ihr an dem stempel auf der rückseite seht, stammt die tapete von mir. es ist immer das gleiche muster, wodurch eine einheitlichkeit erreicht wird und keine unruhe. ihr müsst euch nun nicht den kopf zerbrechen, wenn ihr die drei tapeten in gleicher grösse nebeneinander legt, in der praxis sieht das viel schöner und ruhiger aus, z.b. ist ja die wand mit dem sofa in rosa die kleinste wand und der gelbe ton passt ausgezeichnet zu der nussbaumvitrine, wie auch die kirschbaum- und die ahornmöbel sehr schön auf der weissen tapete zur geltung kommen. die ganze wohnung wird grösser und ist niemals langweilig..."

Es folgt die Anweisung, die Decke mit weißer Leinfarbe zu streichen und das Versprechen, die Zeichnung für eine beleuchtbare Wandvitrine bald anzufertigen.

B 19/12

Brief an die Schwestern vom 23.5.1957. Typoskript, eine Seite.

„... zu der tapeten-frage. ... weisse tapeten schlage ich nicht vor, denn weiss ist was ganz anderes als die helle tapete von mir. ... statt der rosa-tapete, die nicht süsslich ist, schlage ich nun meine grüne tapete vor, die sehr gut zur gelben und der anderen tapete passt, die ihr vorgeschlagen habt. ... es wäre schade, wenn nur die eine wand gelb würde und alles andere in eurer hellen tapete. die sofawand springt nun einmal vor, und diese tatsache verlangt in der architektur wiederum einen anderen ton. ... tapeten, welche für das ganze leben halten sollen, gibt es so wenig, wie es etwa kleider soll für das ganze leben. haus und möbel bleiben, doch tapeten und kleidung wechseln. das ist der reiz. ..."

B 19/13

Brief vom 10.11.1957 an die Schwestern. Typoskript, zwei Seiten.

Bericht von Ideenskizzen für Schränkchen.

(B 19/14)

Schreibtisch mit Sessel.

Angefertigt für August Vordemberge, Gutenbergstraße, Osnabrück. Im Besitz von August Vordemberge jun., Düsseldorf.

Bauplastik

Es ist nur ein Teil der Bauplastiken Vordemberge-Gildewarts - und zwar vor allem der frühe - durch Zeugnisse im Nachlaß belegt. Die Recherchen von Frau Dr. Arta Valstar-Verhoff zu früheren Veröffentlichungen und die von Dipl. Ing. Dirk Schumann zu einer anstehenden Dissertation haben weitere Teile dieses Werkes zutage gebracht. Die Abgrenzung, bzw. Überschneidung des Frühwerkes Vordemberge-Gildewarts mit dem seines Lehrers und Meisters Vierthaler konnte mit Nikolai Stula diskutiert werden. Dennoch muß offen bleiben, ob es nicht vor allem in Hannover weitere bauplastische Arbeiten von Vordemberge-Gildewart gegeben hat oder noch gibt. Hinweise auf hier nicht erfaßte Bauplastiken, die eventuell Vordemberge-Gildewart zuzuschreiben sind, ergeben sich aus der Dissertation Dirk Schumanns über die Architektur und Bauplastik in Hannover zwischen den Weltkriegen.

B 20

Plastische Arbeiten und Entwürfe aus der Studienzeit Vordemberge-Gildewarts in der Bildhauerklasse von Prof. Ludwig Vierthaler an der Kunstgewerbeschule Hannover (1919-21) oder der Zeit seiner Assistenz im Atelier Vierthaler (1922/23).

B 20/1

Modell eines Kriegerdenkmals.

Eisernes Kreuz auf abgestuftem Quadersockel. In Werkstatt, auf Modellierbock.

Foto, 6 x 6 cm

B 20/2

Modell eines Denkmals.

Kreuz auf Kugel auf Pyramide auf abgestuftem rechteckigen Sockel. Auch auf Schrägfläche Kreuz. In Werkstatt, auf Modellierbock. Seitlich hinter dem Werkstück Prof. Vierthaler und Vordemberge.

Foto, 6 x 6 cm

B 20/4

Atelier Vierthaler

An der Wand in Regalen aufgestellte Reliefs. Darunter die beiden Motive, die in B 2 Verwendung fanden. Auf Modellierbock Rundplastik zweier ineinandergeschlungener Affenfiguren.

Foto, 9,8 x 14,2 cm

B 20/3

Rundplastik zweier ineinandergeschlungener Affenfiguren auf Modellierbock. Vordemberge handanlegend dahinterstehend. An Atelierwand Reliefs.

Foto 14 x 9,5 cm

B 20/5

Zeichnung einer stilisierten Figur: Flötespieler.

Entspricht dem Relief im Regal links der Affen-Plastik auf Foto 20/4, verwendet im Schnitzwerk der linken Tür des kleinen Schrankes B 2.

Kohle auf Transparentpapier, dieses zu einem Dreieck geschnitten. Höhe ca. 45 cm, Basis ca. 41,5 cm. Rückseitig Spuren von scharfem Durchzeichnen der Umrißlinien.

B 20/7

Gipsrelief

Sitzend gelagerte märchenhaft gekleidete Figur von stilisierten Pflanzen umgeben, nach oben und rechts von Arabeske umschlossen. Auf den Fotos B 20/3 und B 20/4 (angeschnitten) im Hintergrund zu sehen.

Foto, 10,7 x 8,7 cm.

B 20/6

Zeichnung einer stilisierten Figur: Bei der Weinlese.

Entspricht dem Relief im Regal rechts der Affen-Plastik auf Foto 20/4. Verwendet im Schnitzwerk der rechten Tür des kleinen Schrankes B 2.

Kohle auf Transparentpapier, dieses zu einem Dreieck geschnitten. Höhe ca. 46,5 cm, Basis ca. 49 cm. Rückseitig Spuren von scharfem Durchzeichnen der Umrißlinien.

Die beiden Zeichnungen B 20/5 und B 20/6 mögen als Entwurf der Gipsschnitte in der Werkstatt Vierthaler gedient haben, weniger wahrscheinlich als Vorlage für den Holzbildhauer Wulfertange, der in Osnabrück die diesem Entwurf entsprechenden Türen schnitzte.

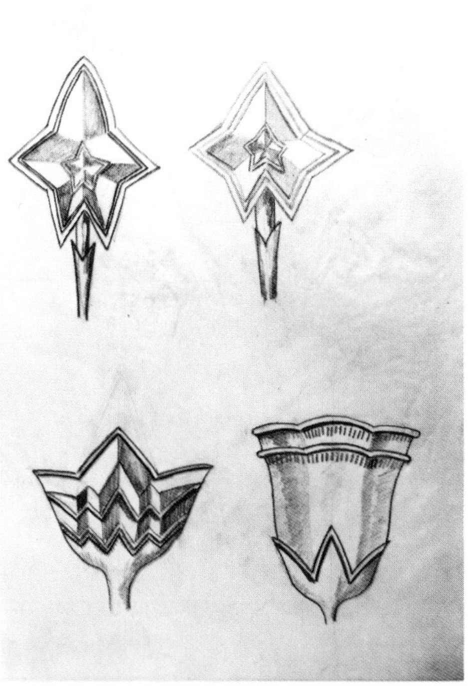

S 18, Blatt 1, 2

Stilisierte Pflanzenformen, Zeichenübungen im Skizzenbuch.

Bleistift auf Transparentpapier, 36,2 x 25,3 cm.

Dergleichen zeichnerisch entwickelte Schmuckformen finden sich im Skizzenbuch in größerer Anzahl neben Motiven wie B 20/7.

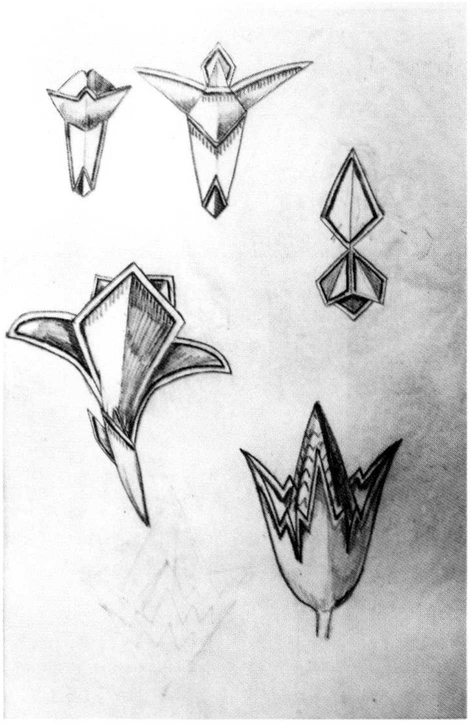

B 20/8

Relief aus geometrisierten Formen (noch mit figürlichem Anklang).

Foto, 14,4 x 8,9 cm, auf graue Pappe geklebt, 34,3 x 24,6 cm. Unten links mit Bleistift signiert und datiert: „Fr. Vordemberge-Gildewart 1919". (Die Signatur muß später hinzugefügt worden sein, da der Künstler zu der Zeit noch nicht seinen Doppelnamen führte.)

B 20/9

Modelliertes Relief aus geometrischen Formen.

Foto, 10,6 x 16,9 cm. Auf der Rückseite von der Hand Vordemberge-Gildewarts Repro- und Satzanweisungen.

zu B 20/9

Reproduktion der Aufnahme B 20/9 in: vordemberge-gildewart, époque néerlandaise, amsterdam 1949.

Dort ist dies Relief auf 1919 datiert. Seine Maße werden mit 40 x 63 cm angegeben. Das Relief ist ebenfalls abgebildet in: vordemberge-gildewart, eine bildbiografie, hg. von richard p. lohse, teufen 1959, S. 7. Dort gleiche Datierung. Da auf den frühen fotografischen Zeugnissen manchmal der Zeitraum „1919-23" für Studienzeit und Assistenz bei Vierthaler angegeben ist, könnte die Angabe „1919" eine spätere Verkürzung darstellen, eine Verschiebung auf einen Zeitpunkt, zu dem der Künstler im ganzen noch nicht zu dieser Formreduktion gekommen war.

B 20/10

Modelliertes Relief aus geometrischen Formen.

Foto, 10,1 x 16 cm. Auf Rückseite Repro- und Setzangaben Vordemberge-Gildewarts.

zu B 20/10

Reproduktion der Aufnahme B 20/10 in: vordemberge-gildewart, époque néerlandaise, amsterdam 1949.

Dort ist das Relief auf 1919 datiert. Seine Maße werden mit 40 x 63 cm angegeben (vgl. B 20/9).

B 20/11

Zeichnung: Stilisierte Figur in vertikalem Streifenfeld.

Bleistift auf Zeichenpapier, 26,8 x 6,5 cm, nach links versetzt aufgezogen auf ein Stück Graupappe, 28,2 x 19,1 cm. Unten rechts über Zeichenblatt und Pappe hinweg signiert und datiert: „Fr. Vordemberge -22".

B 20/12

Relief einer stilisierten Figur, umgeben von elementaren Zeichenformen - Stern, Rahmenwinkel, Halbkugel.

Foto, 18 x 13 cm

Nach Feststellung von Nikolai Stula, der über Vierthaler arbeitet, handelt es sich um einen Blumenkübel, in der Keramischen Manufaktur E. Teichert in Meißen etwa 1922/23 hergestellt. Die Arbeit ist als Werk Vierthalers in einer Publikation vorgestellt worden (K. Strauss, Die Deutsche Keramik der Gegenwart, Halle an der Saale 1927, S. 32). Das Foto aus dem Nachlaß von Vordemberge-Gildewart, der sonst dergleichen Zeugnisse anderer Künstler nicht enthält, könnte ein Indiz dafür sein, daß Vordemberge-Gildewart an diesem Stück mitgearbeitet hat. Dazu würde auch die Figurauffassung, die der Zeichnung B 20/11 ähnelt, passen, sowie die Verwendung der geometrisierten Zusatzformen, die typisch für Vordemberge-Gildewart sind. Laut Bekundung von Vordemberge-Gildewart, in einem Brief an Baldessari vom 18.10.36 (B 40/6), hat er in der Firma Teichert gearbeitet. Als Lösung bietet sich an, anzunehmen, daß es sich um eine Arbeit handelt, an der Vordemberge-Gildewart zumindest mitgewirkt hat, während er im Atelier Vierthaler angestellt war.

S 18, Blatt 21

Zu figürlichen - gegenstandsnäheren wie -ferneren - Plastiken finden sich auch im Skizzenbuch (S 18) Vorstellungsskizzen. Darunter eine (auf Blatt 21), die B 20/12 nahekommt.

Bleistift auf Transparentpapier, 36,2 x 25,3 cm.

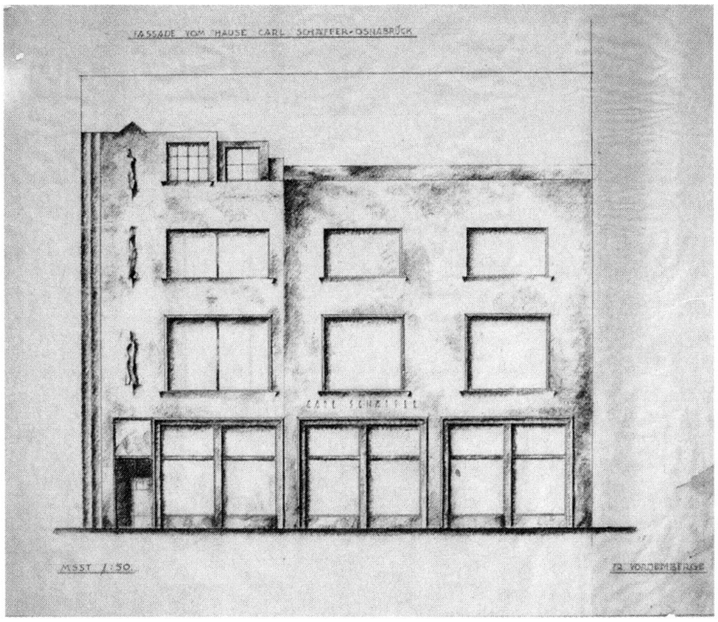

B 20/13

Spohrstraße 3, Hannover

Wohnhaus, erbaut ca. 1923, Architekturbüro Siebrecht.

Foto, 13 x 18 cm. Zwei unterschiedlich helle Abzüge von einem Negativ. Einer rückseitig mit Stempel: „ATELIER: VORDEMBERGE-GILDEWART".

Keramische Verkleidung eines Erkers, zusammengesetzt aus Rechteckfeldern, die mit acht unterschiedlichen, jeweils dreifach wiederholten Motiven besetzt sind (Tiere, Pflanzenformen, geometrische Figuren, Köpfe). Hell- und dunkelblau glasiert.

Nach Feststellung von Nikolai Stula ist die Keramik, die in der Fa. Teichert in Meißen ausgeführt worden ist, mehrfach in der zeitgenössischen Literatur als Arbeit Vierthalers besprochen und abgebildet worden (Habicht, Ludwig Vierthalers neue Keramiken. In: Die Kachel und Töpferkunst 1924, Jahrgang 3, Heft 6, S. 85-90. O. Riedrich, Keramik der Gegenwart, Band 1, Keramik und Baukunst, Berlin 1925, S. 157. Ludwig Vierthaler, Baukeramik. In: DBZ 1931, Jahrgang 65, Heft 67/68, S. 406-408).

Wie im vorhergehenden Fall (B 20/12) könnte auch hier die Erklärung gefunden werden, daß diese umfangreiche Arbeit, die in die Zeit von Vordemberge-Gildewarts Assistenz bei Vierthaler fällt, unter seiner Mitwirkung zustande gekommen sei.

Mitwirkung Vordemberge-Gildewarts an Arbeiten des Ateliers Vierthaler meint Dirk Schumann auch feststellen zu können am Haus Hohenzollernstraße 34 und dem Gebäude der Vereinigten Schmirgel- und Maschinenfabriken, Siegmundstraße 16, sowie bei der Innenraumgestaltung der Girobank-Zentrale im Hansa-Haus am Aegidientorplatz (nicht erhalten).

B 21

Fassade Haus Schaeffer, Nicolaiort, Osnabrück. Ausführung nicht nachweisbar.

B 21/1

Fassadenentwurf

An der Fassade links vertikal übereinander drei figürliche Plastiken.

Bleistift und Kohle auf bräunlichem Konzeptpapier, ca. 51,5 x 63 cm, umrahmtes Feld 50,3 x 61,6 cm, Blatt eingerissen. Beschriftung oben: „FASSADE VOM HAUSE CARL SCHÄFFER - OSNABRÜCK", unten links: „MSST 1:50", unten rechts: „FR. VORDEMBERGE".

B 21/2

Fassadenentwurf, mit Grundriß des Eingangs. Auf Dachkante und im Giebel figürliche und figurative Reliefs (ähnlich B 21/1, D 3).

Bleistift und Kohle auf bräunlichem Konzeptpapier, 68,5 x 51,5 cm, eingerahmtes Feld 67,3 x 50 cm. Blatt eingerissen, z.T. hinterklebt.

B 22

Brehmstraße 25-39, 32-74, Hannover.

Wohnbebauung durch den Beamten-Wohnungs-Verein für Hannover, Architekt Schick. Wettbewerb von 1924, um 1927 waren die meisten Häuser wohl fertiggestellt (Angaben nach Dirk Schumann).

(B 22/1)

Reliefs, Fenstereinfassung, Brehmstraße 50.

B 23

Autosalon Bischoff & Hamel, Hannover, Schillerstraße.

Neubau durch Architekt Lemcke, Wandgestaltung durch Vordemberge-Gildewart, 1924.

B 23/1

Straßenfront des Gebäudes, drei Fenster zum Ausstellungsraum und Einfahrttor. An der Fassade Namenszug und darüber Simsband mit einander wechselnd wiederholenden Ornamentformen.

Foto, 22,3 x 28,6 cm, aufgezogen auf Karton mit geprägtem Rand, auf diesem unten links Stempel mit handschriftlichem Zusatz: „ATELIER: VORDEMBERGE-GILDEWART / 1924 / Als Mitarbeiter von Arch. Lemcke". Unten rechts: Prägestempel des Fotografen „LILL / HANNOVER".

B 23/2

Nachtansicht der erleuchteten Fassade.

Foto, 21,8 x 28,2 cm, aufgezogen auf Karton mit geprägtem Rand, auf diesem unten links datiert „1924". Unten rechts Prägestempel des Fotografen „LILL / HANNOVER".

B 23/3

Raumgestaltung

Ornamentierte Kapitelle, Dreiecksvertiefung über Kamin (Heizung), ornamentierter Kragstein im Dreieck, zweimal das gleiche Relief auf Kaminseitenteilen.

Wahrscheinlich sind auch die rechteckigen flachen Deckenleuchten und die mit der Wandvertiefung über dem Kamin korrespondierende flache dreieckige Wandleuchte über der Tür zum Nebenraum von Vordemberge-Gildewart (vgl. Deckenleuchte in Bibliothek Seelig, B 5/9).

Foto, 21,3 x 28 cm, aufgezogen auf Karton mit Randprägung. Auf Karton unten links Stempel mit handschriftlicher Ergänzung: „ATELIER: VORDEMBERGE-GILDEWART / 1924 / als Mitarbeiter von Architekt Lemcke“. Unten rechts Prägestempel des Fotografen: „LILL / HANNOVER“.

Die Ortsangabe „Schillerstraße“ für die Ausstellungshalle basiert auf einer Übersichtsliste Vordemberge-Gildewarts.

B 23/4

Vordemberge-Gildewart in Werkkleidung vor halbem, noch unfertigen Relief (dem der Kamineinfassung), Ton zum Modellieren in Händen. An der Wand daneben eine kleinere Vorzeichnung zum Relief.

Foto, 10,9 x 7,6 cm, rückseitig vom Künstler „1919-1924“ datiert und mit Repro-Angaben versehen.

zu B 23/4

Reproduktion des Fotos B 23/4 in: vordemberge-gildewart, eine bild-biografie, hg. von richard p. lohse, teufen 1959, S.11, mit Angabe: „v-g in seinem atelier 1924“.

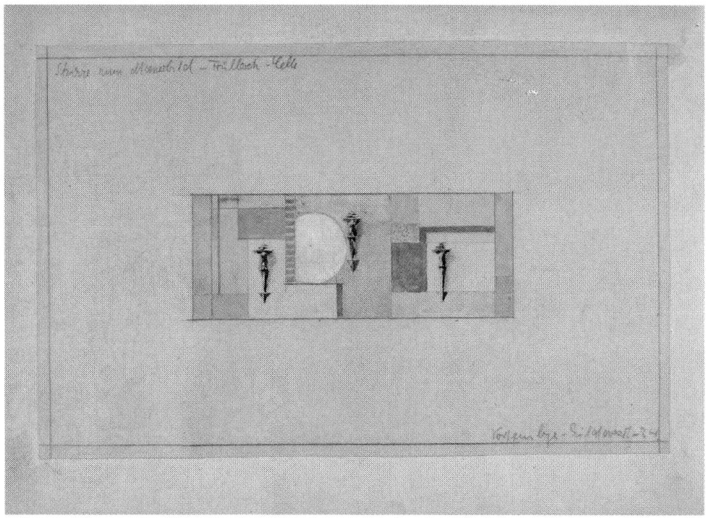

B 24

Mauerbild für Haus Früllerch, Celle, 1924

B 24/1

Entwurf einer keramischen Wandgestaltung.

Asymmetrisch verschachteltes Rechteckfeld aus vorspringenden oder zurückgesetzten Teilen, angeschnittener Rundform neben der Mitte, gelb, braun, grünlich, rosa gefärbt. Darin einkomponiert drei blaue Standfiguren, symmetrisch gesetzt, die mittlere höher als die beiden äußeren.

Bleistift und Aquarell auf festem Zeichenpapier, 19,4 x 30,7 cm, auf Karton aufgezogen. Bezeichnet oben links: „Skizze zum Mauerbild - Früllerch - Celle". Signiert und datiert unten rechts: „Vordemberge-Gildewart -24".

B 25

Heinrich-Heine-Straße 14, Haustür.

Rest einer Baugestaltung, die (wie D. Schumann nachgewiesen hat) eine Reihe abstrakter Reliefs an mehreren nebeneinanderliegenden, von Franz Oscar Lemcke und Julius Müller zwischen 1926 und 1928 errichteten Wohnhäusern umfaßte, als deren Entwerfer Nitzschke und Vordemberge-Gildewart in Frage kommen.

(B 25/1)

Die Tür zeigt auf ihrer Fläche eine senkrecht-waagerechte Leistenfiguration, oben in einem (ein Fenster umschließenden) Kreis auslaufend und eine zugesetzte nach oben weisende Dreiecksform. Das Formvokabular entspricht dem von Bildentwürfen Vordemberge-Gildewarts um 1924 (z.B. D 21, 22, C 2, K 4, K 6), es besteht aber auch Ähnlichkeit zu einem früheren Relief (B 20/8).

B 26

Minister-Stüve-Straße 8/10, Hannover, 1927/28

(B 26/1-2)

Rechteckige Flachreliefs, zwei Motive. Kompositionen aus je einer Rundform und senkrecht-waagerechten Balkenformen und Winkeln. Jedes Motiv, mit dem anderen abwechselnd, fünfmal wiederholt, in Wandfläche zwischen den Fensterreihen des ersten und zweiten Stocks. Keramik mit Resten grünlich/bläulicher Engoben-Bemalung.

(B 26/3)

Zwei gleiche, stark plastisch ausgearbeitete Kopfreliefs über zwei Hauseingängen, begleitet von sparsamen senkrecht-waagerechten Linien und Linienkreuzungen, in aus rechteckigen Flächen zusammengesetztem Feld, unterschiedlich strukturiert, mit Resten grünlich-bläulicher Engobe.

B 27

Ricklinger Stadtweg, 69-73, 75-97, Hannover

Wohnblock des Spar- und Bauvereins Hannover, Architekt Friedrich-Wilhelm Schick (Angaben nach D. Schumann). Haustür- und Fenstereinfassungen durch keramische Reliefs, teilweise mit Engoben bemalt, Plastiken im Giebelfeld von Haus Nr. 83, 87 und 91. Nach Aufstellung Vordemberge-Gildewarts 1927 ausgeführt.

B 27/1

Haustüreinfassung mit halbrundem Bogen.

Keramisches Relief mit Stabelementen und Halbkugeln. Bemalung - Hof um Halbkugeln (grünlich), Querstreifen (dunkelblau) - schwach erkennbar.

Foto, 28,9 x 17,8 cm

B 27/2

Rückseite von 27/1 mit Stempel (grün): „VORDEMBERGE-GILDEWART“ und Bleistiftskizze eines Eckreliefs (neben den Fenstern in den Randbauten vorkommend). Die Skizze zeigt neben plastischen Formen - Halbkugeln, Kreuz- und Querformen - im Wechsel zu ihnen gesetzte vertikale Farbstreifen.

(B 27/3)

Relief im Giebelfeld.

Asymmetrische Komposition aus stereometrischen Formen.

B 28

Ricklinger Stadtweg 72, 74, 76

Wohnblock 1929/30 für die Evangelische Baugemeinschaft errichtet, Architekt Julius H. Müller (Angaben nach Dirk Schumann).

Baureliefs von Vordemberge-Gildewart wie am zuvor ausgeführten Block auf der gegenüberliegenden Straßenseite.

B 29

Liebigstraße 19, 23, 31, 33, Hannover. Architekt Lemcke, 1928/29.

(B 29/1-2)

An vorgezogenem Bauteil von Haus Nr. 19 und 31 im ersten und zweiten Stock zwischen je zwei Fenstern wie neben ihnen und auch um die Baukante herumgezogen hochformatige Relieffelder. Alle mit diagonaler Leistenkomposition. Darin in den Seitenfeldern je eine Halbkugel eingefügt, in den Mittelfeldern eine baumartige, ornamentierte bestielte Kegelform, in den Außenfeldern der Vorderfront je eine Rundform und ein vorspringender, extrem - in Richtung der Linienkomposition - gedrehter Kopf. Die übereinanderliegenden Felder sind in ihrer Grundanlage jeweils identisch, jedoch zueinander umgekehrt eingesetzt. Die Kegelform in den Mittelfeldern entspricht einer solchen Figur in den Reliefs der benachbarten Lister Straße, kommt jedoch auch schon in den Möbeln für das Haus Menssen, 1923, vor. An Haus Nr. 19, 23, 31, 33 parterre kapitellähnliche Schmucksteine mit symmetrischen linearen Figurationen.

B 30

Philippsbornstraße, Hannover

Gebäude der Wohnungsgesellschaft „Heimkehr", Architekt Lemcke, erbaut 1928 oder bald danach (Angaben nach A. Valstar-Verhoff und D. Schumann).

(B 30/1-2)

Zwei Reihen von je vier großformatigen Relieffeldern übereinander, zwischen Fenstern der ersten bis vierten Etage. Zwei Motive - diagonale Stabelemente und Halbkugeln - in jeder Reihe doppelt verwendet. Die einzelnen Relieffelder aus je vier Platten zusammengesetzt.

B 31

Halkettstraße 29/31, Hannover

Haus der Wohnungsgesellschaft „Heimkehr", Architekt Lemcke, erbaut 1928 oder bald danach (Angaben nach A. Valstar-Verhoff und D. Schumann).

(B 31/1)

Acht großformatige, fast quadratische Relieffelder, auf Wandflächen zwischen Fenstern. Jedes Relief aus vier Platten zusammengesetzt. Diagonale Stabelemente und Halbkugeln, lebhaft scharrierte Grundflächen. Umkehrung der Motive in untereinanderliegenden Reliefpaaren.

B 32

Eckhaus Haasemannstraße/Rampenstraße, Hannover, 1928 gebaut (Angabe nach D. Schumann).

(B 32/1-2)

Vier hochformatige Relieffelder, die Fenster im ersten Stock an der Haasemannstraße einfassen. Diagonalkompositionen aus durchgehenden oder unterbrochenen, zueinander rechtwinklig stehenden Leistenformen, in den Feldern Vertiefungen und Erhöhungen, eine Halbkugel, eine Halbwalze, eine angeschnittene Ovalbahn. Zwei unterschiedliche Motiv-Reihen, die eine doppelt gebraucht, die andere zweimal doppelt, in Umkehrung zueinander. Jedes Relieffeld ist aus sechs rechtwinkligen Terrakotta-Platten zusammengesetzt. Die Flächen sind unterschiedlich strukturiert, grün-bläuliche Farbreste, aufgemalte Felder.

(B 32/3)

Über dem Eingang Rampenstraße ein stark plastisch ausgearbeitetes Relief aus stereometrischen Formen, asymmetrisch zueinander und ineinander gesetzt. Terrakotta, außer deren Naturton sind Reste blauer und grünlich-grauer Glasur zu erkennen.

B 33

Stadtkrankenhaus Osnabrück. Hochhausneubau, Architekt Stadtbaurat Lehmann, begonnen 1928.

Keramische Verkleidung der Pfeiler und Unterzüge an Durchfahrt zwischen neuem Hochhaus und Pavillon - dem Krankenhauseingang und der Liegehallenbrüstung darüber - sowie Türeinfassung im Untergeschoß, Südseite.

B 33/1

Durchfahrt unter Verbindungstrakt zum Hochhaus, Südseite.

Foto von Rudolf Lichtenberg, Osnabrück, um 1931 (Archiv Neue Osnabrücker Zeitung).

Die keramische Verkleidung der Pfeiler, des Unterzugs und der Brüstung ist blau glasiert gewesen. Einen Eindruck davon vermittelt noch ein Aquarell von C. Schriever im Kulturgeschichtlichen Museum Osnabrück, das den Zustand des Gebäudes nach dem Luftangriff vom 18.8.1942 zeigt. (Abbildung in: Eva Berger, Wer bürgt für die Kosten? Zur Sozialgeschichte des Krankenhauses..., Bramsche 1991, S. 176)

B 33/3

Entwurf: Pfeiler- und Unterzugverkleidung in Schrägansicht.

Bleistift auf Transparentpapier, 34,7 x 24,9 cm. Beschriftung oben links: „KERAMIK / STADTKRANKENHAUS / OSNABRÜCK“. Unten rechts Stempel mit handschriftlicher Ergänzung (Tinte): „ATELIER: VORDEMBERGE-GILDEWART / Hannover / 17.X.28“.

B 33/2

Tür im Grundgeschoß, Südseite, Ausgang zur Badeabteilung. Türeinfassung: keramisches Parallelstreifenrelief.

Foto, 22,5 x 16,7 cm. Unten links Prägestempel des Fotografen: „RUD. LICHTENBERG / OSNABRÜCK / 1931“.

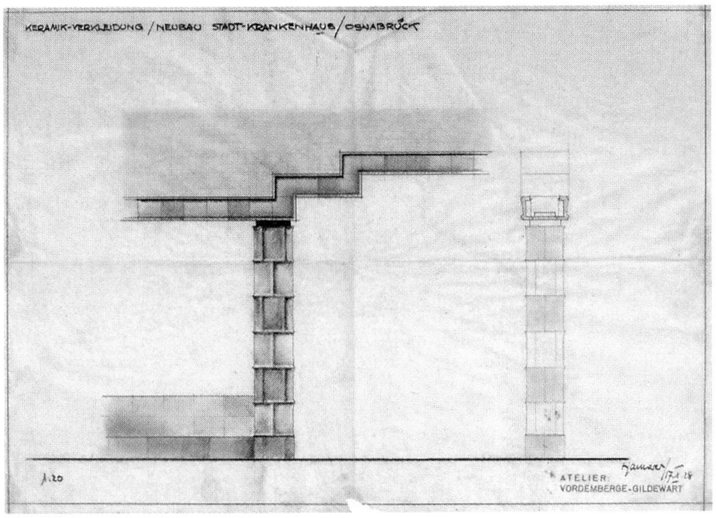

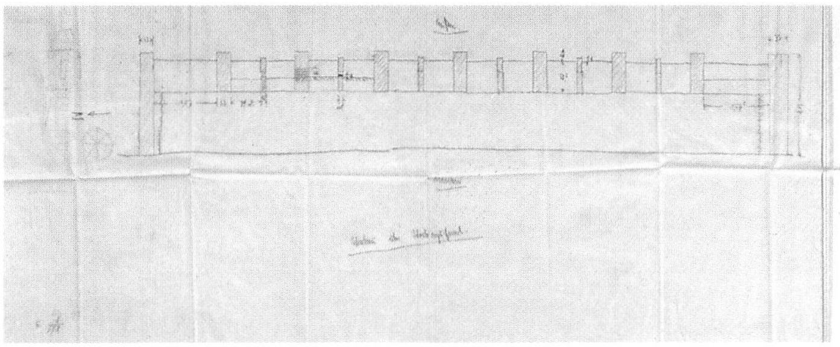

B 33/4

Entwurf: Pfeiler- und Unterzugverkleidung in Seitenansicht und Querschnitt.

Bleistift auf Transparentpapier, 33,2 x 48,3 cm, kreuzweis gefaltet. Beschriftung oben links: „KERAMIK-VERKLEIDUNG / NEUBAU STADT-KRANKENHAUS / OSNABRÜCK". Unten links Maßstabangabe „1:20". Rechts unten Stempel mit handschriftlicher Ergänzung (Tinte): „ATELIER: VORDEMBERGE-GILDEWART / Hannover / 17.X.28".

Wie das Foto der Tordurchfahrt belegt, ist die Pfeiler-Inkrustation nicht so schlicht ausgefallen, wie in diesem Entwurf vorgesehen war. Es sind in die hier noch leeren Felder der um die Pfeiler herumgelegten Platten elementare geometrische Formen eingebracht worden.

B 33/9

Skizze eines gegliederten Bauteiles mit Maßangaben. Beschriftet „Vorbau über Vortragssaal".

Bleistift auf Transparentpapier, ca. 41 x 109 cm, mehrfach gefaltet.

Der Vorbau über dem Vortragssaal an der Ostseite des Hochhauses, im Grundgeschoß in Gebäudemitte gelegen, wies zwischen schmalen hohen Fenstern abwechselnd breitere und schmale Mauerbänder auf, die bis zum Balkon auf diesem Vorbau emporgezogen waren. Die vorliegende Zeichnung Vordemberge-Gildewarts scheint die entsprechend gegliederte Balkonbrüstung festzuhalten. Von einer keramischen Umkleidung dieses Bauteiles ist jedoch nichts bekannt.

Zur Arbeit für das Stadtkrankenhaus Osnabrück äußert sich Vordemberge-Gildewart noch einmal in einem Brief an R.M. Baldessari aus Berlin am 18.10.1936 (s. B 40/6).

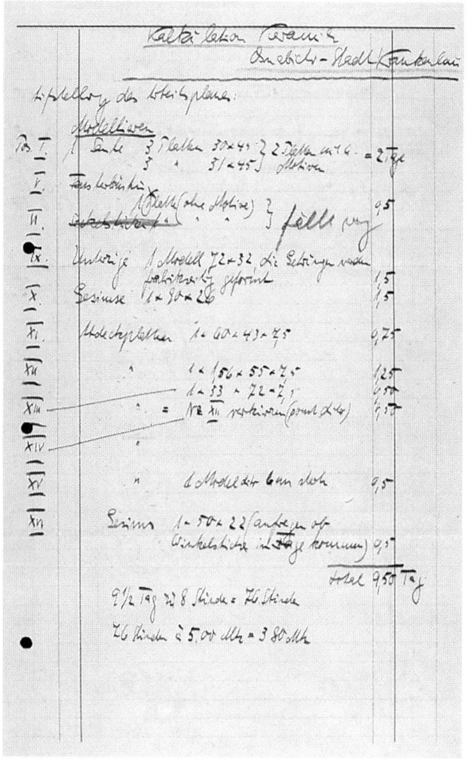 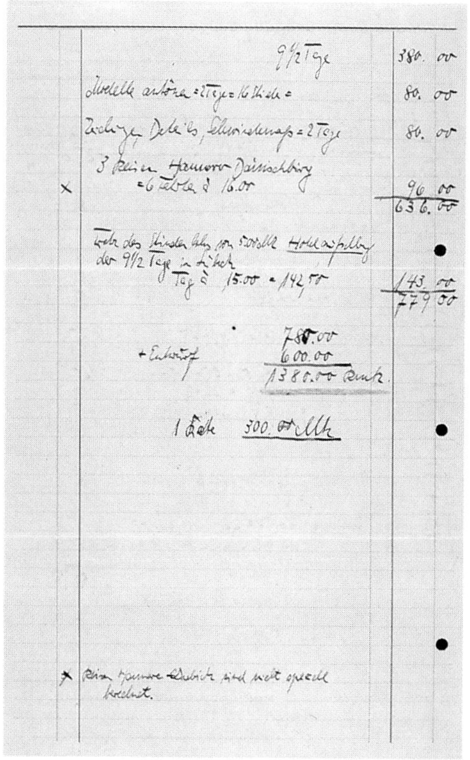

B 33/5

„Kalkulation Keramik / Osnabrück - Stadt-Krankenhaus".

Kostenaufstellung für Modellieren, Antönen der Modelle, Zeichnungen, drei Reisen Hannover-Dänischburg (Firmensitz von Villeroy & Boch) und Hotelaufenthalt.

Beidseitig handbeschriebener Formularbogen, Tinte und Rotstift, 34 x 21,5 cm.

B 33/6

„Keramiken / Osnabrück - Stadt-Krankenhaus / 1928".

Briefumschlag, 20,5 x 29 cm, mit Firmenaufdruck von Edler & Krische, Hannover und obiger Beschriftung auf der Vorderseite, kleiner Skizze auf der Rückseite. Darin doppelter, in der Höhe halbierter Formularbogen, auf einer Rückseite, 21 x 17 cm, zur Kostenberechnung gebraucht. Tinte und Rotstift.

B 33/7

Abschrift eines Briefes an den Stadtbaurat von Osnabrück, 27.6.29. Kostenvoranschlag/Angebot. Typoskript, eine Seite.

Es werden darin für 17 Modelle (6 für Säulen, 1 für Fensterbrüstung, 1 für Sockelstück, 2 für Unterzüge, je 1 für Gesimse, für 5 Abdeckplatten, noch ein Gesims) insgesamt 1.380,00 RM berechnet.

Der Künstler führt aus: „In diesem Preis sind ferner einberechnet: Spesen und Bemühungen für die Überwachung des Auftrages bis zur endgültigen Montage, sowie Spesen zu einem mehrwöchentlichen Aufenthalt im jeweiligen Werke der auszuführenden Brenn-Firma. - Als Grundlage für diese Berechnung und Charakter der Modellierung und des Fugenschnittes dienen die bereits im Herbst 1928 von mir gemachten Zeichnungen, die ebenfalls für die Offerten der Brennfirmen gültig waren. - Bei dieser Gelegenheit möchte ich nicht unerwähnt lassen, daß ich schon mehrfach mit den für die Ausführung in Frage kommenden Brennfirmen größere keramische Aufträge ausgeführt habe, und daher in der Lage bin, eine künstlerisch ausgezeichnete Glasur liefern zu können."

B 33/8

Durchschlag eines maschinengeschriebenen Briefes an das Stadt-Bauamt Osnabrück vom 18.7.29. Bitte um Zahlung eines Abschlages von 300 RM für den ihm am 10.7.29 erteilten Auftrag für die Modelle der Keramiken am Neubau des Stadtkrankenhauses zu Osnabrück. Eine Seite.

B 34

Podbielski-Straße, Ecke Wittekamp, Hannover

Architekt Paul Kanold, Bau 1929. Ein Teil des anschließenden Baublocks ist in Alexander Dorners Buch „100 Jahre Bauen in Hannover", Hannover 1931, auf S. 39 abgebildet (Angaben nach D. Schumann).

(B 34/1)

Keramische Umkleidung eines Eckpfeilers auf Balkon im ersten Stock. Zwei Formteile, übereinander wechselnd um den Pfeiler herum zusammengesetzt (ähnlich wie beim Stadtkrankenhaus Osnabrück). Auf den Elementen geometrisch-stereometrische Kompositionen, wie sie in Vordemberge-Gildewarts Bildern (z.B. K 19/1927) auftreten.

B 35

Helenenstraße 15-17, Hannover

Häuserblock der Wohnungsbaugesellschaft „Heimkehr", Architekt Lemcke, erbaut 1929/30 (Angaben nach A. Valstar-Verhoff und D. Schumann).

(B 35/1)

Drei identische freistehende Plastiken: Vertikal-Kompositionen aus je fünf elementaren Körpern, z.T. mit Relief (Rund- und Stabformen) besetzt. Betonwerkstein, z.T. scharriert.

(Dirk Schumann zieht in Betracht, es könne sich bei den Figuren auch um Werke Hans Nitzschkes handeln, in denen das Formvokabular Vordemberge-Gildewarts verwendet worden sei.)

B 36

Listerstraße 24, Hannover

Bau fertig 1930, Architekt Lemcke.

Im oberen Stockwerk dieses Hauses befand sich die Atelierwohnung, in der Vordemberge-Gildewart 1930-35 lebte und arbeitete (s. auch B 15). Später ist es die Wohnung des Fotografen Otto Umbehr (Umbo) gewesen. Fünf Relieffelder (Zementguß) in einem waagerechten Band zwischen den Fenstern im ersten Stock. Zwei Motive, einander abwechselnd: Sammelbilder aus auf flachem Grund verteilten abstrakten und gegenständlichen Formen. Im einen Motiv auffällig eine ornamentierte Kegelform mit Stiel, an dem ein Blatt ansetzt (wie schon auf den Möbeln für das Haus Menssen, 1923, oder in der Baukeramik in der benachbarten Liebigstraße verwandt). Im anderen Relief ein stark plastisch herausgearbeiteter Kopf. Zu beiden Tafeln gibt es Vorzeichnungen, gegenüber diesen sind die Reliefs in Details leicht verändert worden.

B 36/1

Entwurf für Wandrelief

Bleistift auf Transparentpapier, auf Karton geheftet. Blattgröße 17,4 x 17,5 cm, umrandetes Feld 16,2 x 16,3 cm. Auf Kartonunterlage mit Rotstift als „I" bezeichnet. Rechts daneben Entwurf „II" (= 36/2).

B 36/2

Entwurf für Wandrelief

Bleistift auf Transparentpapier, auf Karton geheftet. Blattgröße 17,2 x 17,6 cm, umrandetes Feld 16,2 x 16,3 cm. Auf Kartonunterlage mit Rotstift als „II" bezeichnet.

(B 36/3-4)

Wandreliefs Lister Straße 24, Hannover

(B 37/2)

Relief Haus Nr. 60

B 37

Altenbekener Damm 54 und 60, Hannover

Erbaut ab 1930, Architekt Lemcke (Angaben nach A. Valstar-Verhoff und D. Schumann).

Zwei kleine, stark plastisch ausgearbeitete Reliefs, über den Eingängen der Wand eingelassen. Asymmetrische Kompositionen elementarer plastischer Formen (jeweils oben Halbkugel, unten Quader, dazu Stäbe und Stabwinkel, gewölbte Grundfläche). Deutliche Betonung unterschiedlicher Oberflächenstrukturen. Zementguß, rötlich angefärbt.

(B 37/1)

Relief Haus Nr. 54

B 38

Jordanstraße 20 und 20 B, Architekt Lemcke, erbaut 1930/31 (Angabe nach D. Schumann). Haus in Gitter auf 1931 datiert.

(B 38/1)

Zwei identische Köpfe, Reliefs aus Betonguß, auf rechtwinkliger Platte in Klinkerwand eingesetzt. Ähnlich den Kopfreliefs in der Minister-Stüwe-Straße.

B 39

Wandbrunnen für Haus Breitenbach, Celle, 1932

B 39/1

Mehrere Raumskizzen mit Wandbrunnen.

Bleistift auf Transparentpapier, ca. 50 x 41 cm

B 39/3

Skizzen von Brunnen-Plastiken, von verschiedenen Seiten des Blattes aus gezeichnet.

Bleistift auf Transparentpapier, ca. 40 x 52,3 cm

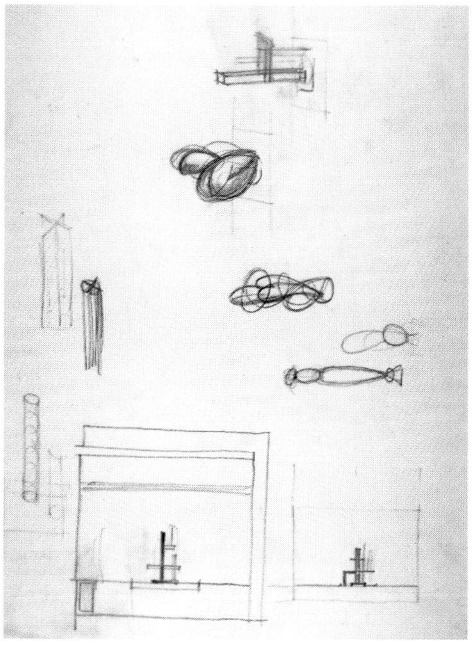

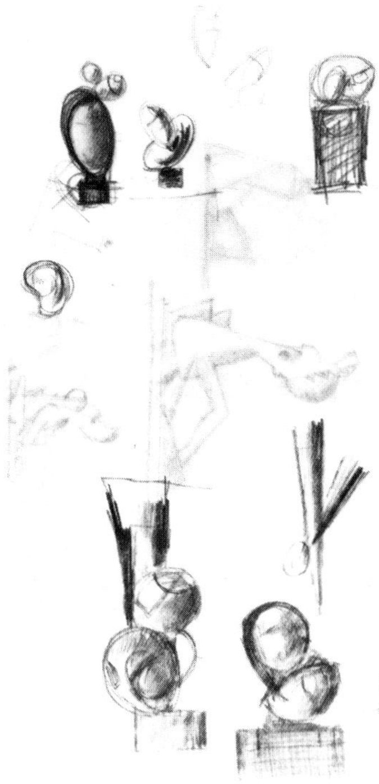

B 39/2

Skizzen von Wandbrunnen.

Bleistift auf Transparentpapier, mittlere Höhe ca. 18,8 cm, mittlere Breite ca. 39,5 cm.

S 18, Blatt 20, Rückseite

Im Skizzenbuch (S 18) findet sich eine Seite mit Skizzen von zusammengesetzten Rundformen (vereinfachten Kopfformen), die eventuell in Zusammenhang mit diesem Projekt zu sehen sind (vgl. B 39/3). Diese Skizzen überdecken ältere zu figurativen Plastiken (vgl. B 20/11, S 18/Blatt 21, B 20/12).

Bleistift auf Transparentpapier, 36,2 x 25,3 cm

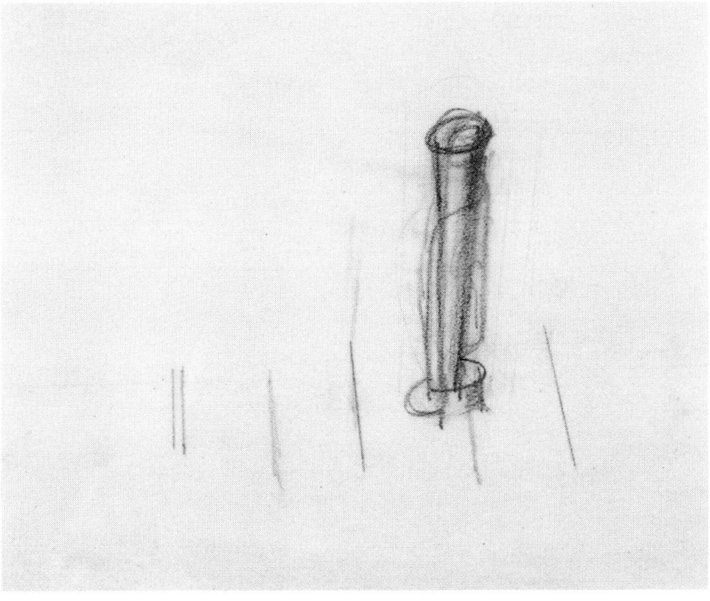

B 39/4

Skizze einer Brunnenplastik.

Bleistift auf Transparentpapier, Höhe links 28,8 cm, rechts 23 cm, mittlere Breite ca. 50 cm (Ausschnitt).

B 39/5

Auf-, Seiten- und Grundriß einer Wandnische mit Pflanzkübel und Wasserbecken, auf dessen Abdeckplatte Brunnenplastik.

Tusche auf Transparentpapier, 53,3 x 49,4 cm

B 39/6

Auf-, Seiten- und Grundriß einer Wandnische mit mehrfach unterteilten Pflanzenkübeln und einem Wasserbecken mit Brunnenplastik darin.

Tusche auf Transparentpapier, ca. 53 x 49,5 cm

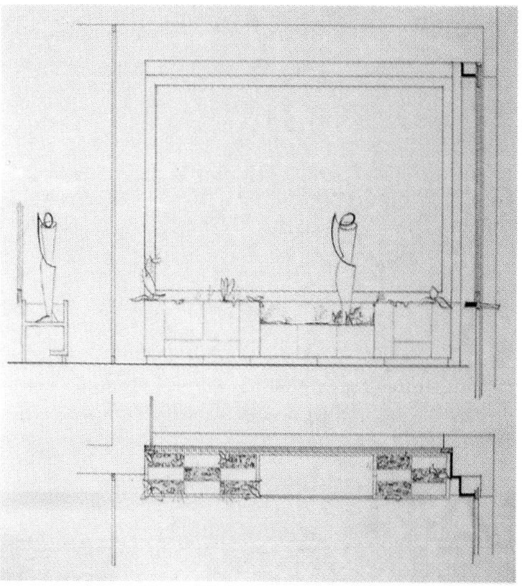

B 39/7

Schräge Raumaufsicht mit Pflanzenkübel und Wasserbecken in Wandnische, auf Abdeckplatte des Beckens Brunnenplastik, schwarz-weiß karierter Boden.

Tusche auf Transparentpapier, 32,6 x 41,5 cm

B 39/8

Schräge Raumaufsicht mit mehrfach geteilten Pflanzenkübeln und Wasserbecken in Wandnische, im Bassin Brunnenplastik, schwarz-weiß karierter Boden.

Tusche auf Transparentpapier, 32,5 x 41,5 cm

B 39/9

Lichtpause von 39/7 mit Bleistiftnotizen (Farbangaben), 40 x 50 cm. Oben links mit Rotstift als „A" gekennzeichnet, unten links Stempel und handschriftliche Datierung: „ATELIER VORDEMBERGE-GILDEWART / 24.10.32".

B 39/10

Lichtpause von 39/5, auf starke Pappe kaschiert, 63,5 x 59,5 cm. Unten links Klebezettel mit roter Schreibmaschinen-Beschriftung: „vordemberge-gildewart: grosser wandbrunnen im hause breitenbach - celle / keramische verkleidung. plastik in keramik und metall (1932)". Rückseite mitten Stempel: „ATELIER: VORDEMBERGE-GILDEWART".

B 39/11

Lichtpause von 39/6, auf starke Pappe kaschiert, 63,5 x 59,8 cm. Unten links Klebezettel mit roter Schreibmaschinen-Beschriftung: „vordemberge-gildewart: grosser wandbrunnen im hause breitenbach-celle / keramische verkleidung. plastik in keramik u. metall (1932)". Rückseite mitten Stempel: „ATELIER: VORDEMBERGE-GILDEWART".

B 39/12

Lichtpause von 39/7, auf starke Pappe kaschiert, 42,8 x 52 cm. Unten links Klebezettel mit roter Schreibmaschinen-Beschriftung: vordemberge-gildewart: keramischer wandbrunnen - celle (1932)".

B 39/13

Lichtpause von 39/8, auf starke Pappe kaschiert, 42,8 x 52 cm. Unten links Klebezettel mit roter Schreibmaschinen-Beschriftung: „vordemberge-gildewart: keramischer wandbrunnen - celle (1932".

B 40

Pläne für Italien. Rahmenentwürfe und Mitarbeit in einer Fabrik für künstlerische Keramik. Briefwechsel mit R. M. Baldessari 1935-37.

Vordemberge-Gildewart hatte 1934 Ausstellungen in Rom und Mailand. Als Verbindungsmann zu den Futuristen, von denen diese Veranstaltungen protegiert wurden, fungierte R. M. Baldessari, der Vordemberge-Gildewart in Hannover und später Berlin besuchte (siehe Foto B 15/13). Vordemberge-Gildewart erhoffte sich von der Kooperation mit den Futuristen über Baldessari eine Existenzsicherung in Italien, nachdem in Deutschland für ihn und seine Frau die politischen Widrigkeiten zunahmen. Der Briefwechsel mit Baldessari fällt in die Zeit, in der die Vordemberges aus Hannover nach Berlin gegangen waren, in der vergeblichen Erwartung, dort besser überleben zu können.

B 40/1

Rahmenentwürfe

Brief an R. M. Baldessari vom 26.8.1935. Typoskript, eine Seite.

„... damit sie die rahmenangelegenheit ... erledigen können ... einige erklärungen:

von den 12 entwürfen habe ich 4 auch in der behandlung angedeutet. der reiz bei allen rahmen soll der kontrast sein, zum beispiel wenn das ganze profil glatt behandelt ist, dann als gegensatz eine rauhe fläche. denn das ist doch unser aller ideal, die heutige rauhe behandlung einer wand auch auf dem rahmen zu finden.

umgekehrt hat es einen reiz, bei einem rauhen rahmen einen kleinen effekt in einem glänzenden, scharfen profil zu haben (beispiel 6). hier ist der kontrast insofern noch stärker, dass ein etwas rundes, molliges profil in einem scharfen, harten schatten bringendem profil übergeht. so einfache, kalkige töne sind natürlich am schönsten. der fabrikant kann aber auch seine erfahrungen des publikumsgeschmack anbringen. die schwarzen flächen, oder vielmehr linien, sollen nur den schatten angeben, nicht etwa die lokalfarbe (1-2).

im allgemeinen liegen 2 typen zu grunde: einmal liegt das bild im rahmen sehr tief (1,7,8,10). ein anderes mal liegt das bild weit von der wand weg (2,4,9).

die zeichnungen sind in natürlicher grösse gezeichnet worden. selbst im kühnsten beispiel liegt immer die technische erfahrung meinerseits vor: dass nämlich nirgendwo durch eine schwache stelle im profil etwa ein platzen oder brechen der leiste entsteht. der fabrikant muss zugeben, dass ein fachmann in holzmaterial die dinger gezeichnet hat. ... falls die sache nicht klappen sollte, so schicken sie mir bitte die entwürfe wieder zurück. ... herzlichen dank für ihre bemühungen in dieser rahmen-sache."

Abschrift. Zusatz: „Die Entwürfe habe ich nicht signiert, da ich nicht weiß, ob es angebracht ist."

B 40/2

R. M. Baldessari an Vordemberge-Gildewart am 1.9.1935:

„... Da ich erst gegen 15. d. M. wieder in Mailand bin, habe ich durch m. Mailänder Portierfrau disponiert, dass Ihre Rahmen-Entwürfe sofort nach Turin weitergesandt werden. Natürlich habe ich gleichzeitig nach Turin geschrieben und die Entwürfe in Ihrem Sinne erklärt. Selbstverständlich werden die Rahmen bei Ausführung ‚Cornici tipo Vordemberge' heissen. Sobald ich genaueres weiss, wird es Ihnen sofort mitgeteilt."

B 40/3

Rahmenentwürfe

Vordemberge-Gildewart am 9.9.1935 an R. M. Baldessari in Porto Ronco:

„... ebenso herzlichen dank, dass sie die rahmenentwürfe weitergeleitet haben. soll ich an den entwürfen ‚barbisio' ruhig weiterarbeiten oder wollen wir erst die situation abwarten? vielleicht haben die firmen zur zeit nicht das interesse, solange man nicht weiss, ob es zum ausbruch eines krieges kommt. schreiben sie mir bitte, ich werde dann die entwürfe für plakate, schaufenster etc. genau so schnell liefern wie die rahmen. und zwar nach dort, denn dann können sie besser die entwürfe mit dem nötigen schreiben nach mailand weiterleiten."

B 40/4

Rahmen-Entwürfe

R. M. Baldessari aus Rovereto am 26.5.1936 an Vordemberge-Gildewart:

„... auch die Vordemberge-Rahmen stehen im Programm. Hoffentlich klappt alles so, dass wir zum September die Sache ins Rollen bringen können."

B 40/5

R. M. Baldessari an Vordemberge-Gildewart, 13.10.1936 aus Rovereto:

„Von der organisatorischen Leitung der Futur. Bewegung bin ich nach langen lebhaften Diskussionen zurückgetreten. Ich bleibe aber im Direktorium. Ich konnte die enorme Verantwortung und Arbeit bei bestem Willen nicht mehr alleine tragen, ausserdem bin ich dabei, eine kl. Fabrik für künstlerische Keramik zu gründen, von der ich mir Erfolg und viel Freude erhoffe. Sie werden dafür sicherlich auch Interesse haben und ich denke mir in Zukunft auch Ihre Mitarbeit zu bekommen. Wegen Ihrer Tätigkeit in Italien (Reklame etc.) kann ich Ihnen nicht viel Neues sagen. Die Lage ist unverändert, wenn nicht verschlechtert. Die Gesamtlage ist wie Sie sicher auch wissen sehr gespannt und es bleibt zur Zeit nichts anderes übrig, als Ruhe bewahren und abwarten bis die Gewitterwolken vorüber ziehen. Auch hat man den Zustrom ausländischer Künstler durch neue Verfügungen der Sindikate etwas erschwert indem man Ihnen die kontrollierbaren beruflichen Tätigkeiten nicht ohne weiteres genehmigt (wie in Deutschland, Angehörigkeit zu Kunst-Kammer u.s.w.). Dies kommt natürlich für Sie persönlich nicht in Frage. Vielleicht ist es in Zukunft möglich, Ihre Mitarbeit für die Keramik zu bekommen. Im Moment aber: Abwarten und Tee trinken!"

B 40/6

Vordemberge-Gildewart aus Berlin am 18.10.1936 an R. M. Baldessari:

„... schade, dass sie mit den futuristen so viel arbeit und last haben. erfreulicherweise sind sie aber aktiv im direktorium. ich kann mir sehr gut vorstellen, dass es für sie allein viel verantwortung war. ich gratuliere ihnen zu ihrer idee für die errichtung einer fabrik für künstlerische keramik, ohne etwa dabei für mich sprechen zu wollen, kann ich ihnen verraten, dass ich sehr gerne da mitmachen würde, von morgens bis abends in dem so von mir geliebten ton zu modellieren. noch heute kann man feststellen, dass meine rechte schulter weit stärker als die linke ist. dies rührt noch aus der schönen zeit meiner keramik her. denn ich kann gar nicht abwarten, ihnen fotos von ausgeführten arbeiten zu zeigen, freie halbreliefs, meist in abstrahierender aber noch erkennbarer form. dann vor allem viel angewandte bau-keramik. ich habe grosse erfahrung mit dem schwindemass beim brennen, kurz: lieber r.m.b., ich glaube, so etwas davon zu verstehen. meine letzte grosse arbeit war 1928 die pfeiler-verkleidungen an einem verbindungsbau eines stadt-krankenhauses. es wird sie vielleicht interessieren, dass ich direkt in der fabrik villeroy & boch mehrere wochen gearbeitet habe, ferner bei teichert in meissen. herrgott wäre das schön, und zwischen all dem gipsstaub so einen wunderbaren bardolino! sie sehen, ich bin bereit. aber vorläufig warte ich erst noch ab: ‚abwarten und tee trinken'."

B 40/7

R.M. Baldessari aus Rovereto am 22.3.1937 in einem Brief, in dem es vor allem um die Pläne geht, die von Ilse Vordemberge-Leda 1936 gegründete „Erste jüdische Tanzgruppe" auf Tournee nach Italien zu schikken - ein Plan, der nicht zustande kam:

„Die Kunst-Keramik wird in diesen Tagen entschieden. Auch darüber werde ich in m. nächsten genauer sein."

Damit bricht der Briefwechsel über diese Projekte ab.

B 41

Erinnerungsmal des Turn-Klubbs Hannover, 1922

B 41/1

Seitenansicht und Grundriß. Ein hoher neben einem flachen Quader, übereck ineinandergeschoben.

Bleistift und Tusche auf Karton, 53,8 x 44 cm, umrahmtes Feld 52 x 42 cm. Beschriftung oben links: „ERINNERUNGSMAL T.K.H. AUF DER ‚JULIUS BLANK HÜTTE' / MST. 1:20", unten rechts: „VORDEMBERGE-GILDEWART".

B 41/2

Benachrichtigung des Denkmal-Ausschusses an Vordemberge-Gildewart vom 18. Mai 1922:

„Das Preisrichter Kollegium hat zur Erlangung von Entwürfen für eine Gedächtnisanlage für die Gefallenen des Turn-Klubbs Hannover in der am 15. Mai stattgehabten Sitzung Ihrem Entwurf mit dem Kennwort „Zeit" den 1. Preis und Ihrem Entwurf mit dem Kennwort „Raum" den 3. Preis zuerkannt."

Um welchen der erwähnten Wettbewerbsbeiträge es sich im vorliegenden Entwurf handelt, ist ungewiß. In einer späteren Aufstellung (auf Briefpapier mit der Adresse Lister Straße 24, Hannover, d.h. nach 1930) hat der Künstler die Arbeit auf 1923 datiert. Das könnte das Jahr der Ausführung nach einem Plan von 1922 gewesen sein, doch ist die Realisation des Denkmals nicht belegt. Auf dem Gelände der ehemaligen Julius-Blank-Hütte im Süntel oberhalb von Unsen, heute Ortsteil von Hameln, findet sich keine Spur. Auch ältere Mitglieder des T.K.H., die befragt wurden, können sich nicht an einen solchen Stein erinnern (Auskunft der Geschäftsstelle des T.K.H. vom 3.5.1991), noch gibt es im Hamelner Lokalblatt einen Hinweis auf seine Aufstellung (Auskunft Herr Bärsch, Stadtarchiv Hameln). Die Julius-Blank-Hütte selbst existiert nicht mehr, an ihrer Stelle ist eine Schutzhütte errichtet worden, der man den Namen „Jahnhütte" gegeben hat.

B 42

Grabmal Munke, Engesohder Friedhof, Hannover, 1924.

Setzung dreier ineinandergeschachtelter Granitblökke auf abgestuftem Sockel. Vor rechtem aufrechten, fast drei Meter hohem Block Relief einer weiblichen Figur - in flehend-weihender Geste die Arme über den Kopf erhoben. Auf zurückgesetztem Mittelblock links oben in erhaben scharflinig ausgemeißelten Versalien der Name der Familie, auf vorgeschobenem kleineren - als schwebende Tafel erscheinenden - Block in vertiefter, z.T, rot ausgelegter Schrift Namen der Bestatteten (als erster der von Margarete Munke, verstorben am 5.2.1923). Die Oberfläche der Steine ist unterschiedlich behandelt, glatter oder rauh strukturiert.

B 42/1

Grabmal Munke

Foto, 28 x 22,2 cm, aufgezogen auf festen Karton mit Prägestempel des Fotografen: „LILL, Hannover". Am Rand unten links Stempel mit handschriftlicher Ergänzung: „ATELIER: VORDEMBERGE-GILDEWART / Hannover / Herbst 1924".

B 42/2

Brief des Dipl.-Ing. Konrad Wittmann, Architekt, Hannover, an Vordemberge-Gildewart vom 25.10.1924. Typoskript, zwei Seiten.

Darin ist von einem ersten Entwurf die Rede, der eine „einem modernen Bauhausgeschmack huldigende kubistische Gesamtformung" aufgewiesen habe. Er äußert grundsätzliche Ablehnung solcher Werke, wie sie Vordemberge-Gildewart 1924 in der Kestner-

Gesellschaft gezeigt hatte. Dem zuletzt eingereichten Entwurf Vordemberge-Gildewarts für das Grabmal Munke habe er aber durchaus zugestimmt. Möglicherweise sah der erste Entwurf - ähnlich wie der des T.K.H. Erinnerungsmales - nur ineinandergeschobene Quaderformen vor. Der Figur-Schmuck könnte eine Konzession an die Erwartung der Jury darstellen.

B 43

Grabmalentwürfe für den Heger Friedhof in Osnabrück, 1926.

Im Herbst 1925 war ein erster Abschnitt der neuen Friedhofsanlage realisiert. Die Stadt schrieb am 15.2.1926 einen Wettbewerb aus, um vorbildliche Grabmalentwürfe zu erlangen. Zur Teilnahme am Wettbewerb wurden in Osnabrück lebende oder dort geborene Künstler eingeladen. Es bestand im folgenden zunächst der Zwang, unter den prämierten Mustern für die Grabmalgestaltung zu wählen. Es finden sich heute noch auf einem alten Teil des Friedhofes Steine, die den Entwürfen Vordemberge-Gildewarts annähernd entsprechen. Bei ihnen handelt es sich um Male auf mehrfach, auch später benutzten Grabstätten, auf denen die ersten Beisetzungen Ende der zwanziger Jahre stattfanden.

B 43/1

Entwurfszeichnung

Ansicht und Grundriß eines Grabmals in Form eines Tryptichons - rechts und links Quader mit Inschrift, mitten ein etwas zurückgenommener mit stilisierter Pflanzenform.

Bleistift auf weiß kaschierter Pappe, 70 x 45 cm

B 43/2-6

Fünf Entwürfe

Abgebildet in: Grabmalkunst / Stadt Osnabrück, hg. vom Magistrat in Hinblick auf die Ausgestaltung des Heger Friedhofes in Osnabrück, 1926.

B 43/2

S. 9: Entwurf für „Reihengräber für Erwachsene“, ausgezeichnet mit einem dritten Preis. Angaben: „Material: Sandstein - Travertin - Muschelkalk / Größe: 115 cm hoch, 55 cm breit, 27 cm tief“.

B 43/3

S. 16: Entwurf für „Reihengräber für Kinder“, ausgezeichnet mit einem zweiten Preis. „Material: Sandstein - Travertin - Muschelkalk / Größe: 72 cm hoch, 60 cm breit, 30 cm tief“.

B 43/4

S. 23: Entwurf für „zweistellige Wahlgräber“, ausgezeichnet mit einem ersten Preis. „Material: Sandstein - Travertin - Muschelkalk / Größe: 125 cm hoch, 85 cm breit, 30 cm tief“.

B 43/5

S. 30: Entwurf für „vierstellige Wahlgräber“, angekauft. „Material: Sandstein - Travertin - Muschelkalk / Größe: 110 cm hoch, 150 cm breit, 30 cm tief“.

B 43/6

S. 34: Entwurf für „sechsstellige Wahlgräber“, angekauft. „Material: Sandstein, Travertin, Muschelkalk / Größe: 170 cm hoch, 200 cm breit, 60 cm tief“.

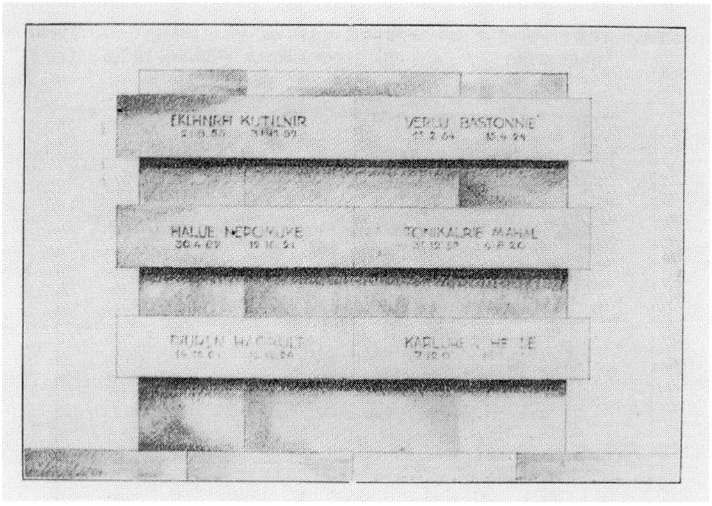

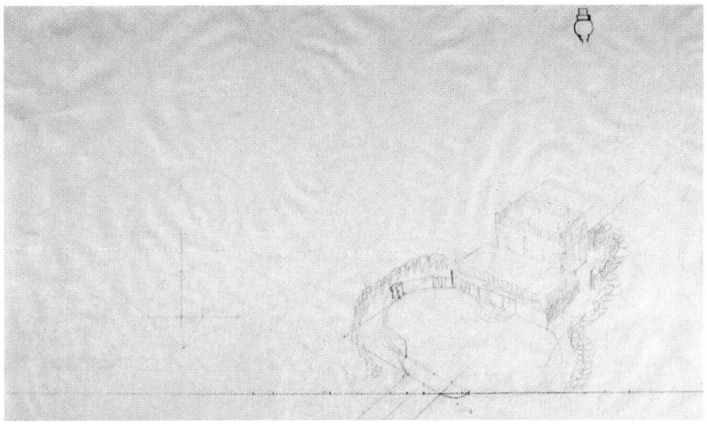

B 44

„Das rote Dreieck“

Entwürfe für eine Kriegergedächtnisanlage in Verbindung mit Stadthalle und Stadion. Wettbewerb der Stadt Hannover, 1921.

B 44/1

Schrägaufsicht auf die Anlage: Runder Ehrenhof, dem Zuweg gegenüber Zentralbau. Darüber Ansicht des Zentralbaus.

Kohle auf leichtem, etwas bräunlichen Konzeptpapier, ca. 72 x 50 cm.

B 44/2

Angefangene Konstruktionszeichnung der Schrägaufsicht auf die Anlage, skizzenhafte Andeutung der Gebäude - weitgehend noch leeres Blatt.

Bleistift auf leichtem, etwas bräunlichen Konzeptpapier, 50,1 x 108 cm.

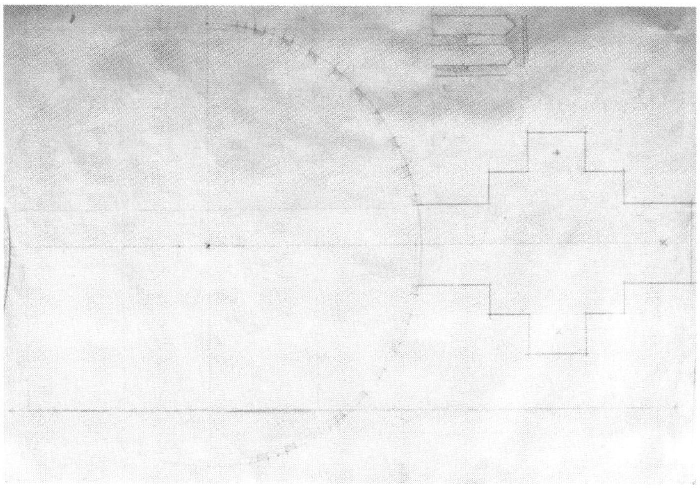

B 44/3

Konstruierter Grundriß: Runder Ehrenhof und anschließendes rechtwinkliges Gebäude. Links oben Detailskizze der Hof-Umfassung.

Bleistift auf leichtem, etwas bräunlichen Konzeptpapier, 74,5 x 50 cm.

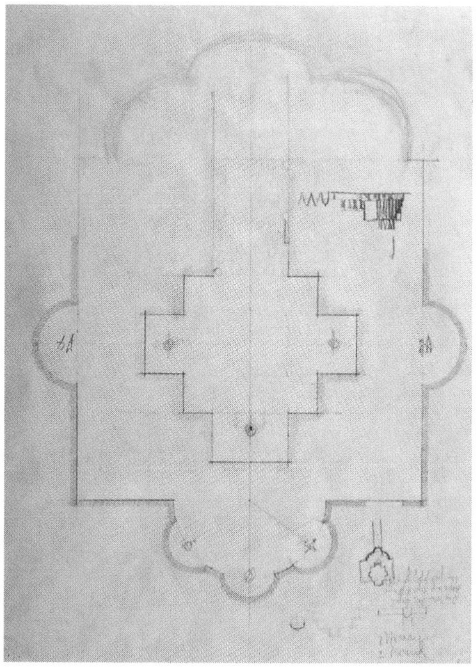

B 44/4

Grundplan der Anlage mit Nebenskizzen und Textzusatz: „Die Toten des Krieges..."

Bleistift auf leichtem, etwas bräunlichen Konzeptpapier, ca. 71 x 50 cm.

B 44/5

Skizzenblatt mit Entwurfsideen. Darunter Grundpläne, aber auch Gebäude oder eine durch Kapellen gegliederte Wand. Links unten die Ortsbezeichnung „Diepholz".

Bleistift und Kohle auf leichtem, etwas bräunlichen Konzeptpapier.

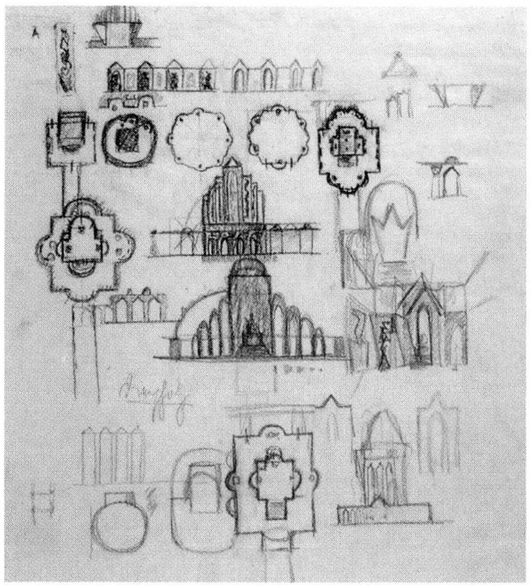

B 44/6

Schmierblatt, von beiden Längsseiten her zum Skizzieren benutzt. Figürliche Plastiken, Grundrisse, Seitenansicht u.a.

Bleistift auf leichtem, etwas bräunlichen Konzeptpapier, 50 x 113,7 cm.

B 44/7

Seitenansicht des Zentralbaus mit Umfassung. Nebenskizze: Grundriß mit rechtwinkligem Zentralbau.

Bleistift und Kohle auf leichtem, etwas bräunlichen Konzeptpapier, 50 x 77 cm.

B 44/8

Linker Teil der Fassade des Zentralbaus.

Kohle auf leichtem, etwas bräunlichen Konzeptpapier, 50 x ca. 22 cm.

B 44/9

Zentralbau, Fassade

Kohle auf rauhem, bräunlichen Packpapier, ca. 72 x 57 cm.

B 44/10

Teile einer Pfeilerwand mit angedeuteten figürlichen Plastiken vor Pfeilern. Durchsicht auf eine Fassade.

Kohle auf leichtem, etwas bräunlichen Konzeptpapier, 50 x 78 cm.

B 44/12

Grundrißkonstruktion mit rechtwinkligem Zentralbau.

Blei- und blauer Farbstift auf leichtem, etwas bräunlichen Konzeptpapier, ca. 91,5 x 50 cm.

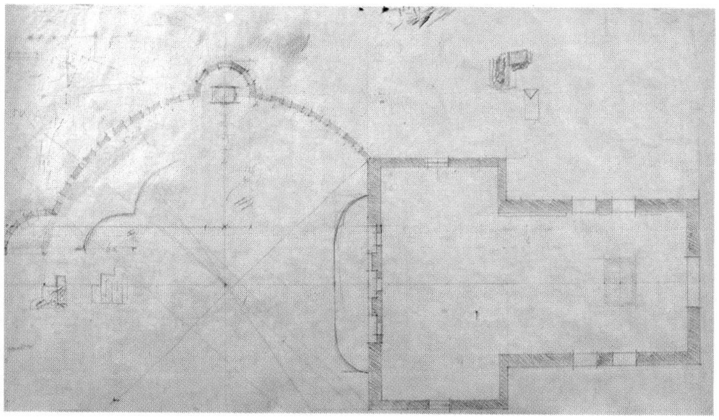

B 44/11

Im Mittelfeld: Hoher rechtwinkliger Innenraum mit einer figürlichen Plastik, Lichteinfall von links oben, am Rand kleine Skizzen: Ansichten und Gebäudedetails (ähnlich wie im Skizzenbuch, Werkverzeichnis S 18).

Kohle (Mittelfeld) und Bleistift (Randskizzen) auf Transparentpapier, 68,5 x 75 cm, Mittelfeld 37 x 49 cm.

B 44/13

Konstruierte Ansicht der Fassade eines rechtwinkligen Zentralbaus.

Bleistift auf leichtem, etwas bräunlichen Konzeptpapier, ca. 79 x 50 cm.

B 44/14

Konstruierte Schrägansicht der Fassade eines rechtwinkligen Zentralbaus.

Bleistift auf Transparentpapier, 61 x 90 cm, umgrenztes Feld - über das rechts hinausgezeichnet ist - 55,8 x 54 cm, Blatt eingerissen, untere rechte Ecke fehlt.

B 44/15

Schaubild: Schrägansicht eines rechtwinkligen Zentralbaus mit angrenzender Umfassung des Ehrenhofs, rechts vorn Plastik.

Federzeichnung, schwarze Tusche auf Zeichenkarton, 52,3 x 53,8 cm, auf der Rückseite Spuren, daß das Bild einmal auf schwarzen Grund geklebt war.

B 44/16

Fassade des Zentralbaus mit angedeuteten Seitenanschlüssen, Nebenskizzen.

Kohle auf leichtem, etwas bräunlichen Konzeptpapier, 50 x ca. 80 cm.

B 44/17

Seitenansicht des gestaffelten Gebäudekomplexes, rechts oben Nebenskizzen: Innenhof, Grundriß.

Kohle, Bleistift, mit Tinte auf leichtem, etwas bräunlichen Konzeptpapier, 50 x ca. 80 cm.

B 44/18

Drei Ansichten und Grundriß der Anlage.

Bleistift auf leichtem, etwas bräunlichen Konzeptpapier, 50 x ca. 35 cm.

B 44/19

Blick in zentralen Innenraum mit figürlicher Plastik, Lichteinfall von oben links.

Kohle und Pastell (farbig: Andeutung von Fenstern und Licht), auf leichtem, etwas bräunlichen Konzeptpapier, 50 x 72 cm.

B 44/20

Seitenansicht der Anlage, Zentralbau rechts, links oben zwei Durchblicke.

Kohle und Bleistift auf leichtem, etwas bräunlichen Konzeptpapier, 50 x 112 cm.

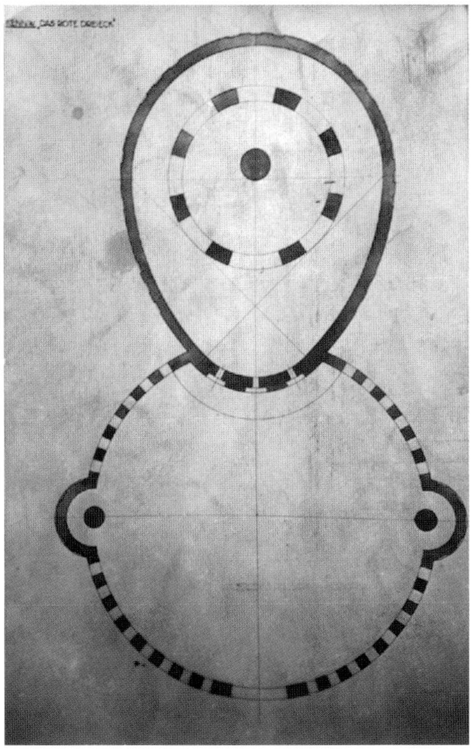

B 44/21

Zentralbau vom Ehrenhof aus gesehen - mit Aufgangstreppe.

Kohle auf leichtem, etwas bräunlichen Konzeptpapier, 50 x 76,5 cm.

B 44/22

Grundrißkonstruktion, teilweise offen gelassen, mit Zahlenangaben.

Bleistift auf leichtem, etwas bräunlichen Konzeptpapier, 50 x 74 cm.

B 44/23

Grundriß der Anlage. Beschriftung oben links: „KENNW. ‚DAS ROTE DREIECK'".

Foto nach Schautafel, 13,2 x 8,5 cm.

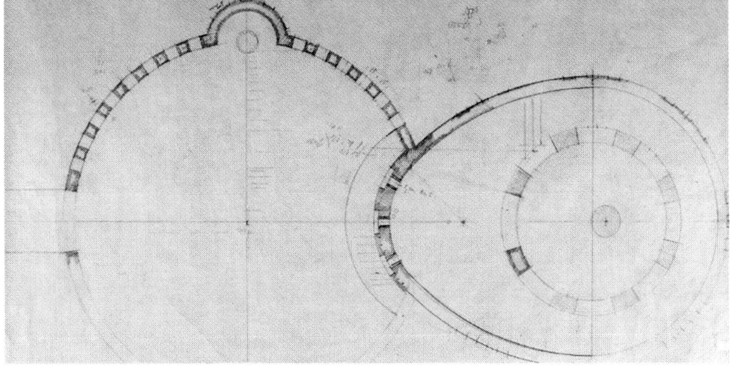

B 44/24

Schrägansicht des Zentralbaus vom Ehrenhof her mit dessen an das Gebäude anschließender Umfassung, Maßstabfiguren.

Kohle auf Transparentpapier, ca. 68 x 82 cm, am oberen und unteren Rand geknittert und eingerissen - Vorstudie zu 44/23.

B 44/25

Schaubild: Blick vom Ehrenhof auf runden Zentralbau. Bezeichnung unten links: „KENNW. ‚DAS ROTE DREIECK'".

Fotos nach Zeichnung, 10 x 14,8 cm, bzw. 15,6 x 23 cm, auf einem rückseitig Grundrißskizze (Bleistift).

B 44/26

Schaubild: runder Zentralbau vom Ehrenhof aus gesehen, außen - jenseits der angeschnittenen Umfassung - Bäume. Bezeichnung unten links: „KENNW. ‚DAS ROTE DREIECK'".

Foto nach Zeichnung, 8,6 x 13,1 cm.

B 44/27

Schaubild: Zentraler Innenraum mit figürlicher Plastik (entspricht 44/17). Bezeichnung unten links: „KENNW. `DAS ROTE DREIECK`".

Foto nach Zeichnung, 10 x 14,8 cm, rückseitig Grundrißskizze (Blei).

B 44/28

Schaubild: Seitenansicht der Anlage, Zentralbau links. Bezeichnung unten links: „KENNW. ‚DAS ROTE DREIECK'".

Fotos nach Zeichnung, 8,9 x 13,2 cm, bzw. 14,8 x 22,3 cm.

B 44/29

Schreiben des Magistrats der Stadt Hannover vom 13. Juni 1921 an „Herrn Friedel Vordemberge-Gildewart, Hannover, Karolinenstrasse 15 I.l.": „Das Preisgericht für den Wettbewerb zur Erlangung von Vorentwürfen für eine Kriegergedächtnisanlage hat Ihren Entwurf mit dem Kennwort ‚Das rote Dreieck' für 1000.- M zum Ankauf empfohlen." Typoskript, eine Seite.

Erst 1924 hat man an die Ausführung des Plans einer „Kriegergedenkstätte der Provinz Hannover" gedacht. Vorgesehen war die Realisierung eines Entwurfs von Vordemberge-Gildewarts Lehrer, Prof. L. Vierthaler, der eine Anlage von zwei rechtwinkligen Höfen („Ehrenhof", „Heldenhof") mit einem Obelisken am Ende der Mittelachse vorsah. (Beschrieben von Prof. Dr. Paul Schubring, Die Kriegergedenkstätte der Provinz Hannover. In: Kurier im Bild, Nr. 9, Hannover 1924.)

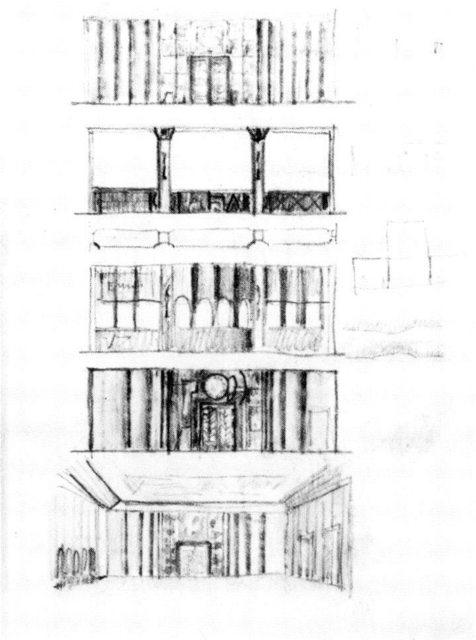

S 23/24

Zwei aquarellierte Raumdarstellungen, undatiert. Sie stehen den Entwürfen für eine Kriegergedächtnisanlage (1921) nahe. Es könnte sich bei ihnen um Studien handeln, die im Zusammenhang mit einem Aquarell-Entwurf für das Vestibül einer Kunsthalle zu sehen sind, den Vordemberge-Gildewart 1920 auf der Dürerbund-Ausstellung in Osnabrück gezeigt hat.

Zu dieser Ausstellung liegen im Archiv des Kulturgeschichtlichen Museums Osnabrück zwei Aufstellungen vor, von Friedel Vordemberge am 2.4.1920 in Hannover und am 27.5.1920 in Osnabrück unterschrieben. Darin sind zwei aquarellierte Entwürfe verzeichnet: für das Vestibül einer Kunstausstellung/Kunsthalle und für einen Bibliotheksraum. In der einen Liste werden außerdem Entwürfe für Grabsteine genannt (das könnte der Anlaß gewesen sein, Vordemberge-Gildewart 1926 als einzigen auswärtigen Künstler zum Wettbewerb um die Neugestaltung des Heger Friedhofes in Osnabrück einzuladen). Als kunstgewerbliche Gegenstände, in der Dürerbund-Ausstellung von Vordemberge gezeigt, werden aufgelistet: 3 Schmuckkästen (Holz), 1 Notenständer (Holz), 2 Tischlampen, 6 Dosen (Holz), 1 Wandschirm (Seide), 4 Hutschachteln (Karton), 1 Buchschmuck (Buch), 1 Kalender (Karton), Tapeten, 1 Ornament (Gips).

(Mitteilung dieser Aufstellungen durch Frau Inge Jaehner M.A., Kulturgeschichtliches Museum Osnabrück)

S 23

Hoher Raum mit schmalen, vertikalen, farbigen Fenstern, konvexer Deckenform, aufgereihter Bogenformsetzung in Fensternische.

Aquarell über Bleistiftvorzeichnung auf Transparentpapier, 24 x 18,7 cm.

S 24

Hoher Raum, vertikal gegliederte Wände, konvexe Rundform in der Decke.

Aquarell über Bleistiftvorzeichnung auf Transparentpapier, ca. 34 x 26,5 cm.

S 18, Blatt 14, 51 (Rückseite), 18, 24

Im Skizzenbuch Vordemberge-Gildewarts (S 18) finden sich zahlreiche Architekturnotizen, die von expressionistischen Bauten in der Art des hannoverschen Mahnmal-Entwurfes bis zu neu-sachlichen Architekturvorstellungen führen. Es handelt sich jeweils um Bleistiftzeichnungen auf Transparentpapierseiten, 36,2 x 25,3 cm, als Hoch- oder Querformat benutzt. Beispiele: Blatt 51 (Rückseite), 14, 18, 24. Die Abfolge im Block entspricht nicht unbedingt einer chronologischen Reihenfolge.

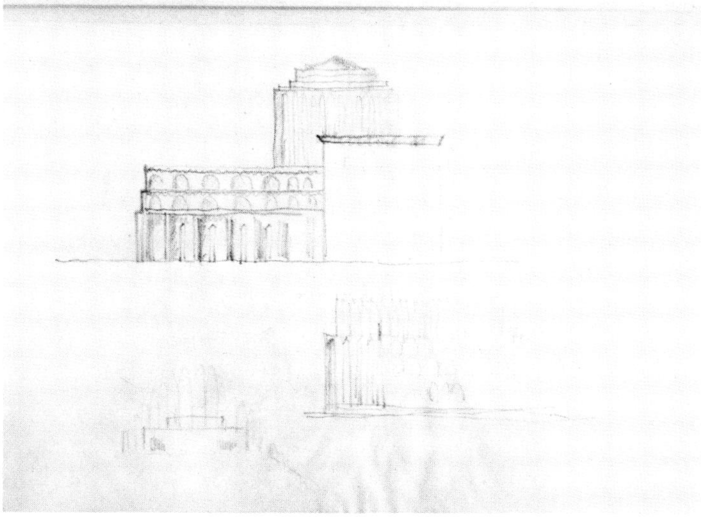

S 18, Blatt 14

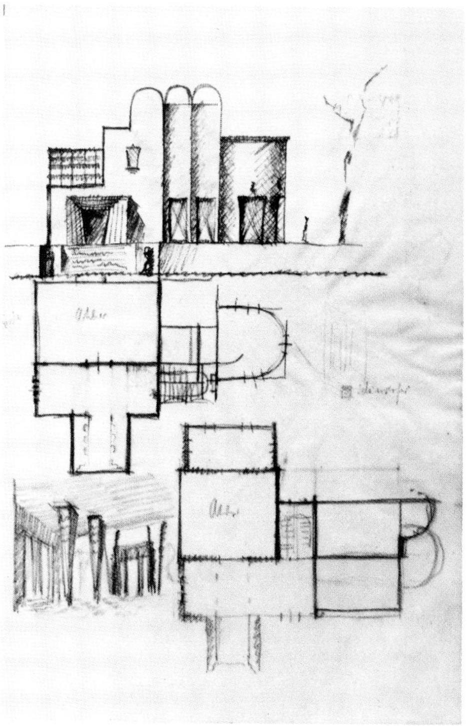

S 18, Blatt 18

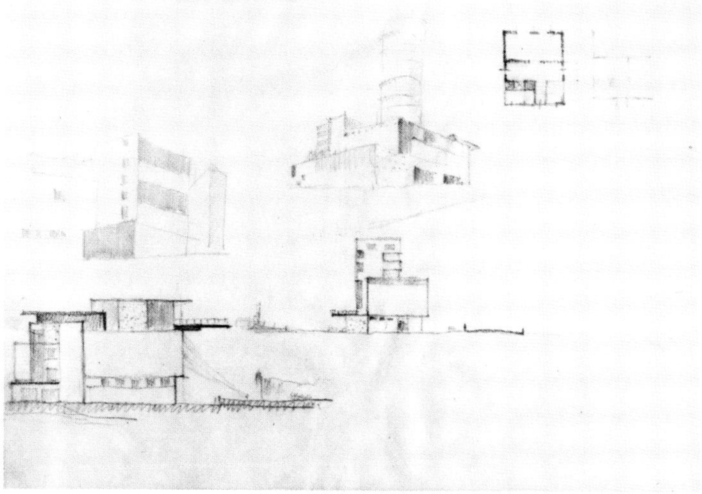

S 18, Blatt 24

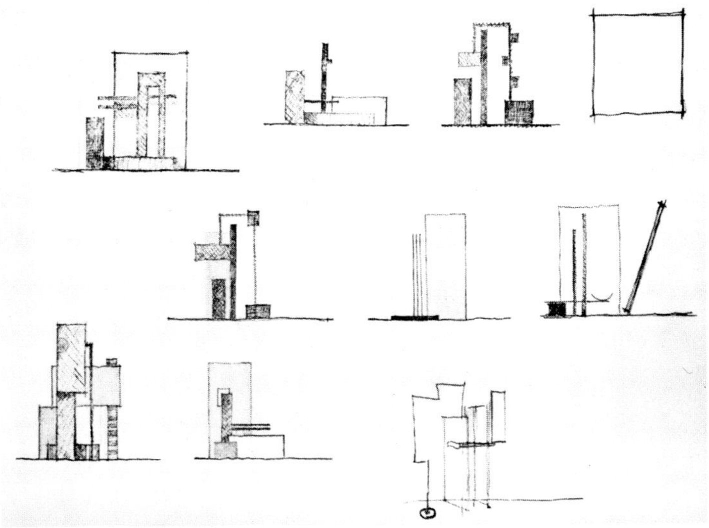

(S 22)

Es liegt ferner ein Einzelblatt (S 22) mit Architektur- oder Denkmalüberlegungen vor, das vermutlich aus diesem Skizzenbuch (S 18) stammt. Es ist von Vordemberge-Gildewart im Album seiner Niederländischen Epoche reproduziert und als „Projekt 1919“ deklariert worden. Es läßt sich jedoch eher als mit Arbeiten aus dem Anfang seines Studiums mit den Denkmalentwürfen von 1922 an (B 41-43) oder den folgenden Entwürfen eines Landhauses (B 45) zusammenzubringen.

Bleistift und Tusche auf Transparentpapier, 25,2 x 36,2 cm.

Annely Juda Fine Art, London

B 45

Projekt für ein Landhaus bei Hannover, 1923/24.

B 45/1

Skizze eines gegliederten kubischen Gebäudes.

Bleistift auf Transparentpapier, 12,5 x 9 cm

B 45/2

Drei Gebäudeskizzen sowie kleine Grundrißskizzen auf einem auch überkopf bezeichneten Blatt.

Bleistift auf Transparentpapier, 46,5 x 41 cm

B 45/3

Skizzen von Gebäudedetails.

Blei- und Buntstift auf Transparentpapier, ca. 18 x 29 cm

B 45/4

Skizzierte Gebäudeansichten und -Grundrisse.

Bleistift auf Transparentpapier, ca. 37,5 x 46,5 cm

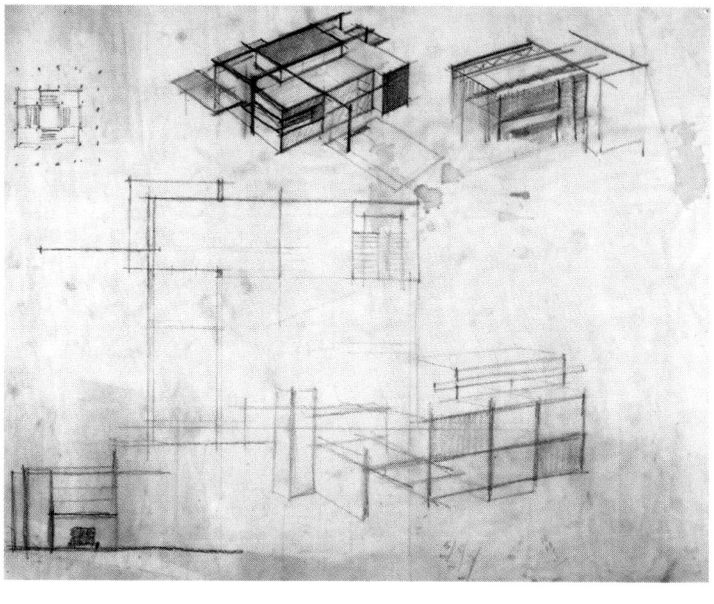

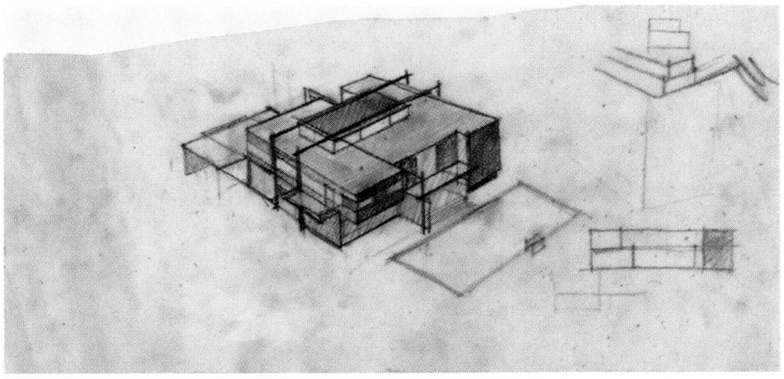

B 45/5

Schrägaufsicht auf ein Gebäude, skizziert. Rechts Detailskizzen.

Blei- und Rotstift auf dünnem Zeichenpapier. Höhe links 15 cm, rechts 17,5 cm, Breite mitten 37,5 cm.

B 45/6

Konstruierter Grundriß und drei skizzierte Ansichten.

Bleistift auf Transparentpapier, 41,3 x 53 cm, linke untere Ecke abgerissen. Links mitten und rechts unten Stempel „ATELIER: VORDEMBERGE-GILDEWART".

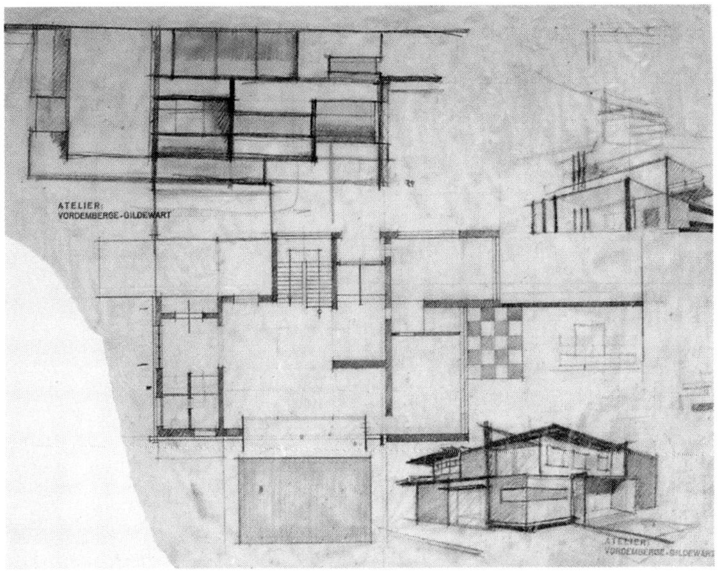

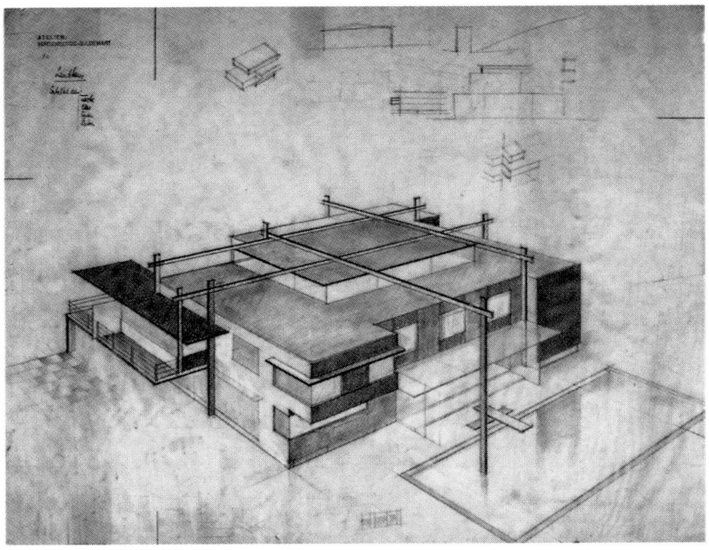

B 45/7

Gebäude in konstruierter schräger Aufsicht, Nebenskizzen.

Bleistift und Tinte auf Transparentpapier, 58 x 78 cm. Oben links Stempel „ATELIER: VORDEMBERGE-GILDEWART" und handschriftlich: „Landhaus / gestaltet aus: / Farbe / Glas / Eisen / Beton".

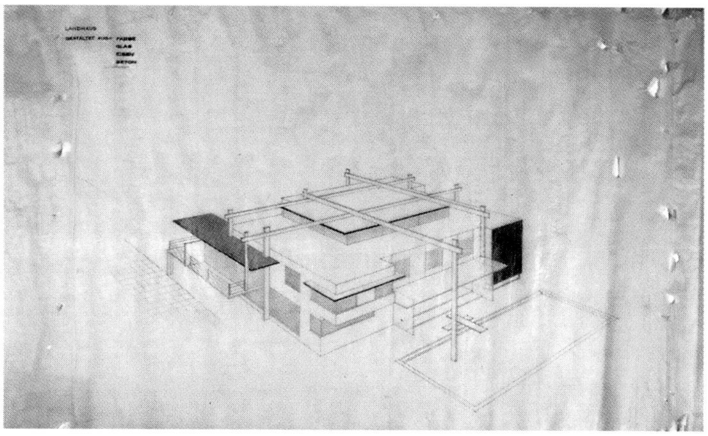

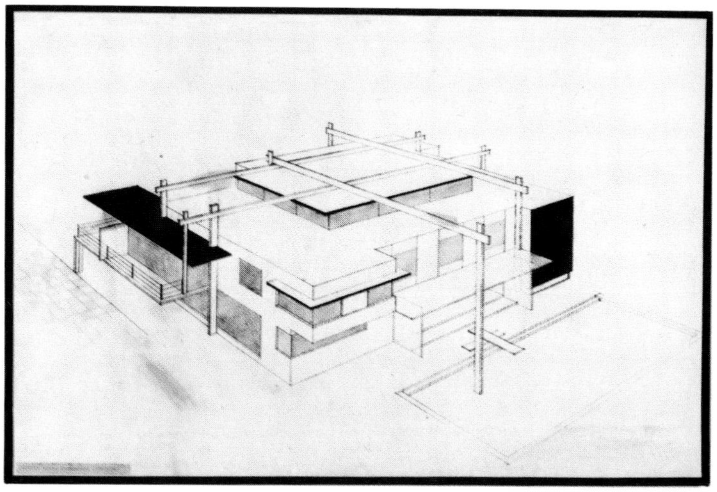

B 45/8

Gebäude in schräger Aufsicht, konstruierte Zeichnung.

Bleistift auf Transparentpapier, 69 x 120 cm. Oben links in Blockschrift (Tusche) bezeichnet: „LANDHAUS / GESTALTET AUS: FARBE / GLAS / EISEN / BETON".

B 45/9

Gebäudeansicht, in der Konstruktion wie B 45/7, jedoch mit weniger Tonflächen.

Lichtpause auf festem Papier, 63 x 93 cm. Zwei Exemplare vorhanden. Oben links in Blockschrift: „LANDHAUS / GESTALTET AUS: FARBE / GLAS / EISEN / BETON".

B 45 /10

Gebäudeansicht, Nebenskizze: Innenraum.

Lichtpause, einige Flächen mit Blei geschwärzt; Nebenskizzen: Bleistift. Auf festem Papier, ca. 62,5 x 84,5 cm.

B 45/11

Gebäudeansicht

Lichtpause auf festem Papier, 54 x 93 cm

(B 45/12)

Gebäudeansicht

Lichtpause und Tusche, 40 x 60,5 cm

Unten links maschinenbeschrifteter Klebezettel: „projekt eines landhauses (1923/24)".

Annely Juda Fine Art, London

zu B 45/12

Reproduktion entsprechend B 45/11 und B 45/12 in: Dorner, 100 Jahre Bauen in Hannover, Hannover 1931 (= T 106), S. 53.

Dort auch Aufstellung über Arbeiten Vordemberge-Gildewarts im Bereich Baugestaltung. Im Vorwort des Buches (S. 6/7) geht Dorner grundsätzlich auf Architektur, wie sie in dieser Zusammenstellung am entschiedensten von Vordemberge-Gildewarts Entwurf repräsentiert wird, ein.

B 45/13

Grundriß, schräggestellt

Lichtpause auf festem Papier, 67,5 x 74 cm, umrandetes Feld 54,8 x 70 cm. Mehrere Exemplare vorhanden.

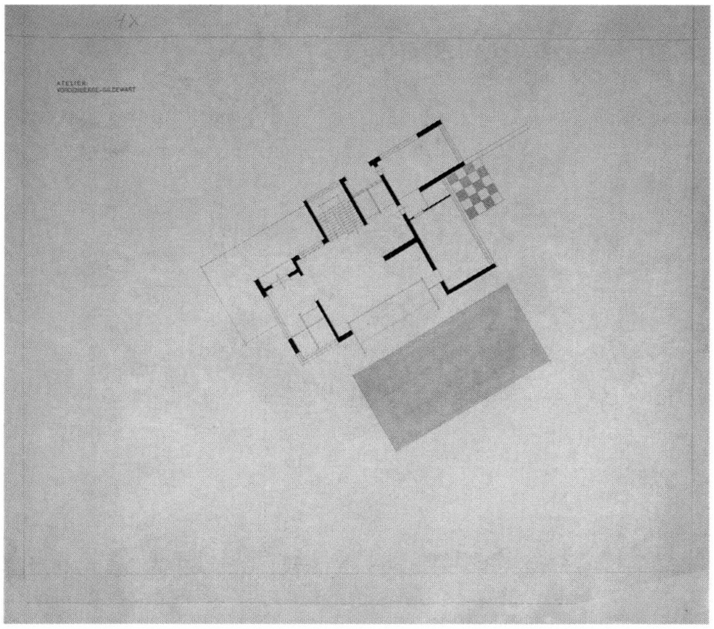

B 45/14

Grundriß, schräggestellt

Lichtpause auf festem Papier, Mauergrundrisse mit schwarzer Tusche nachgezogen, Rechteck unten rechts mit Blei schraffiert. 66 x 75 cm, umrandetes Feld 54,8 x 70 cm. Stempel oben links: „ATELIER: VORDEMBERGE-GILDEWART“.

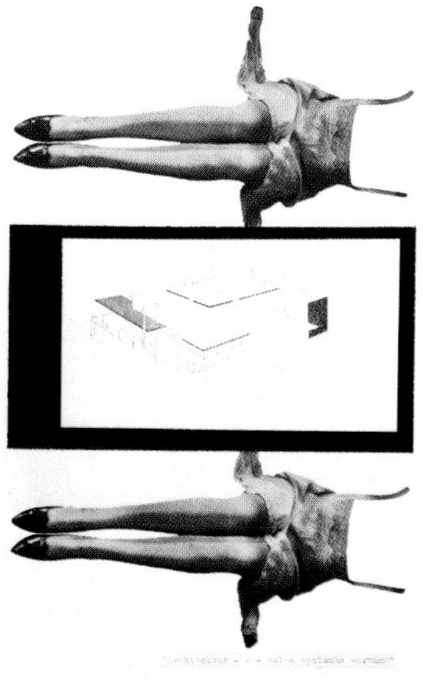

(K 48)

Eine B 45/12 entsprechende Abbildung des Landhaus-Entwurfes ist von Vordemberge-Gildewart in eine Collage (K 48/1928) eingebracht worden, die (maschinenschriftlich auf Klebezettel) den Titel führt „architektur - keine optische wertung“. Dieser Titel ist ein Zitat aus des Künstlers Vortrag „Müde Menschen - verspätete Kunst - heutige Gestaltung“, gehalten am 19.10.1928 vor den Freunden der Künstlergruppe „die abstrakten hannover“. Er grenzt in diesem Text (dessen Manuskript im VG-Archiv vorliegt) zeitgemäße Architektur aus Kunst aus, unterstellt sie anderen als formal-ästhetischen Kriterien.

Nach Notiz des Künstlers ist diese Collage 1929 in der in Essen beginnenden Wander-Ausstellung „Fotografie der Gegenwart“ gezeigt worden.

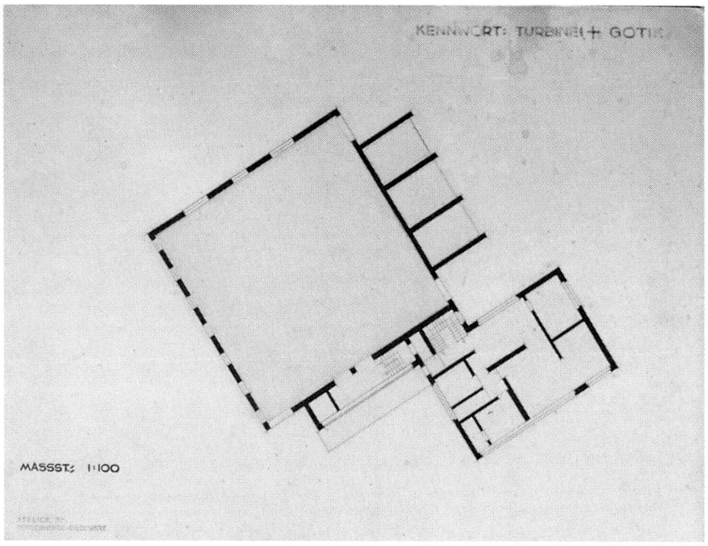

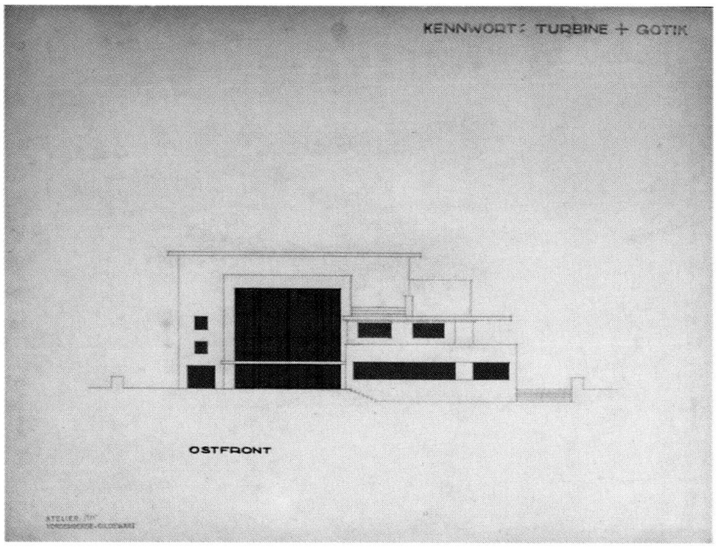

B 46

„Turbine + Gotik“, Wettbewerbsbeteiligung, 1925.

B 46/1

Grundriß, schräggestellt

Bleistift, Wandgrundriß mit schwarzer Tusche ausgefüllt, Korrekturstelle mit weißer Deckfarbe. Beschriftung oben rechts rote und schwarze Tusche. Gelbe Rechteckfelder und hellgraues Quadrat eingeklebt. Auf weißem, festem Karton, 48 x 66 cm, rückseitig oben zwei Aufhänger. Bezeichnung oben rechts: „KENNWORT = TURBINE + GOTIK“, unten links „MASSST. = 1:100“, Stempel und Datum: „Atelier: VORDEMBERGE-GILDEWART“ / 1925".

B 46/2

Aufriß (Ostfront)

Bleistift, graue Deckfarbe, Beschriftung rote und schwarze Tusche. Auf weißem, festem Karton, 48 x 66 cm, rückseitig oben zwei Aufhänger. Bezeichnung oben rechts: „KENNWORT = TURBINE + GOTIK“, unten links: „OSTFRONT“, am Rand Stempel und Datum: „ATELIER: VORDEMBERGE-GILDEWART / 1925“.

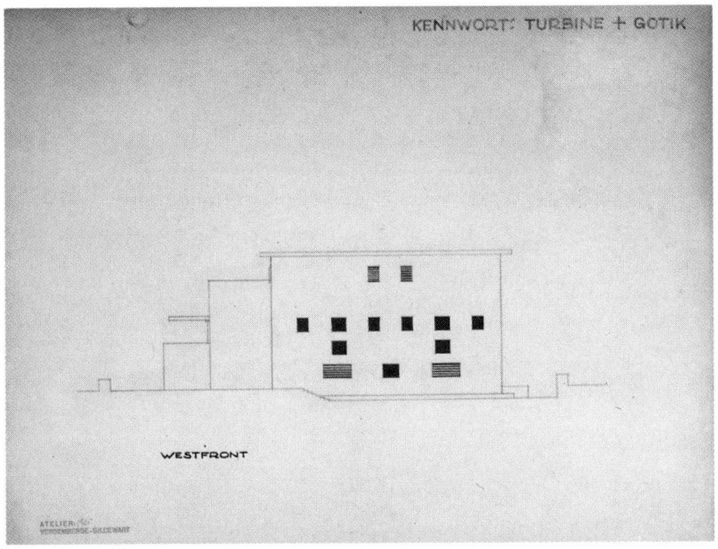

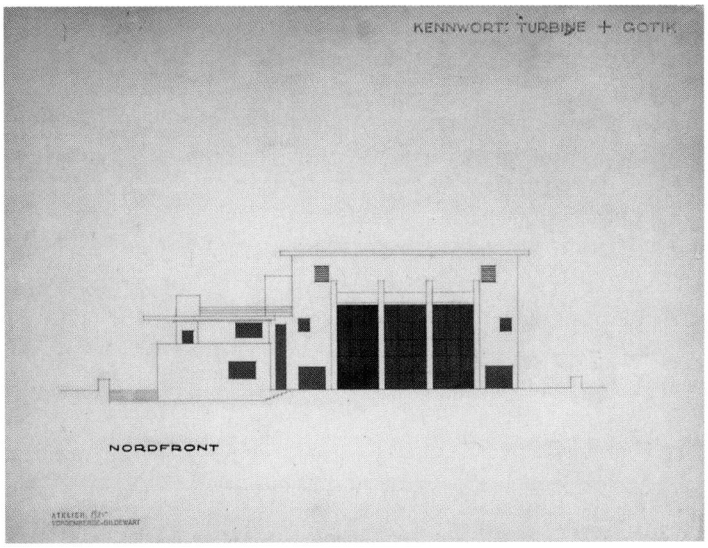

B 46/3

Aufriß (Westfront)

Bleistift, weiße und graue Deckfarbe, Beschriftung rote und schwarze Tusche. Auf festem, weißem Karton, 48 x 65,5 cm, rückseitig oben zwei Aufhänger. Bezeichnung oben rechts: „KENNWORT = TURBINE + GOTIK", unten links „WESTFRONT", am Rand Stempel und Datum: „ATELIER: VORDEMBERGE-GILDEWART / 1925".

B 46/4

Aufriß (Nordfront)

Bleistift, weiße und graue Deckfarbe, Beschriftung rote und schwarze Tusche. Auf festem, weißem Karton, 48 x 66 cm, rückseitig oben zwei Aufhänger. Bezeichnung oben rechts: „KENNWORT = TURBINE + GOTIK", unten links „NORDFRONT", am Rand Stempel und Datum: „ATELIER: VORDEMBERGE-GILDEWART / 1925".

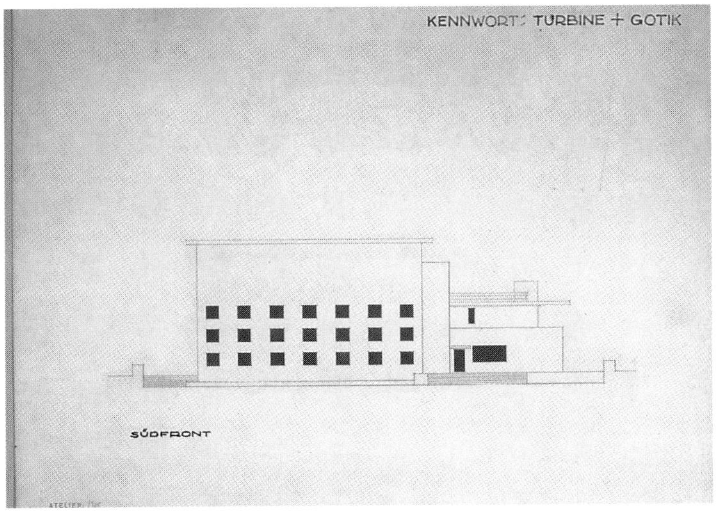

B 46/5

Aufriß (Südfront)

Bleistift, graue Deckfarbe, Beschriftung rote und schwarze Tusche. Auf festem, weißem Karton, 48,3 x 65,5 cm, rückseitig oben zwei Aufhänger. Bezeichnung oben rechts: „KENNWORT = TURBINE + GOTIK", unten links „SÜDFRONT", am Rand Stempel und Datum: „ATELIER: VORDEMBERGE-GILDEWART / 1925".

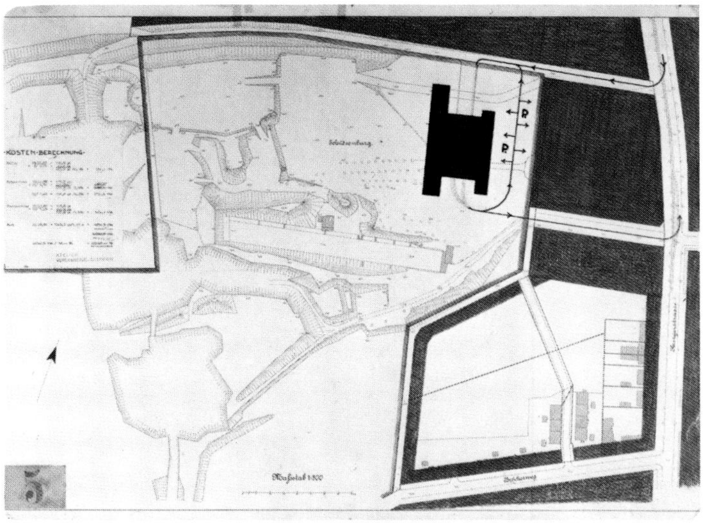

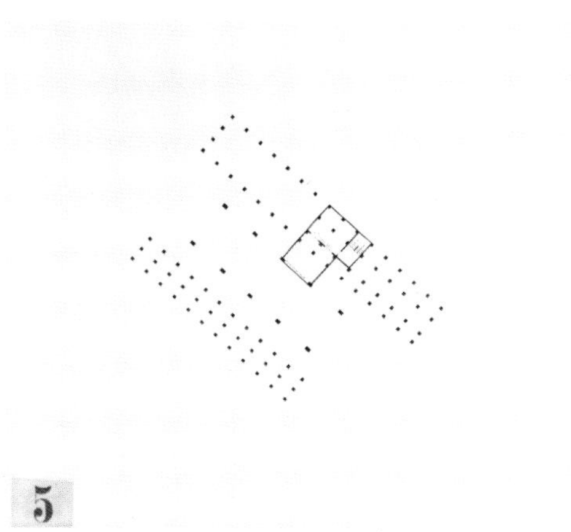

B 47

Kleine Festhalle in Osnabrück.

Wettbewerbsbeteiligung, 1928

B 47/1

Lageplan, Maßstab 1:500.

Oben links eingeklebt: Kostenberechnung. Schwarze und rote Tusche, Aquarell und graue Kreide, aufgeklebte maschinengeschriebene Rechnung. Auf weißkaschierter Pappe, 73 x 102 cm. Unter Kostenberechnung Stempel „ATELIER: VORDEMBERGE-GILDEWART", unten links am Rand Klebezettel mit Kennziffer „5". Rückseitig Klebezettel mit Stempel „ATELIER: VORDEMBERGE-GILDEWART" und handschriftlichem Zusatz: „kleine Festhalle in Osnabrück (1928)".

B 47/2

Grundriß, schräggestellt (Kellergeschoß).

Schwarze Tusche auf Karton, 73 x 76,5 cm. Bezeichnung unten links auf maschinenbeschriebenem Klebezettel: „Kellergeschoß Maßstab 1:200", Aufkleber mit gedruckter Kennziffer „5".

B 47/3

Grundriß, schräggestellt (Erdgeschoß).

Schwarze und rote Tusche auf Karton, 73 x 76,5 cm. Bezeichnung unten links auf maschinenbeschriebenem Klebezettel: „Erdgeschoß Maßstab 1:200", Aufkleber mit gedruckter Kennziffer „5".

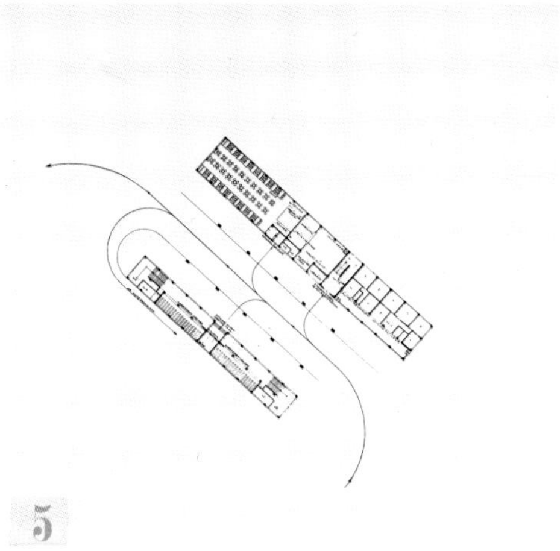

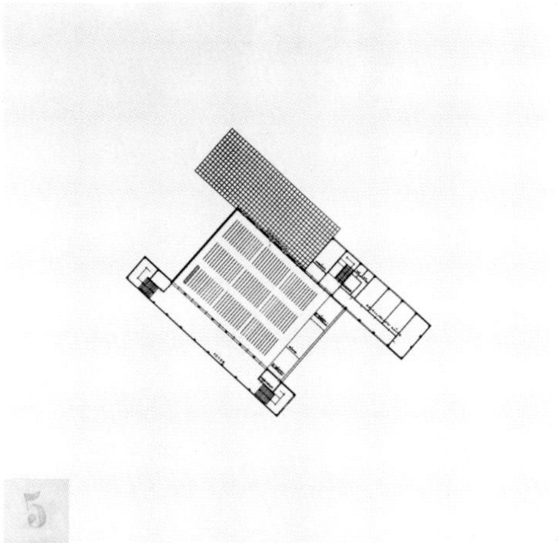

B 47/4

Grundriß, schräggestellt (Obergeschoß).

Tusche auf Karton, 73 x 76,5 cm. Bezeichnung unten links auf maschinenbeschriebenem Klebezettel: „Obergeschoß Maßstab 1:200“, Aufkleber mit gedruckter Kennziffer „5“.

Reproduktion von B 47/4 in: Alberto Sartoris, Gli elementi dell'architettura funzionale prefazione di Le Corbusier, Milano 1932, S. 212.

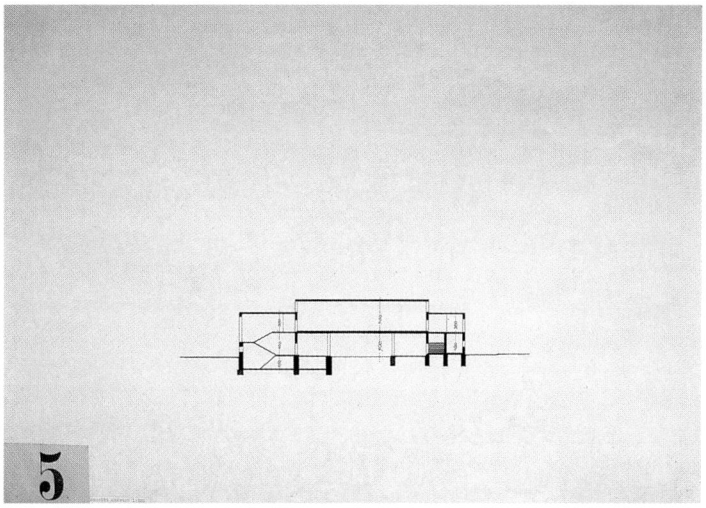

B 47/5

Querschnitt, mit Raumhöhenangaben.

Tusche auf weißem Zeichenkarton (Schoellerhammer), 51 x 73 cm. Bezeichnung unten links auf maschinenbeschriebenem Klebezettel: „Schnitt Maßstab 1:200“, Aufkleber mit gedruckter Kennziffer „5“.

B 47/6

Aufriß (Westfront)

Bleistift und schwarze Tusche auf Zeichenkarton (Schoellerhammer), 51 x 73 cm. Bezeichnung unten links auf maschinenbeschriebenem Klebezettel: „West-Front Maßstab 1:200“, Aufkleber mit gedruckter Kennziffer „5“.

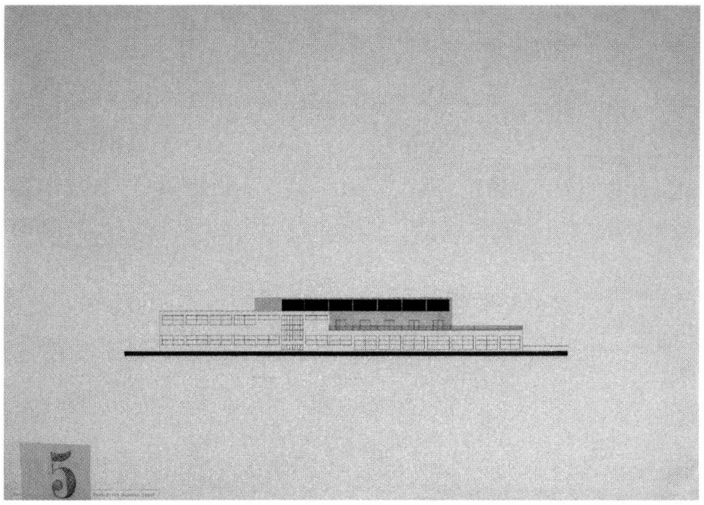

B 47/7

Aufriß (Ostfront)

Bleistift und schwarze Tusche auf Zeichenkarton (Schoellerhammer), 51 x 73 cm. Bezeichnung unten links auf maschinenbeschriebenem Klebezettel: „Ost-Front Maßstab 1:200", Aufkleber mit gedruckter Kennziffer „5".

B 47/8

Aufriß (Südfront)

Bleistift und schwarze Tusche auf Zeichenkarton (Schoellerhammer), 51 x 73 cm. Bezeichnung unten links auf maschinenbeschriebenem Klebezettel: „Süd-Front Maßstab 1:200", Aufkleber mit gedruckter Kennziffer „5".

B 47/9

Aufriß (Nordfront)

Bleistift und schwarze Tusche auf Zeichenkarton (Schoellerhammer), 51 x 73 cm. Bezeichnung unten links auf maschinenbeschriebenem Klebezettel: „Nord-Front Maßstab 1:200“, Aufkleber mit gedruckter Kennziffer „5“.

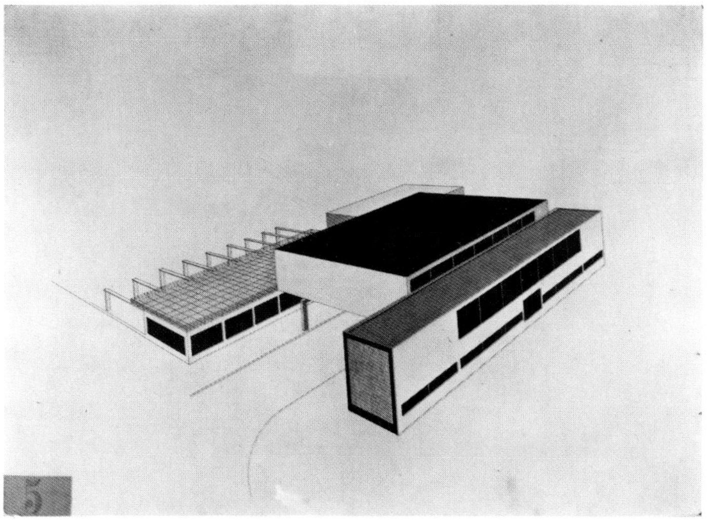

B 47/10

Schrägaufsicht

Bleistift und schwarze Tusche auf Zeichenkarton (Schoellerhammer), 73 x 102 cm. Unten links Aufkleber mit gedruckter Kennziffer „5“.

Reproduktion von B 47/10 in: Alberto Sartoris, Gli elementi dell'architettura funzionale, prefazione di Le Corbusier, Milano 1932, S. 212.

B 48

Wiederaufbau der Werkstatt und des Lagergebäudes der Tischlerei August Vordemberge, Große Gildewart 27, Osnabrück 1952.

Vordemberge-Gildewart schickte seinen Geschwistern in Osnabrück Entwürfe, die von dem Osnabrücker Architekten Wilhelm Nietmann in die für den Bauantrag notwendige Form gebracht wurden. Bauantrag 27.3.1952, Genehmigung 27.7.1952 (Mitteilung von Dr. S. Hoffmann, dem jetzigen Besitzer des Grundstückes).

B 48/1

Fassadenaufriß, mit Wandkante im Grundriß.

Blei- und gelber Farbstift, weiße Tusche auf Transparentpapier, 55 x 99 cm, umrandetes Feld 52,7 x 76 cm. Bezeichnung oben links: „Neubau Werkstatt August Vordemberge / Osnabrück“, unten rechts Stempel (verblichen) und Datum: „vordemberge-gildewart“, „23-3-52“.

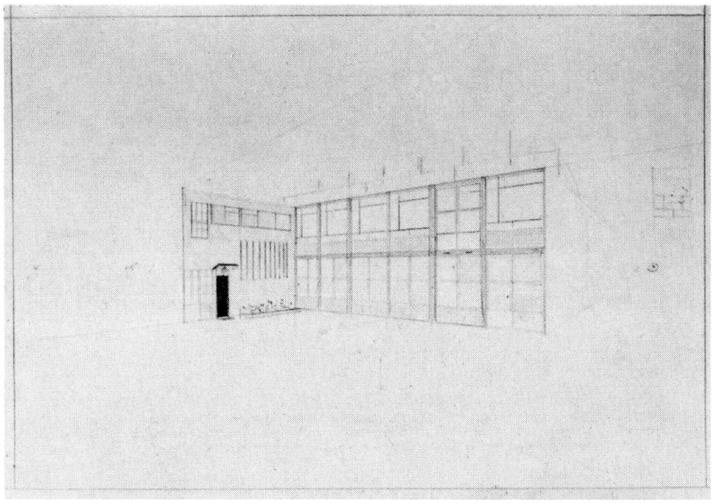

B 48/3

Fassaden der Werkstatt und des links im rechten Winkel daran anschließenden Hauses.

Blei- und Farbstift auf Karton, umrandetes Feld 32,5 x 49 cm.

B 48/4

Werkstatt- und Hausfassade (wie 48/3).

Blei- und Farbstift auf Transparentpapier, 23,8 x 27,8 cm. Unten links Stempel „vordemberge-gildewart“ und Datum „2-5-52“.

B 48/2

Skizze der Fassadenansicht.

Blei- und gelber Farbstift auf Transparentpapier, 27,4 x 21,5 cm, auf Karton geheftet.

B 48/5

Brief an den Bruder, 25.3.1952, mit Erläuterungen zum Bauvorschlag. Darin die Anweisung: „wenn eben möglich, so sollen die gelblichen blendsteine glatt oder glasiert sein. alle betonteile wie stützen, unterzüge und decken werden nicht verputzt. die holzstruktur der einschalung soll überall sichtbar bleiben. innen wird alles gestrichen und aussen bleibt der graue naturton des beton. als gegensatz dann die glatten blendsteine."

B 48/6

Brief an die Schwestern, 4.5.1952

Er habe eine Perspektive gezeichnet, um zu zeigen, wie der Neubau aussehen werde. Meister Niemeyer werde inzwischen Modelle vom Maschinenraum und von der Werkstatt angefertigt haben, um sicher zu gehen, wie die Hobelbänke und die Maschinen aufzustellen seien.

B 48/7

Brief an die Familie, 7.6.1952

„sagt bitte an nietmann und rötemeyer, dass mit grosser sorgfalt die gegossenen betonpfeiler behandelt werden. sie sollen die ecken der breiten und dünnen pfeiler mit holz oder papierrollen umbinden, damit während der weiteren bauarbeit nicht so nach und nach die ecken abgerundet werden. denn alle mauerer müssen und sollen wissen, dass die pfeiler so bleiben und nicht wie gewöhnlich später verputzt werden. - jegliche ausbesserung ist später zu sehen. darum lege ich ganz besonderen wert darauf, dass nichts mit den pfeilern passiert. - ... das muss für euch alle ein fest gewesen sein, von der dachterasse das betonnieren beobachtet haben zu können! bauen ist eine schöne sache, besonders für eine bauhandwerkerfamilie wie wir es sind!"

B 48/8

Brief an G. Honegger und Frau, 3.12.1952

„im laufe des jahres habe ich bei meinen geschwistern in osnabrück die verwüstete tischlerwerkstatt neu erstehen lassen, ein betonbau mit sehr viel licht und guter arbeitsmöglichkeit. am 1. november konnte der betrieb, tischlerei wie maschinensaal, eröffnet werden. das ist seit 1933 meine erste architektur."

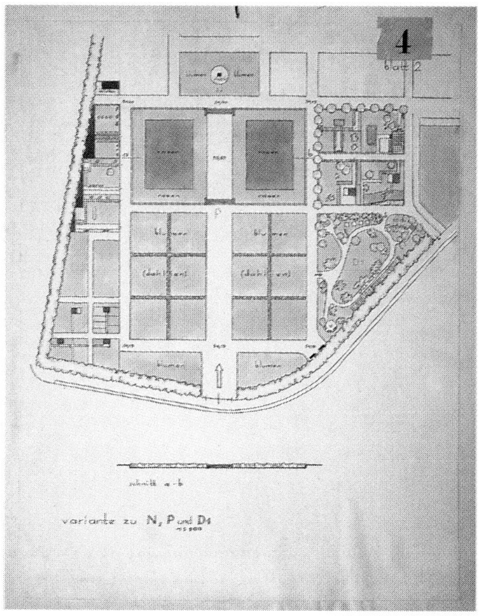

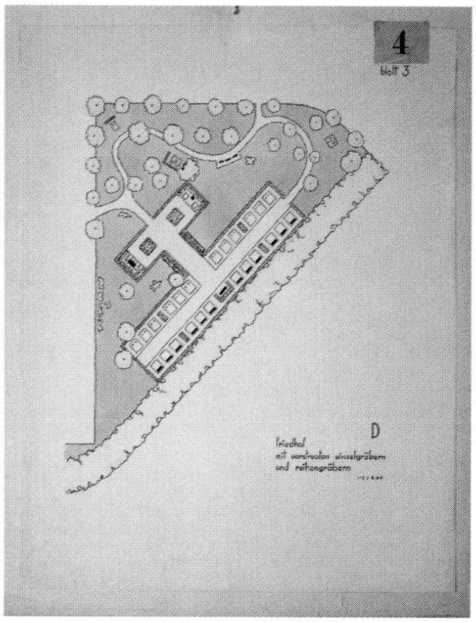

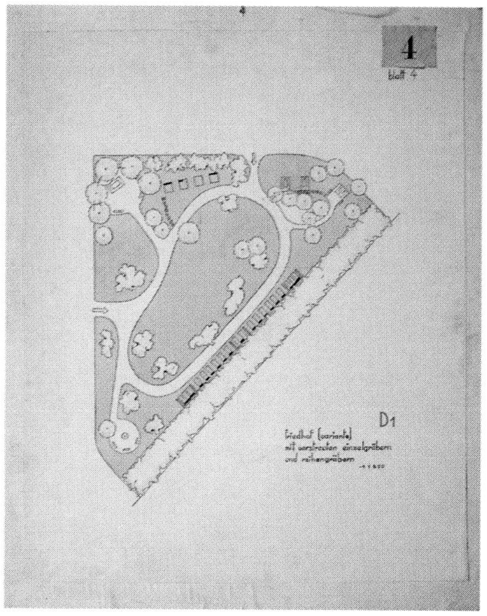

B 49

Friedhof und Siedlung

Wettbewerbsentwürfe, vermutlich zu einem von der Stadt Osnabrück im Juni 1927 ausgeschriebenen Ideenwettbewerb für den neuen Heger Friedhof.
Vordemberge-Gildewart hat die Entwürfe numeriert, es fehlt im Nachlaß Blatt 1. Die Bezeichnung „blatt 2“ bis „blatt 7“ findet sich jeweils in der rechten oberen Ecke unterhalb eines verblaßten, blauen Klebezettels mit der Kennziffer „4“.

B 49/1

Blatt 2: Garten-, Friedhofs- und Siedlungsplan, unten bezeichnet als „variante zu N, P und D / 1: 500“.

Zeichnung, schwarze Tusche, grau, grün und blau kolorierte Felder. Buchstabenbezeichnung rot. Zeichenkarton 62,7 x 49,7 cm, aufgezogen auf Pappe 67,8 x 54,7 cm. Oben gelocht, mit Aufhängeschlaufe.

B 49/2

Blatt 3: Plan, vergrößertes Detail aus Blatt 2 (Sektor D 1), bezeichnet als „friedhof mit verstreuten einzelgräbern und reihengräbern / 1:200“.

Zeichnung, schwarze Tusche, grün und grau kolorierte Felder, Buchstabenbezeichnung „D“ rot. Zeichenkarton 62 x 50 cm, aufgezogen auf Pappe 67,8 x 54,7 cm. Oben gelocht, mit Aufhängeschlaufe.

B 49/3

Blatt 4: Plan, vergrößertes Detail aus Blatt 2 (dem Sektor D 1 entsprechend), bezeichnet als „friedhof (variante) mit verstreuten einzelgräbern und reihengräbern / 1:200“.

Zeichnung, schwarze Tusche, grün und grau koloriert, Buchstabenbezeichnung „D1“ rot. Zeichenkarton 61 x 50 cm, aufgezogen auf Pappe 67,8 x 54,7 cm. Oben gelocht, mit Aufhängeschlaufe.

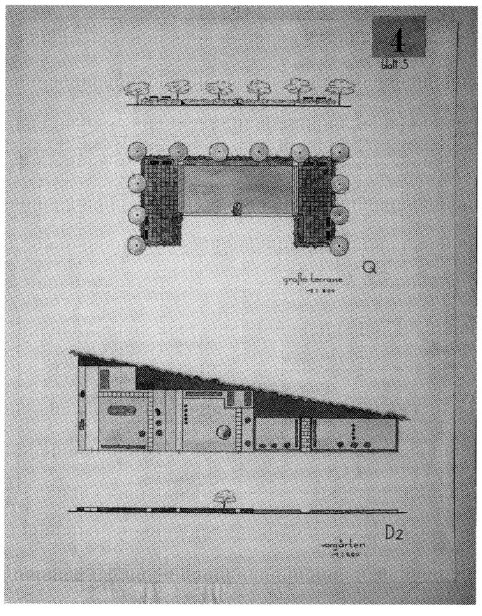

B 49/4

Blatt 5: Zwei vergrößerte Ausschnitte aus Blatt 2, bezeichnet oben als „grosse terrasse / 1:200“ unten „vorgärten / 1:200“.

Zeichnung , schwarze Tusche, grün und grau koloriert, Buchstabenbezeichnung rot. Auf Zeichenkarton 62 x 49,5 cm, aufgezogen auf Pappe 67,8 x 54,7 cm. Oben gelocht, mit Aufhängeschlaufe.

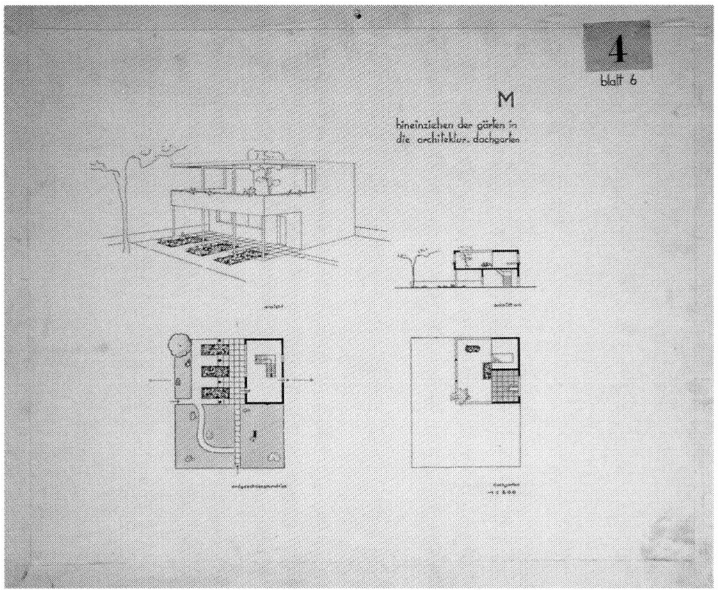

B 49/5

Blatt 6: Thema „hineinziehen der gärten in die architektur, dachgarten", dargelegt durch ein Baubeispiel, gezeichnet in der „ansicht", im „schnitt", im „erdgeschoßgrundriss" und im „dachgarten"-Plan, im Maßstab „1:200".

Zeichnung, schwarze Tusche, Felder z.T. grün oder grau angelegt, Buchstabenbezeichnung rot. Auf Zeichenkarton 49 x 62 cm, aufgezogen auf Pappe 67,8 x 54,7 cm. Oben gelocht, mit Aufhängeschlaufe.

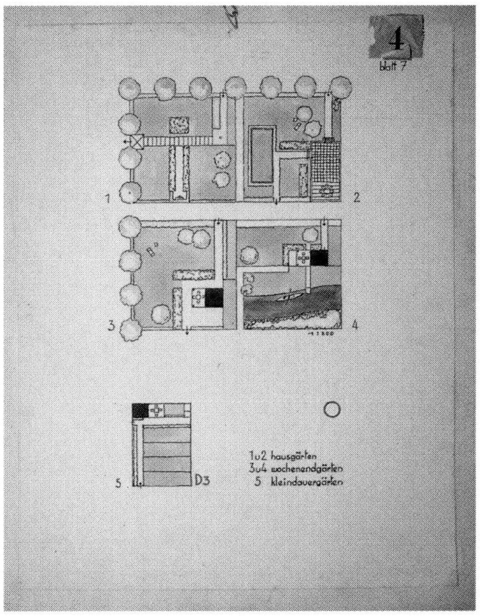

B 49/6

Blatt 7: Vergrößertes Detail aus Blatt 2: Gartenpläne, erklärt als „1u2 hausgärten / 3u4 wochenendgärten / 5 kleindauergärten".

Zeichnung, schwarze Tusche, grün, grau und blau koloriert, Buchstabenbezeichnung rot. Auf Zeichenkarton 62 x 49,5 cm, aufgezogen auf Pappe 67,8 x 54,7 cm. Oben gelocht, mit Aufhängeschlaufe.

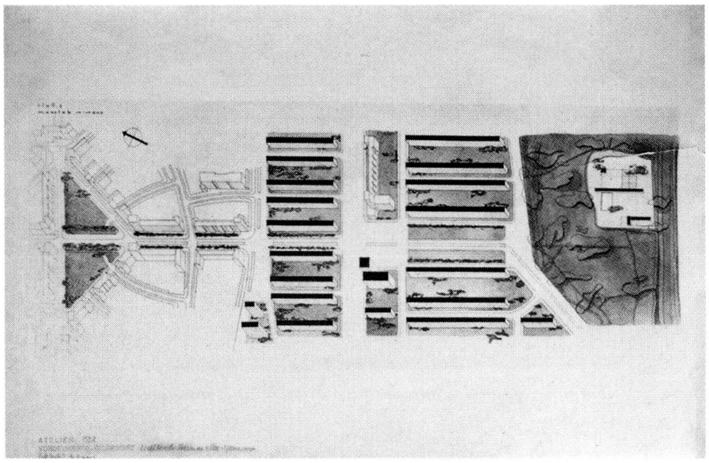

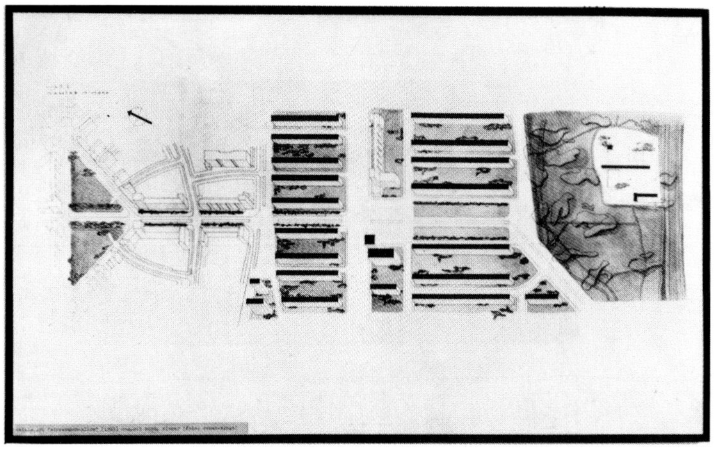

B 50

Wettbewerb Stresemann-Allee, Hannover, zusammen mit Architekt W. Diener 1931.

B 50/1

Bebauungsplan, Schrägaufsicht

Bleistift auf Zeichenkarton, 38,5 x 62,3 cm. Bezeichnung oben links: „blatt 3 / masstab 1:1000", unten links Stempel mit handschriftlicher Ergänzung: „ATELIER: VORDEMBERGE-GILDEWART / Wettbewerb Stresemannallee-Hannover / (Mitarbeit: W. Diener)".

(B 50/2)

Bebauungsplan, Schrägaufsicht

Foto 37,5 x 62,5 cm. Unten links maschinenbeschrifteter Klebezettel: „wettbewerb ‚stresemann-allee' (1931) zus. mit arch. diener (foto: ernst-ernst)".

Annely Juda Fine Art, London

B 50/3

„Ideen-Wettbewerb zur Erlangung von Entwürfen für die städtebauliche Gestaltung der Stresemann-Allee in Verbindung mit der Ausgestaltung des Karl-Peters-Platzes und der Anlage eines Kinderspielplatzes mit Planschbecken in der Eilenriede."

Ausschreibung, Typoskript, 6 DIN A 4-Seiten.

B 50/4

„erläuterungen des ideenwettbewerbes zur erlangung von entwürfen für die städtebauliche gestaltung der stresemann-allee."

Ausführungen Vordemberge-Gildewarts zu seinem Entwurf. Typoskript mit handschriftlichen Ergänzungen und Korrekturen, 3 DIN A 4-Seiten.

B 50/5

„Niederschrift über die Sitzung des Preisgerichts ..."

Protokoll der Sitzung vom 6.2.1931. Typoskript, 11 DIN A 4-Seiten.

B 50/6

Mitteilung des Magistrats der Stadt Hannover an die Architekten Vordemberge-Gildewart und W. Diener, ihr Entwurf sei zum Ankauf empfohlen worden. Typoskript, eine Seite.

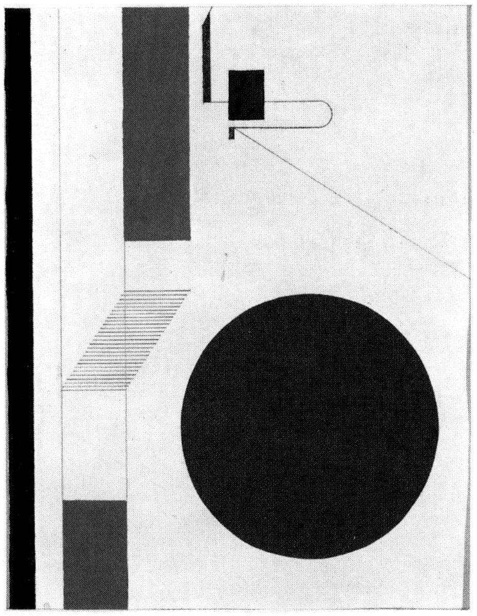

Bühnen-Vorstellungen

Bildkompositionen, deren Benennung auf ein mechanisches Theater verweist, sowie Entwurfsskizzen zu Bühnenbildern, Bühnenräumen, Bühneneinrichtungen.

(K 11)

„E-Bühne", 1924

Bleistift und Aquarell, eingeklebtes Schriftfeld, auf Karton, 40 x 30 cm. Bezeichnet, signiert und datiert unten rechts: „K. No 11 / F.V.G. 24".

(W 9)

„Die Drehscheibe (Skizze zu einem Bühnenbild)", 1924

Steindruck (schwarz) und Deckfarbe (rot) auf Papier, 32,6 x 24,9 cm. Gedruckt unten mitten der Name „VORDEMBERGE-GILDEWART" (= Signatur des Plakates T 11, aus dessen Entwurf diese Arbeit einen Ausschnitt darstellt). Siehe S. 12/13 im Katalog des typographischen Werkes von Vordemberge-Gildewart.

Annely Juda Fine Art, London

(C 27)

„Mechanisches Zwischenspiel", 1924

Bleistift und Tinte, Collage auf Papier, 34,9 x 29,6 cm. (Auch diese Arbeit ist offensichtlich unter Verwendung eines Ausschnittes aus dem Plakatdruck T 11 entstanden.)

Sammlung Erwin Mutschler, Neu-Ulm

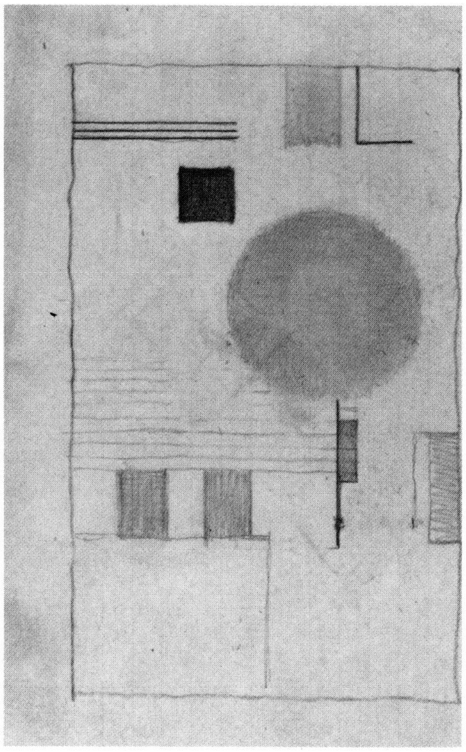

(D 24a)

Studie zu „Mechanisches Zwischenspiel“ (1924)

Bleistift auf Papier, 20,6 x 13 cm

Galerie Stolz, Köln

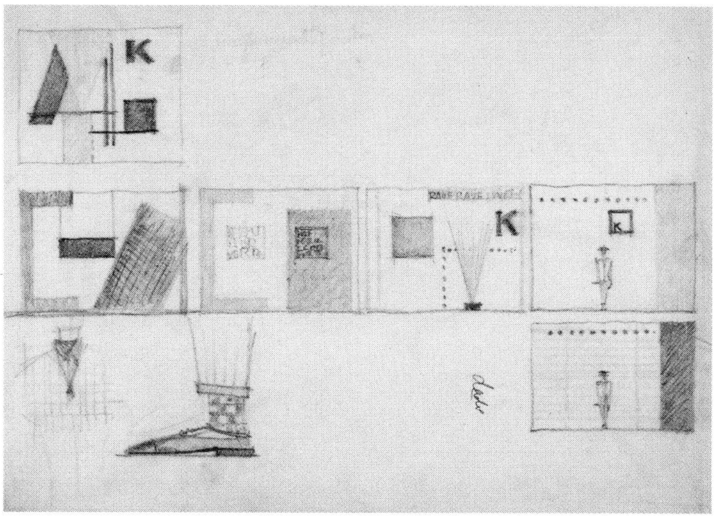

D 23

Studie zu einer Bildfolge mit K-Zeichen, bzw. K-Bild, und zugestellter Figur, um 1924.

Bleistift auf Transparentpapier, 25,5 x 36 cm (vermutlich aus dem Skizzenbuch - S 18 - herausgetrennt).

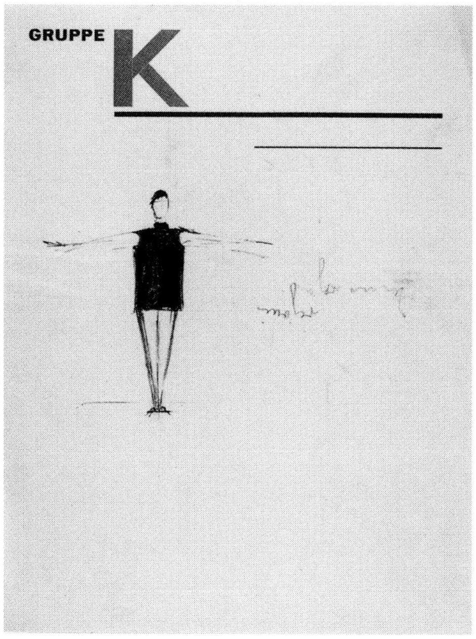

D 23a

Skizze einer stehenden Figur im Tanzkostüm mit ausgebreiteten Armen.

Auf Briefbogen der Gruppe „K“ unter derem Signet. Rechts, umgekehrt, einige Wort-Notizen. Um 1924.

Bleistift, Feder, schwarze Kreide auf schwarz und blau (Signet) bedrucktem Bogen (T 6), 29,4 x 22,9 cm.

B 51/1

Zwei farbige Bühnenskizzen untereinander auf einem Blatt, dazwischen Bleistiftskizzen.

Bleistift und Aquarell auf genarbtem Aquarellpapier - in Block, 54 x 35,8 cm. Auf der Papprückseite des Blockes findet sich der Stempel eines hannoverschen Geschäftes für Künstlerbedarf (C. Schrader's Nachfolger), was als Indiz für die Entstehung in der hannoverschen Zeit des Künstlers, evtl. auch noch die folgende Phase in Berlin, gelten mag. Die Nähe zu den Plakat- oder Prospektentwürfen für Yvonne Georgi (T 182-185) ist auffällig.

B 51/2

Farbige Bühnenskizze, daneben und darüber Bleistiftskizzen.

Bleistift und Aquarell auf genarbtem Aquarellpapier (aus Block wie 51/1), 54 x 35,8 cm.

W 1

Aquarell auf der Rückseite von B 51/2, das an die skizzierte Bewegung um gestaffelte Kulissen erinnert. Dies Motiv ist 1941 weiterverarbeitet worden zur typographischen Illumination eines Gedichtes von Marsman (s. T 425, T 427, T 430, D 50).

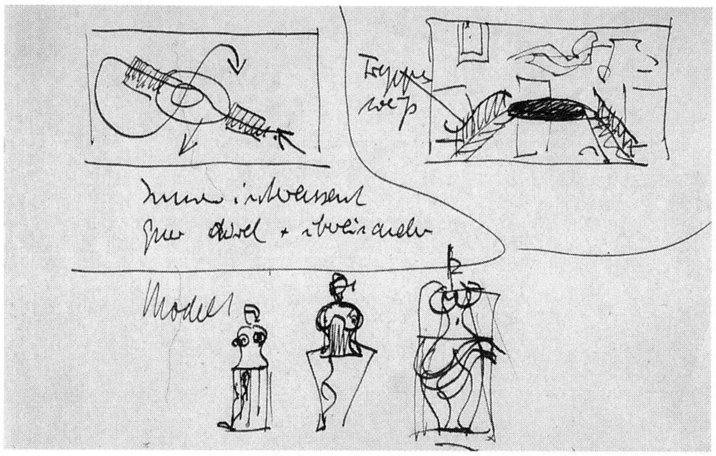

B 52

Überlegungen zu einem Bühnenaufbau. 7 Skizzenblätter aus einem Block.

Tinte und Bleistift auf leicht vergilbtem Papier, 13 x 20,5 cm. Das letzte Blatt rechts oben angerissen.

B 52/1

Oben rechts: Auf Bühne Überbrückung mit zwei Treppenaufgängen, links daneben Aufsicht mit eingezeichnetem Bewegungszug: von vorn rechts aufsteigend, die Überquerung des diagonal gestellten Gerüstes, dann dessen Unterquerung. Dazu Notiz: „Immer interessant quer durch + übereinander". Unten drei Figurinen.

B 52/2

Überlegungen zum Gerüst, Geländerformen

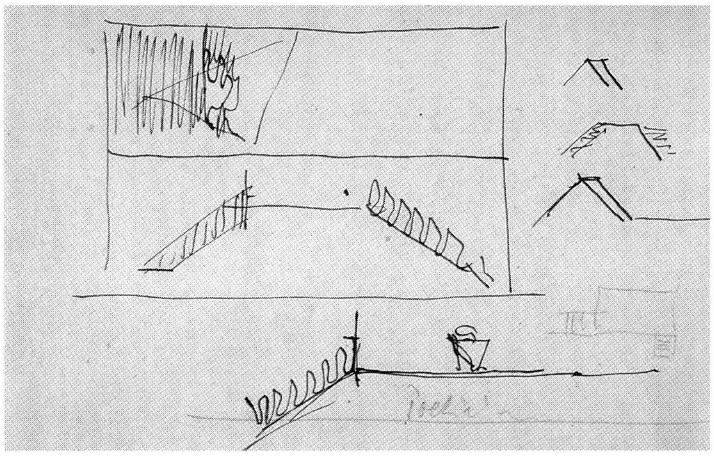

B 52/3

Bühnenbild. Figur mit Schirm vor Rahmen, Andeutung einer Ohrform.

B 52/4

Überlegungen zum Gerüst: „mit Lehne“, „ohne Lehne“, Kurvaturen im Bühnenhintergrund.

B 52/5

Gerüst mit und ohne Geländer, im Hintergrund Kurven.

B 52/6

Bühnenraum mit Gerüst, Grundskizzen des Bewegungsablaufs.

B 52/7

Gerüst mit links angesetzter großer Ohrform.

Handschriftliche Bemerkung dazu: „Ohr plastisch (als Fläche gezeichnet) von der Wand abstehend. / van Leer fotograf. vergrößern".

Der hier genannte Name des Fotografen Van Leer, Amsterdam, belegt, daß die Skizzen in der Amsterdamer Zeit Vordemberge-Gildewarts (1938-54) entstanden sind.

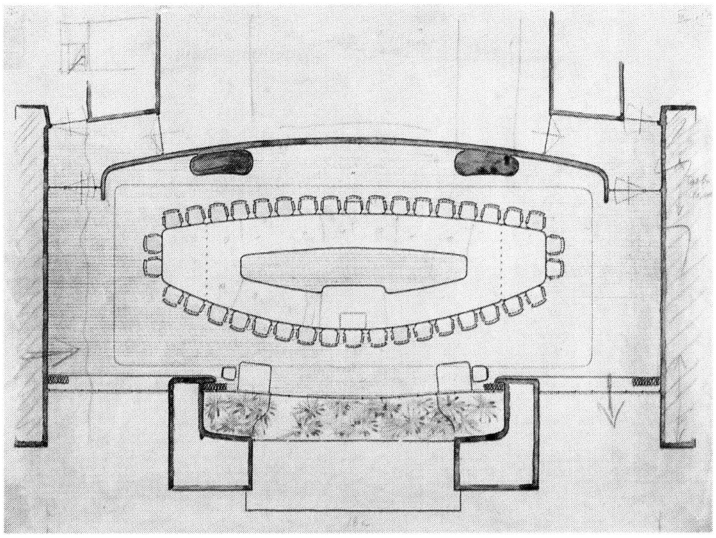

B 53

Wandgestaltung im Sitzungssaal des PTT-Hauptgebäudes in Den Haag, 1940, Architekturentwurf von Mart Stam 1939-40.

Vordemberge-Gildewart wurde von Stam zur Mitarbeit herangezogen. Entwürfe wahrscheinlich im Zusammenhang mit der Ausstellung „In Holland staat en huis“ im Stedelijk Museum, Amsterdam, 1940.

B 53/1

Plan des Sitzungssaales des PTT-Gebäudes.

Konstruierter Grundriß, teilweise koloriert (gelb, grün, schwarz), glattes Papier, 26 x 35,6 cm. Rückseitig oben links Notiz in Vordemberge-Gildewarts Handschrift: „angefangen 5.III.40 / geliefert 27.III.40“, rechts oben: „5.III.40“.

Zu B 53/1

Reproduktion von 53/1 in Katalog: Een Nieuwe Synthese. Geometrisch-abstracte kunst in Nederland 1945-1960, Rijksdienst Beeldende Kunst, ‚s-Gravenhage, 1988, S. 279.

B 53/3

Sitzungssaal im PTT-Gebäude.

Konstruierte Schrägansicht der Wand, Vertikalstruktur der zu gestaltenden Fläche. Über die Vertikalstruktur in Bodennähe blau-weiße Farbstift-Bewegungen gelegt.

Blei- und Farbstift auf Transparentpapier, 24 x 40,8 cm, umrandetes Feld 22 x 39 cm.

B 53/4

Lichtpause von 53/3 - ohne Farbstiftspuren.

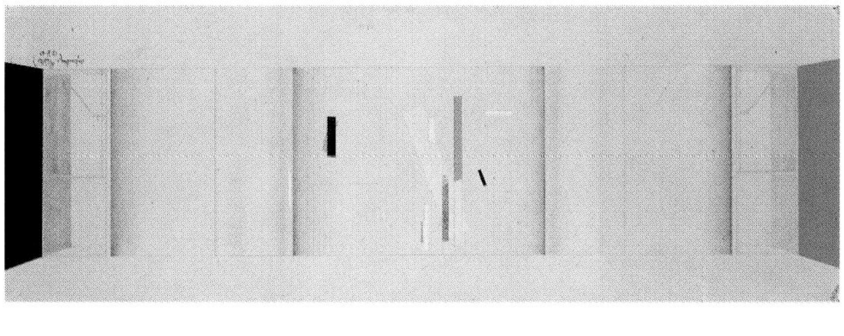

(B 53/2)

Endgültiger Entwurf der Wandgestaltung im Sitzungssaal des PTT-Gebäudes.

Farbige Zeichnung und Collage, 32 x 99,5 cm. Unten rechts signiert und datiert: „Vordemberge-Gildewart / 27-III.-40“.

Annely Juda Fine Art, London

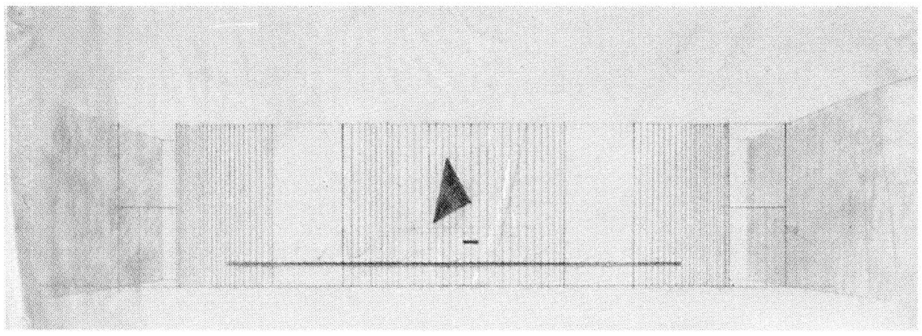

B 53/5

Studie zu Wandgestaltung im Sitzungssaal des PTT- Gebäudes.

Blei- und weißer, gelber, blauer, schwarzer Farbstift über fotokopierter, konstruierter Ansicht. Transparentpapier, 22 x 46,4 cm. Rechts im Randfeld Notizen, u.a.: „Struktur hinter den Säulen durchlaufend besser als durchlaufende Malerei. Letztes unmöglich.“

B 53/6

Studie zur Wandgestaltung im Sitzungssaal des PTT-Gebäudes.

Konstruierter Wand-Aufriß mit geometrischen Farbelementen.

Blei- und roter, schwarzer, brauner, gelber, weißer Farbstift. Transparentpapier, 15 x 41/42 cm.

B 53/7

Zwei Studien zur Wandgestaltung im Sitzungssaal des PTT-Gebäudes.

Konstruierte Wand-Aufrisse mit geometrischen Farbelementen.

Blei- und roter, gelber, weißer, schwarzer Farbstift. Transparentpapier, ca. 23,3 x ca. 40,3 cm.

Die Blätter 53/5-7 sind untereinander auf eine Pappe geheftet.

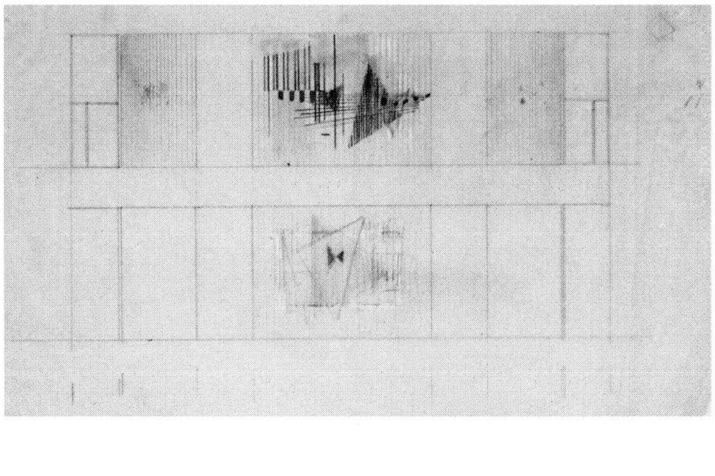

B 53/8

Sechs Farbskizzen zur Wandgestaltung im Sitzungssaal des PTT-Gebäudes.

Blei- und Buntstift auf Zeichenblatt, mitten gefalzt, 22 x 28 cm. Auf Rückseite der linken Hälfte zwei weitere Skizzen.

B 53/9

Entwurf der endgültigen Fassung der Wandgestaltung im Sitzungssaal des PTT-Gebäudes.

Bleistift und Collage auf und unter Transparentpapier (weiße, graue, schwarze Collageelemente, senkrecht und waagrecht angeordnet auf dem Grund - ein rosa eingefärbtes Element schräg angeordnet dahinter). Transparentpapier, 23,2-22 cm x ca. 37 cm auf Grund ca. 25 x 41,5 cm.

Rückseite des Grundes Lichtpause vom PTT-Entwurf, mit Spuren von Rotstift. Auf dem Transparentpapier unten rechts signiert und datiert: „23.III.40“, oben rechts mit Rotstift: „III“.

B 53/8 und B 53/9 sind untereinander auf einen Karton geheftet.

B 53/10

Zwei Farbskizzen zur Wandgestaltung im Sitzungssaal des PTT-Gebäudes.

Blei- und Buntstift, Farbe auf Transparentpapier, 25-26,5 x ca. 37 cm, obere rechte Ecke abgerissen.

B 53/11

Entwurf der Wandgestaltung im Sitzungssaal des PTT-Gebäudes.

Lichtpause auf dünnem, festem Papier, mit Buntstift und Farbe koloriert, ca. 21,5 x 39 cm. Oben rechts als „I" bezeichnet, unten rechts signiert.

B 53/12

Entwurf der Wandgestaltung im Sitzungssaal des PTT-Gebäudes.

Lichtpause auf dünnem, festem Papier, mit Buntstift und Farbe koloriert, 24,9 x 41,9 cm. Oben rechts als „II“ bezeichnet, unten rechts signiert.

B 53/11 und 12 sind untereinander auf einen Karton geheftet.

B 53/13

Bericht: „Vergaderzaal voor een groote instelling, ontwerp M. Stam“. In: 8 en opbouw, 12. Jg., Nr. 3, Amsterdam März 1941, S. 42/43. Mit Reproduktionen entsprechend B 53/1 und 53/2.

B 54

Gobelin, 1949

(B 54/1)

Gobelin nach Vordemberge-Gildewarts Bildkomposition K 156/1946, verfertigt von der Weberei Jos. Gehéniau N.V. in Veenendaal/Niederlande.

200 x 130 cm. Unten rechts eingewebt die Initialen „v-g“.

Collection Haags Gemeentemuseum - The Hague

B 54/2

Vertrag zwischen den Weverijen Jos. Gehéniau N.V. und Vordemberge-Gildewart, abgeschlossen am 18.10.1947. Typoskript, 2 Seiten.

Vorgesehen wird, daß der Künstler jährlich drei Entwürfe für Gobelins oder Kelims liefert. Alle ausgeführten Stücke sollen mit der Signatur der Firma wie der des Entwerfers versehen werden.

B 54/3

Schreiben der Weverijen Jos. Gehéniau N.V. an Vordemberge-Gildewart vom 16.10.1947. Typoskript, eine Seite.

Anerkennung für eingeschickte Gobelin-Entwürfe und Aufforderung, von einem Entwurf „Kreis und violetter Grund“ eine Werkzeichnung anzufertigen. (Diese Stichworte deuten auf einen Entwurf entsprechend K 153/1946 hin.)

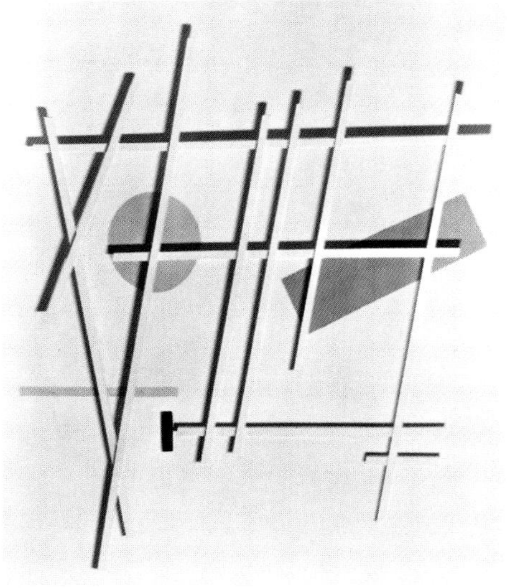

B 55

Wandrelief im Hause Vordemberge, Große Gildewart 27, Osnabrück, 1950.

Die Arbeit war angebracht auf der Stirnwand eines Treppenabsatzes, beim Auf- und Absteigen zu sehen. Sie bestand aus einem weißgestrichenen Relief aus waagerechten und ihnen aufgesetzten schrägen Latten vor der weißen Wand mit vier ihr aufgemalten Farbelementen: einer gelben Kreisscheibe, einem schräggesetzten blauen Rechteck, einer längeren, waagerechten, grauen und einer kurzen, senkrechten, schwarzen Balkenform.

Nach Mitteilung von Frau Sigrid Widder sind die Farbformen unter dem Gitter bei Hausrenovierungen mit Einverständnis Vordemberge-Gildewarts wiederholt von fremder Hand erneuert worden. Beim Verkauf des Hauses ist das Relief abgenommen und auf eine weißgrundige, mit den Farbformen bemalte transportable Platte (143 x 133 cm) aufgebracht worden. Es befindet sich im Besitz von Frau S. Widder, London.

In der Linienkonstruktion des Reliefs läßt sich unter Umständen eine Buchstabenzusammenfügung ausmachen: eine umspielte Signatur „VG". Sie hier anzubringen, machte Sinn. Die Verwendung der eigenen Namensinitialen zu Reliefformen hat Vordemberge-Gildewart auch schon sehr viel früher zeichnerisch erprobt (im Skizzenbuch S 18).

B 55/1

Wandrelief

Schwarz-Weiß-Foto, 18,4 x 16,9 cm. Rückseitig Stempel des Fotografen Rud. Lichtenberg, Osnabrück, und Beschriftung von der Hand Ilse Vordemberge-Ledas.

zu B 55/1

Reproduktion des Fotos in Kalender: Kunst im Osnabrücker Land 1951, hg. von der Stadtverwaltung Osnabrück. Vorwort auf September 1950 datiert. Blatt für die Woche vom 2.-8. September.

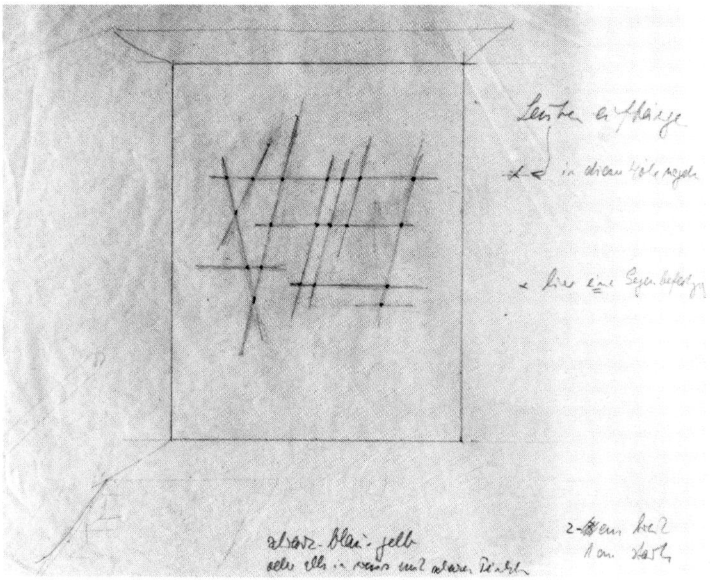

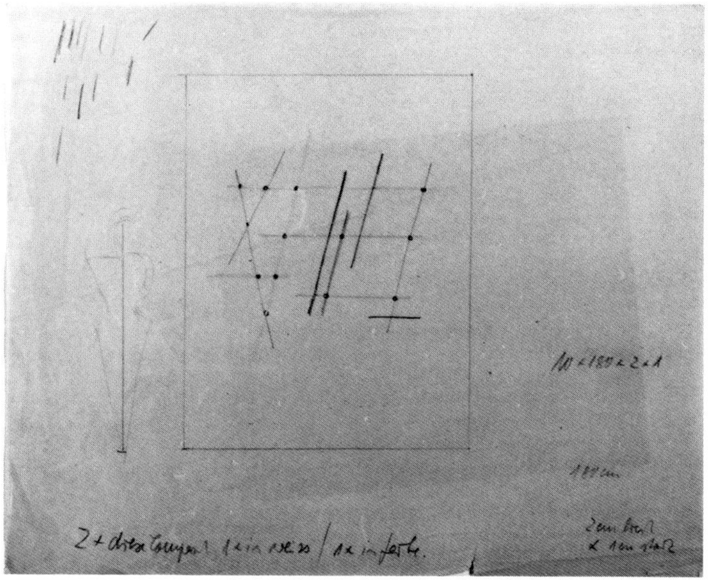

B 55/2

Entwurfszeichnung mit Erläuterungen

Angabe einer Alternative: „schwarz - blau - gelb / oder alles in weiss mit schwarzen Punkten."

Bleistift auf Transparentpapier, 22 x 27,7 cm

B 55/3

Entwurfszeichnung mit Erläuterungen, u.a.: „2 x diese Composit(ion) 1 x in weiss / 1 x in Farbe". Links Figur zur Maßverdeutlichung.

Blei- und gelber, blauer, grüner Farbstift auf dünnem, halbtransparentem Papier, 22 x 27,8 cm, umrahmtes Feld 14,8 x 11,3 cm.

B 55/4

Brief Vordemberge-Gildewarts an Dr. Borchers, den Leiter des Osnabrücker Museums, vom 1.12.1950:

„... da ich keine ahnung hatte, ob sie das wandbild oder eine arbeit aus meinem album reproduzieren würden, so war ich sehr neugierig. nun ist es also doch das wandbild geworden, das von lichtenberg in jeder weise schlecht aufgenommen wurde. so kann niemand sehen, dass es überhaupt ein wandbild ist. die schlagschatten sind viel zu schwarz. obgleich ich extra angeordnet hatte, die umgebung mit aufzunehmen und auf keinen fall mit lampen zu arbeiten, hat man es einmal wieder besser gewusst. ... „

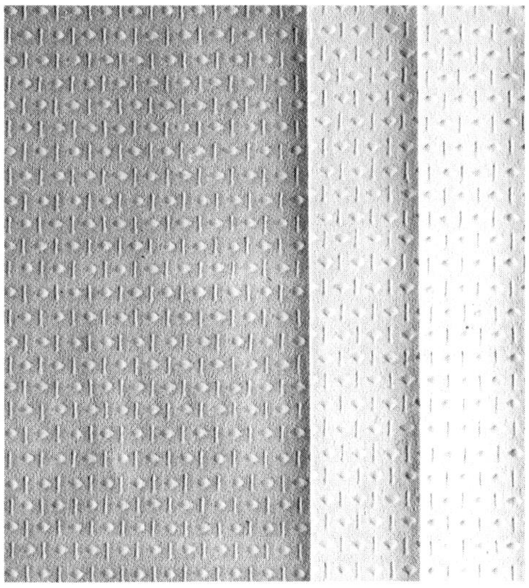

B 56

Rasch Lotura 536, 1956

Zur Tapetenfabrik Gebr. Rasch & Co., Bramsche bei Osnabrück, hatten bereits Anfang der dreißiger Jahre enge Kontakte bestanden. Vordemberge-Gildewart wurde damals mit der Werbung für die Bauhaus-Tapeten und andere Kollektionen der Firma betraut (siehe T 151-154, T 161-166).

1953 nahm der Firmenleiter Dr. E. Rasch diese Beziehung wieder auf, es kam in der Folge zum Auftrag an Vordemberge-Gildewart, eine Tapete zu gestalten.

B 56/1

Foto, 13 x 12,5 cm. Rückseitig mit Repro-Anweisungen von der Hand Vordemberge-Gildewarts.

Die Schwarz-Weiß-Aufnahme zeigt in drei unterschiedlichen Helligkeitsstufen Kolorits der Tapete. Es verdeutlicht den Reliefcharakter des Entwurfs: kleine liegende Rauten wechseln mit vertikalen Stabformen, übereinander reihenweise gegeneinander versetzt.

B 56/2

Musterheft mit 3 eingehefteten Tapeten, DIN A 4

Die Tapeten rückseitig bezeichnet als „Rasch lotura / 5139-1 Gr. 7505 / 100 % abwaschbar", „Rasch lotura / 5139-2 ...", „Rasch lotura, 5139-4 ... „.

B 56/3

Tapetenproben, lose Blätter, DIN A 4, in acht Kolorits.

Rückseitig in einem Falle bezeichnet: „Rasch lotura / 536-1 / 100% abwaschbar / Entwurf: vordemberge-gildewart". Andere Farbmuster mit den Nummern „536-2" - „536-6", in einem weiteren Fall ist die Bezeichnung abgeschnitten.

Alle Muster bieten helle Töne: grünlich, gelblich, rosa.

B 56/4

Tapetenproben, Stücke von der Rolle, unregelmäßig beschnitten. Darunter ein Farbton, der unter den Mustern B 51/2-3 nicht vorkommt.

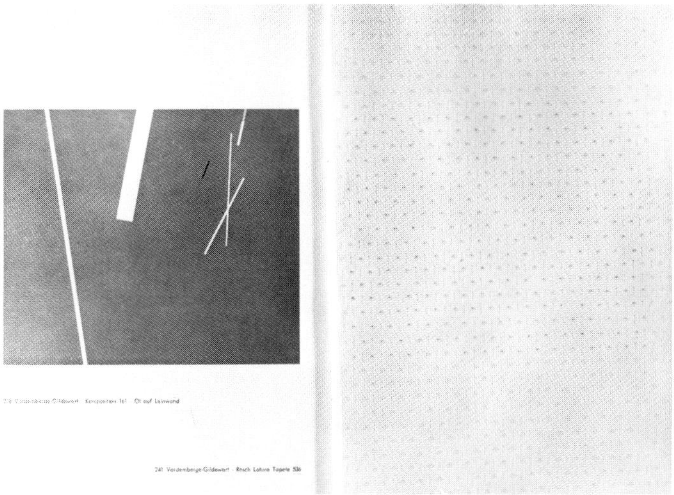

B 56/5

Künstlerisches Schaffen - Industrielles Gestalten, Künstler um die Tapetenfabrik Rasch, Katalog zur Ausstellung im Städtischen Museum Osnabrück, Juli-September 1956. Darin Probeblatt der von Vordemberge-Gildewart entworfenen „Rasch lotura Tapete 536“ und Abbildungen von K 197 und K 161.

Die Ausstellung zeigte Tapetenentwürfe und freie künstlerische Arbeiten von 28 Künstlern. Im Vorwort von Dr. Walter Borchers werden die Entwürfe von Vordemberge-Gildewart und Munari zusammengefaßt: „Sie zeigen fast asketische Formenstrenge, Kühle, Wahrheit und Sauberkeit, präzise, planvolle Gestaltung in der Reduktion auf einfache, mathematische Gebilde.“

B 56/6

Briefliche Kontaktaufnahme von Dr. E. Rasch mit Vordemberge-Gildewart am 21.9.1953. Einladung, an einer neuen Kollektion teilzunehmen. Typoskript, eine Seite.

B 56/7

Vordemberge-Gildewart an Dr. Rasch am 24.4. 1955. Typoskript, 3 Seiten.

„... eigentlich habe ich es sehr bedauert, dass sie wegen ihrer amerikareise meinem vortrag in osnabrück nicht haben beiwohnen können. denn gerade in diesem thema ‚farbe als raumbildendes element in der architektur‘ wurde das von mir behandelt und bewiesen, was das leitmotiv dessen ist, was ich ihnen gern noch einmal mitteilen möchte.

irgendwo heisst es als ergebnis ihrer reise ‚mehr farbe im raum‘. das ist völlig richtig. doch wer sagt, dass die farbe, diese gewünschte farbe, dieser gewünschte akzent nur durch die tapete allein möglich ist. zunächst muss ich bemerken, dass dieses bedürfnis ‚mehr farbe im raum‘ schon seit mehr als 30 jahren unter uns ist, und zwar sehr fühlbar, und auch schon seit 30 jahren gehandhabt wird. ich glaube nicht, dass amerika das primeur hat.

sie wissen selbst zu gut, was gerade die avant-garde, zu der ich mich bekanntlich wohl rechnen darf, auf diesem gebiet geleistet hat. sie wissen ferner, dass der ruf nach farbe im raum sich insofern verschoben hat, als der farbträger nicht mehr die wand (oder auch die decke) allein ist, sondern das möbel oder die möbelbezüge. in jeder zeitschrift kann man heute feststellen, dass das frühere einfarbige möbel, sei es durch naturholz, sei es gestrichen, heute mehrfarbig auftritt. schon allein der kontrast an einem möbel, verschiedene hölzer, struktur eines naturholzes gegen farbanstrich etc. etc. verrät das bedürfnis zu einer farbigen gestaltung.

wie gesagt, hätten sie meinem vortrag beiwohnen können, so hätte ich ihnen dokumentarisch und geschichtlich beweisen können, wie weit die entwicklung fortgeschritten ist, denn schliesslich und endlich wissen nicht nur die künstler so allmählich, dass nicht nur die farbe farbig ist, sondern jedes material, sei es glas, holz oder beton. vor mir liegen eine reihe von dokumenten aus der ganzen welt, aus denen hervorgeht, dass die farbe im raum heute ein sehr wichtiges element ist. und wenn schon der beweis vorliegt, dass die einfachsten elemente in der wohnung heute stark farbig uns beeinflussen, dann ist es doch ganz selbstverständlich, dass der raum als gegensatz sehr ruhig sein muss. denn sonst bekämen wir ja ein tutti-frutti-kitsch ersten ranges. da der raum durch die fläche gewonnen wird, müssen diese flächen in ihrer struktur sehr einfach sein, doch nicht etwa farbschwach. wenn ich nun die tapete mehr als wall-paper betrachte, also als ein element des raumschließenden faktors, dann ist es doch ganz selbstverständlich und logisch, dass dies wall-paper im detail niemals eine anhäufung von interessanten motiven sein kann.

und nun komme ich zu der hauptsache: es ist mir einfach unverständlich, dass die heutige tapetenindustrie eine haltung unterstützt, die die aufgabe eines wallpapers völlig ignoriert. schon vor 40 bis 50 jahren ist es gerade der deutsche werkbund gewesen, der rühmlichst gefordert hat, was eigentlich eine tapete ist. dass wir heute im jahre 1955 werkschulen auftreten lassen, die ein motiv, sei es kubistisch, naturalistisch oder peinlicherweise sogar abstrakt, für eine tapete verwenden, das ist ein so fundamentaler rückschritt, der nicht übersehen werden kann. ich glaube, dass es geschäftlich absolut keinen einfluss auf die tapetenindustrie hat, wenn tapeten ohne ornament geschaffen werden. sie selbst geben ein gutes vorbild, dass endlich tapeten vorliegen, die alle farbnuancen oder wenigstens beinahe alle farbnuancen aufweisen, lichtbeständig sind und in bester qualität mithelfen, einen raum zu gestalten. hingegen finde ich es einen völligen abweg, eine tapete dazu zu benutzen, zeichnungen in der form eines holzschnittes, primitive kinderzeichnungen, groteske figuren à la steinberg oder à la picasso darauf anzubringen. ich glaube vielmehr, dass die tapete als eines der elemente zu einer raumgestaltung eine ganz andere aufgabe hat. nämlich: eine ruhige umgebung zu schaffen, doch sehr starkfarbig, falls gewünscht. es gibt ungeahnte möglichkeiten in strukturen, und wenn ein tapetenbuch beim tapetenhändler für den laien mehr oder weniger dann langweilig erscheinen sollte, eben weil es sich hier nicht um eine buchillustration handelt, so wird dennoch der betreffende raumgestalter mit diesen angeblich langweiligen papieren einen raum gestalten, wie wir ihn wünschen.

in einem ihrer inserate sah ich dieser tage ein wunderbares vorbild: farbige flächen, die einen raum ausmachten (ich glaube, es war blau-gelb-schwarz). diese farben als energien können in der hand eines gestalters den raum lebensfroh und logisch gestalten, doch nicht das ornament, das ich aussuchen muss, wenn ich tapetenkarte studiere.

das wettbewerbsergebnis der tapetenindustrie in der frankfurter zeitung ist der anlass gewesen, dass ich schriftlich für mich eine antwort niederlegte. vielleicht finde ich einmal gelegenheit, im rahmen irgendeiner publikation oder eines vortrages darauf zurückzugreifen. doch ich möchte zunächst ihnen in dieser form meine auffassung mitteilen. eine 35-jährige erfahrung der praxis und des erfolges geben mir das recht dazu. denn letzten endes handelt es sich um eines der themen, die auch mir als gestalter ausserordentlich wichtig sind. wie gesagt, in meinem vortrag wurden alle diese sachen demonstriert. ...

sie geben mir den auftrag, eine neue tapete für sie zu gestalten, vielleicht erinnern sie sich, dass ich ihnen in der unterhaltung verriet, es sei das beste, an ort und stelle in ihrer fabrik neue strukturen mit neuen farben zu schaffen. von hier aus imitativ entwürfe vorzulegen, erscheint mir unmöglich, das wissen sie selbst sehr gut. ... könnte ich eine gastrolle bei ihnen in bramsche geben? ..."

B 56/8

Brief Vordemberge-Gildewart vom 15.4.1956 an die Tapetenfabrik Rasch. Typoskript, eine Seite.

Kritik an den ihm zugesandten Farbmustern der von ihm entworfenen Tapete:

„von den 6 mir zugesandten andrucken gefallen mir die zwei gelben, die weisse und die rosa tapete in der farbe sehr gut. diese farbtöne harmonieren in jeder weise mit dem kleinmuster. hingegen ist die rote, lackierte tapete, aber auch die grüne, nicht zu verwenden, warum bei der roten tapete die kleinen vertikalen linien weniger platt gewalzt wurden und das horizontale auge vollständig platt zerdrückt erscheint, ist mir unerklärlich.

die weissen und die beiden gelben töne erscheinen exakt einfarbig, hingegen umspielen bei der rosa tapete hellere töne das kleinmuster. das wird sich wohl aus der drucktechnik von selbst ergeben, auf alle fälle stören die helleren töne mich nicht. dies ist jedoch leider der fall bei der grünen tapete, die dadurch etwas billig erscheint.

doch nun etwas anderes. ich habe leider feststellen müssen, dass mein entwurf sehr unexakt auf die walze gebracht wurde. wenn sie alle andrucke von der seite betrachten, werden sie sofort bemerken, dass auf einmal gewisse linien steigen oder fallen. das muss natürlich abgeändert werden. denn sie wissen ja selbst, dass man niemals eine tapete nur frontal geniesst.

ich habe die muster durchgeschnitten und sende ihnen die eine hälfte mit eingezeichneter korrektur zurück. ... „

B 56/9

Antwortschreiben Dr. Rasch an Vordemberge-Gildewart, 5.5.1955. Typoskript, 3 Seiten.

Erklärung, die Sichtweise des Fabrikanten müsse sich notwendigerweise von der des Künstlers unterscheiden.

„Meine Aufgabe scheint mir derjenigen eines Verlegers zu gleichen. Der Verleger kann und will sich nicht mit den einzelnen Richtungen seiner Autoren oder Mitarbeiter identifizieren. Seine Aufgabe ist es, den kulturellen Strömungen und den schöpferischen Kräften, wo immer sie stehen mögen, die Möglichkeit zu geben, sich auszuwirken und dem Publikum die Chance zu bieten, die Arbeiten des Künstlers kennen zu lernen und zu erwerben. ... Mir kommt es darauf an, das ursprüngliche Wollen des Künstlers möglichst rein in das Industrieprodukt zu übersetzen. Es ist erklärlich, daß, entsprechend der persönlichen Eigenart des Künstlers, dabei verschiedene Produkte entstanden sind. ... Vom rein Kaufmännischen gesehen, wäre es für uns besser gewesen, die Tendenz des Geschmacks hätte sich in Richtung der Bauhaus Karte weiter entwickelt, ... Schalten Sie also bitte den Gedanken völlig aus, als ob unsere Firma besonders daran interessiert sei, von der Tapete als ruhige Wand abzugehen.

Es bleibt nun aber eine nicht zu leugnende Tatsache, daß immer mehr Künstler, ohne von uns dazu angeregt zu sein, uns von sich aus Entwürfe schicken, die eine ausgesprochen sehr persönliche gehaltene Musterung aufweisen. ...

Ich darf Ihnen auch nicht verhehlen, daß das Publikum auf diese Richtung in einem erstaunlichen Ausmaß einlenkt. ...

... Im übrigen freue ich mich, daß Sie sich wieder angeboten haben, für uns Strukturen zu entwickeln. Gerade durch die Ihnen eben geschilderte Sachlage sind wir sehr darum verlegen, gute neue Strukturen für unsere Bauhaus Karte zu bekommen ... Sagen Sie also bitte, wann Sie kommen können."

B 56/10

Brief Vordemberge-Gildewarts an Dr. Borchers vom Städtischen Museum Osnabrück, mit Durchschlag an Herrn Meilchen in der Tapetenfabrik Gebr. Rasch, vom 3.9.1956. Typoskript, eine Seite.

Ausstellungslob (s. B 56/5), Bitte um Publikationen, Bericht von Begegnung mit Arp und Dr. Giedion. Letzterer hatte mit Dr. Borchers über Tapetenprobleme korrespondiert. Vordemberge-Gildewart weiß sich mit Dr. Giedion und Wend Fischer im Grundsätzlichen einig.

„es dürfte tatsächlich feststehen, dass die tapete kein tummelplatz ist für gemälde, holzschnitte, gravuren, karikaturen, auch wenn diese von einem der grössten meister des faches wären. sogenannte abstrakte oder konstruktive ornamente kommen ebenfalls nicht in frage, ... eine tapete ist ein baustoff. und dieser muss so gestaltet werden, dass mittels strukturen allen anforderungen bei der gestaltung eines raumes rechnung getragen werden kann. der raum besteht nun mal aus flächen und diese fläche muss stets respektiert werden. kein verrat an der fläche und kein missbrauch dieser fläche. zerstörung der fläche durch trompe-l'oeil soll man nun wirklich nicht mehr zulassen ... „

Biographische Notizen

Friedrich Vordemberge wurde am 17. November 1899 in Osnabrück geboren. Er wuchs in einem Handwerkerhaushalt auf, sein Vater betrieb eine Bau- und Möbeltischlerei. Nach Besuch des Realgymnasiums erlernte Vordemberge 1917/18 das Tischlerhandwerk und ging danach, um Innenarchitektur zu studieren, an die Kunstgewerbeschule Hannover. Dort wandte er sich der Bauplastik zu und studierte auch an der Technischen Hochschule Architektur. 1922 wurde er von seinem Lehrer, Professor Ludwig Vierthaler, als selbständiger Mitarbeiter in dessen Bildhaueratelier engagiert und zur Ausführung großer bauplastischer Aufgaben herangezogen.

Er setzte ab 1923 derartige Tätigkeit selbständig fort, entwarf auch seit diesem Zeitpunkt (nach wenigen vorhergehenden Versuchen) Möbel und Innenausstattungen, die meist in der Werkstatt seines Vaters in Osnabrück ausgeführt wurden. Als freier Künstler trat er erstmals 1924 in Erscheinung, beteiligt an einer Ausstellung in der Kestner-Gesellschaft in Hannover. 1924 liegt auch der Beginn typographischer Auftragsarbeit. Für architektonische Entwürfe, eine Wettbewerbsbeteiligung für eine Kriegergedächtnisanlage in Hannover, hatte er schon früh, noch in der Studienzeit 1921 Anerkennung gefunden, später fand sein Entwurf eines Landhauses, 1923/24, Beachtung. Ausgeführt wurde von diesen und anderen Architekturplänen jedoch damals nichts, erst 1952 wurde ein Werkstattgebäude für die Tischlerei August Vordemberge in Osnabrück nach seinen Vorschlägen errichtet.

Mit Möbelentwürfen, Inneneinrichtungen, Bauplastik, Denkmalskulpturen wie Arbeiten im Bereich von Typographie und Werbegestaltung war er hingegen durchaus erfolgreich. Diese Auftragsarbeiten - deren Umfang erst jetzt einigermaßen sichtbar geworden ist - bildeten die wirtschaftliche Basis seiner Existenz, erlaubten ihm unabhängige Kunstausübung. Als freier Künstler wurde er in den zwanziger und frühen dreißiger Jahren international bekannt. Er war Mitglied in der Künstlervereinigung „die abstrakten hannover", Herwarth Waldens „Der Sturm" in Berlin, der niederländischen Stijl-Bewegung, von „abstraction-création" in Paris.

Die politischen Einschnitte, der erzwungene Fortgang von Hannover 1936, die Emigration nach Amsterdam 1938, die Okkupation der Niederlande, wirkten sich auf Vordemberge-Gildewarts Engagement im Bereich der Baugestaltung ebenso aus wie auf seine freien künstlerischen Möglichkeiten. Die Arbeit als Bauplastiker hörte nach dem Fortgang aus Hannover, als die Kontakte zu Architekten, die ihn zur Gestaltung ihrer Bauwerke herangezogen hatten, abbrachen, gänzlich auf. Aufträge für Möbelentwürfe gab es, bald nachdem Vordemberge-Gildewart darin zu markanten modernen Lösungen gefunden hatte, nicht mehr. Eine Wandgestaltung (PTT-Gebäude, 1940) blieb Entwurf. Nur für typographische Arbeiten konnte Vordemberge-Gildewart im niederländischen Exil neue Auftraggeber finden.

Nach dem Kriege gab es für Vordemberge-Gildewarts Kunst nach den Jahren der Verfemung neue Anerkennung. Ein Signal dafür dürfte der Auftrag des Warenhauskonzerns De Bijenkorf zu Schaufenstergestaltungen in dessen Häusern in Amsterdam, Den Haag und Rotterdam gewesen sein, wobei der Künstler seine eigene Bildwelt in der Anwendung präsentieren konnte. Ebenso bedeutete es späte Anerkennung, daß er 1954 auf Initiative Max Bills an die neugegründete Hochschule für Gestaltung in Ulm als Leiter der Abteilung für Visuelle Kommunikation berufen wurde. Er wirkte hier als Lehrer bis zu seinem Tode 1962.

Literaturhinweise

Eine umfassende Bibliographie findet sich in: Dietrich Helms (Ed.) and Arta Valstar-Verhoff (Ass.), Vordemberge-Gildewart. The complete works, München 1990.

Mit der Baugestaltung hat sich bisher insbesondere Arta Valstar-Verhoff befaßt. Sie ist bereits in ihrer Dissertation über „die abstrakten hannover", Bonn 1987, darauf eingegangen und hat im Katalog zur Ausstellung Vordemberge-Gildewart im Wilhelm-Hack-Museum Ludwigshafen 1985 über dessen „Bauplastik - Architektur - Möbel - Innenraumgestaltung" geschrieben. Im Katalog des Museums Wiesbaden über die Typographie und Werbegestaltung Vordemberge-Gildewarts, 1990, hat sie seine „Farbräume" behandelt. Und zur oben genannten englischsprachigen Werkausgabe hat sie eine Untersuchung über Vordemberge-Gildewarts „Architecture and Interiors" beigetragen.

Texte Vordemberge-Gildewarts zur Baugestaltung sind enthalten in: Dietrich Helms (Hg.), Friedrich Vordemberge-Gildewart, Schriften und Vorträge, St. Gallen 1976.